时滞广义系统理论
在动态投入产出模型上的应用

孙　欣　邵永运　张庆灵　刘晓东　著

科学出版社
北　京

内 容 简 介

本书基于线性矩阵不等式技术,运用 Lyapunov 第二方法,研究了时滞广义系统容许性分析和控制器设计以及 H_∞ 控制问题,针对各种系统给出容许性条件及状态反馈控制器设计,使得闭环系统是容许的并满足给定的 H_∞ 性能指标。针对动态投入产出模型中投资系数矩阵为奇异矩阵,考虑到投资时滞长短不同情况,递进提出三个广义动态投入产出模型,并给出容许性条件,从而提供经济系统稳定运行的条件。

本书可作为高等院校控制理论与控制工程、管理科学与工程等相关专业硕士生、博士生的教材,也可作为高等院校与科研院所从事相关领域的教学与科研人员的参考书。

图书在版编目 (CIP) 数据

时滞广义系统理论在动态投入产出模型上的应用 / 孙欣等著.
—北京:科学出版社,2016.7
ISBN 978-7-03-049370-5

Ⅰ. ①时⋯ Ⅱ. ①孙⋯ Ⅲ. ①时滞－广义系统理论－应用－投入产出模型 Ⅳ. ①F223

中国版本图书馆 CIP 数据核字 (2016) 第 160001 号

责任编辑:余 丁 闫 悦 / 责任校对:蒋 萍
责任印制:张 倩 / 封面设计:迷底书装

科 学 出 版 社 出版
北京东黄城根北街 16 号
邮政编码:100717
http://www.sciencep.com

中国科学院印刷厂 印刷
科学出版社发行 各地新华书店经销

*

2016 年 7 月第 一 版 开本:720×1 000 1/16
2016 年 7 月第一次印刷 印张:10 3/4
字数:204 000
定价:**62.00 元**

(如有印装质量问题,我社负责调换)

前　　言

投入产出分析法起源于美国，美国经济学家列昂惕夫根据投入产出表分析研究了美国经济结构中的数量关系，从宏观上研究了美国经济的均衡问题。由此，列昂惕夫获得了第五届诺贝尔经济学奖。由于投入产出表的科学性和实用性，到1990年，世界上有100多个国家编制了投入产出表，投入产出原理也得到了发展，由静态模型发展到动态模型，并应用到各个领域来研究宏观经济问题。

广义系统自20世纪70年代产生以来，在电力系统、宇航系统、机器人系统、化工系统、生物系统、电路系统等领域得到广泛应用。特别在经济系统中，许多模型用广义系统描述更实用、有效。例如，动态投入产出模型、冯·诺依曼(von-Neumann)模型以及宏观经济系统都是典型的广义动态系统。

作者从事时滞广义系统容许性分析与控制理论研究多年，积累了一定经验，取得了一些研究成果，并发表在国际、国内知名期刊上。时滞是指系统的状态变化率依赖于过去的状态，具有这种特性的系统称为时滞系统。在实际经济活动中，各年度各部门投资产品存在时滞，时滞长短也不一。因此，时滞广义系统理论为研究多时滞广义动态投入产出系统平稳运行提供了理论基础。

本书基于以上研究背景和基础，将控制理论中的时滞广义系统与经济系统中的动态投入产出模型相结合，构建时滞广义动态投入产出模型，通过广义系统的理论来研究投入产出模型。本书的内容主要基于作者分别在东北大学攻读控制理论与控制工程专业博士学位、大连海事大学攻读管理科学与工程专业博士学位期间取得的研究成果，并加以充实和整理完成的。本书体现学科间相互交叉、知识综合运用、以控制理论知识为基础、应用服务于经济管理系统的特色。

本书共9章。第1章是绪论，对投入产出模型的产生与发展、广义系统和广义时滞系统的研究现状进行全面的回顾。举例说明广义系统在经济系统的广泛应用。第2章介绍时滞广义系统相关定义、命题以及常用引理等预备知识。第3、4章基于线性矩阵不等式技术，运用Lyapunov第二方法研究不确定连续广义时滞系统和离散广义时滞系统容许性分析与控制，分别给出时滞依赖和时滞独立的容许性条件并设计出状态反馈控制器使闭环系统容许。第5章研究离散广义时滞系统H_∞控制问题，用两种方法给出时滞独立、时滞依赖离散广义时滞系统有界实引理，并设计出状态反馈控制器，使闭环系统容许并满足给定的H_∞性能指标。在第5章的基础上，第6章利用时滞分解思想对Lyapunov函数进行改进，给出保守性更小的离散广义时滞系统有界实引理。第7章研究离散广义时变时滞系统容许性条件。在以上研究的基础上，第 8、9 章进行多时滞广义动态投入产出模型（Ⅰ）、（Ⅱ）、(Ⅲ)容许性分析。根据投资周期的不同，递进提出三个多时滞广义动态投入产出模型，通过等价变形，将多时滞广义动态投入产出模型转化成多时滞离散广义系统，利用时滞广义系统理论给出多时滞广义动态投入产出模型的容许性条件。

作者由衷地感谢段广仁教授、张化光教授和徐胜元教授的关心、指导和推荐，使得本书得以顺利出版。

国内将控制理论应用于经济管理系统的相关专著为数不多，本书初步进行了这方面的探索和研究。由于作者水平有限，在研究解决问题的过程中难免有不足之处，敬请专家和读者不吝赐教！

真诚感谢给予关心、资助和支持的各位朋友！

作　者

2016 年 5 月

目　　录

第1章 绪　　论

1.1 引　　言

经济增长与产业结构的变化存在着十分密切的关系，通过调整产业结构使其达到合理化的程度，才能使经济发展达到均衡、协调和可持续。而产业结构的调整，必须要充分考虑经济发展的大环境，以及各个产业部门之间的投入和产出的关系。通常情况下，通过调整消费和投资结构等经济参数，来实现对经济的宏观调控。

要实现经济的宏观调控，就需要有效的科学方法，客观系统地反映经济系统中各部门之间的技术经济联系、最终需求与中间需求的联系，全面反映产业结构、产品结构、投资结构、消费结构、进出口结构等国民经济中各种重要比例关系，为从宏观上分析把握经济形势，优化经济结构，确定宏观调控的方向、目标、力度，以及制定国民经济发展规划等提供系统的决策依据。在当代常用的现代决策方法中，有线性规划、数量经济学、投入产出分析、经济控制论，以及系统仿真等，每一种方法都有各自的特点和适用之处。

投入产出分析法起源于美国，1931 年，美国经济学家列昂惕夫开始研究"投入产出分析"，列昂惕夫利用美国国情资料编制了 1919 年和 1929 年的投入产出表，并根据投入产出表分析研究了美国经济结构中的数量关系，从宏观上研究了美国经济的均衡问题。1936 年，列昂惕夫发表关于投入产出的第一篇论文《美国经济制度中投入产出的数量关系》[1]。由于列昂惕夫从事投入产出的研究并取得了卓越成果，1973 年他获得了第五届诺贝尔经济学奖。鉴于投入产出表的科学性和实用性，20世纪 50 年代以来，世界各国纷纷开始研究投入产出分析，编制和应用投入产出表。到 1990 年，世界上有 100 多个国家编制了投入产出表。投入产出原理也得到了发展，由静态模型发展到动态模型，并应用到各个领域来研究宏观经济问题。

投入产出分析的产生，在客观上是对经济理论和经济管理科学化、数量化、精确化的迫切要求，是宏观经济管理和决策的有力工具之一，是研究国民经济发展、进行经济数量分析的重要手段，是制定国民经济中长期规划的重要基础。我国从1987 年开始，每五年进行一次投入产出调查和编表工作，并利用投入产出表来分析我国的经济结构和发展，在我国宏观经济分析和管理中发挥了重要作用。投入产出技术是市场经济条件下重要的宏观经济分析工具和决策支持手段。

广义系统自 20 世纪 70 年代产生以来，由于在电力系统、宇航系统、机器人系统、化工系统、生物系统、电路系统和经济系统等领域的广泛应用，引起了广大学者的极大兴趣，其理论取得了可喜的进展，许多正常系统的结论相继被推广到广义系统。广义系统理论对经济与管理问题具有十分重要的应用，许多实际系统用广义系统模型描述起来更方便、自然。动态投入产出模型、冯·诺依曼(von-Neumann)模型以及宏观经济系统都是典型的广义动态系统。广义系统理论知识用于研究宏观经济控制与管理，主要体现在以下几个方面。

(1)建立某部门的动态投入产出模型，利用广义系统运动分析来研究动态投入产出模型中消费对产出的影响，以及消费与产出同步增长的条件，并利用动态逆阵的方法求出消费与产出同步增长的条件。在系统参数发生变化使得系统偏离同步增长轨道时，找出可以使系统自动恢复到同步增长轨道上来的策略。计算出冯·诺依曼-列昂惕夫模型同步增长比例和增长率，并能将产出与消费不同步向同步调整。

(2)利用广义系统稳定性分析来研究动态投入产出系统的结构稳定性，并求出动态投入产出系统结构稳定的充要条件。计算某部门宏观经济总量模型均衡增长率和比例，并利用概率转移矩阵对多种商品市场占有率进行稳态预测，使广义系统的理论为经济实践服务。

(3)在已知干扰和跟踪为常数时的鲁棒调节器的情况下，设计出干扰和跟踪为指数函数和周期函数时的鲁棒调节器，并分别制定出消费跟踪的鲁棒生产策略和产出跟踪的鲁棒消费策略。

本书基于以上研究的背景和基础，将经济系统中的投入产出模型与控制理论中的广义动态系统相结合，构建了广义动态投入产出模型，通过广义系统的理论来研究投入产出模型的容许性。

1.2　动态投入产出模型发展概述

1.2.1　投入产出模型的产生与发展

投入产出分析，又称为部门联系平衡分析、产业关联分析，是美籍俄裔经济学家列昂惕夫首先提出的。列昂惕夫借鉴计划经济的思想和平衡方法，通过把美国国情普查的资料进行整理，编制了美国 1919 年和 1929 年投入产出表，并利用这两个投入产出表对美国的经济结构和经济均衡问题进行了分析，研究了美国的经济结构和宏观经济活动。1936 年，列昂惕夫发表了《美国经济制度中投入产出的数量关系》，正式提出投入产出法，是投入产出分析法正式诞生的标志。1953 年列昂惕夫出版的《美国经济结构研究》和 1966 年出版的《投入产出经济学》两本专著中，系统、完整地建立了投入产出体系，其中包括投入产出法、投入产出表和投入产出模型。

投入产出法自产生以来，经历了四个阶段[2]。第一阶段(20 世纪 30～40 年代)，开始建立投入产出分析的理论体系，编制了个别国家的投入产出表。其中，以列昂惕夫主持和指导编制的美国国民经济投入产出表为主，发表了一系列研究美国经济结构的文章，为研究宏观经济问题指出一个新的方向，并在编制投入产出表的过程中完善了投入产出理论。第二阶段(20 世纪 50～60 年代)，把投入产出法推向世界各国，在世界范围内形成了一个编制投入产出表的高潮。投入产出分析从生产结构分析发展到经济动态分析、计划与预测、地区和国际经济联系、经济政策分析等方面。第三阶段(20 世纪 60～70 年代)，开始运用投入产出分析研究世界范围的重大经济问题。列昂惕夫在接受诺贝尔经济学奖时的学术报告《世界经济结构的简单的投入产出表述纲要》和他在 1977 年发表的《世界经济的未来》，都研究了世界范围的重大经济问题，并预测了 21 世纪的经济变化。同时，投入产出分析由于广泛地和其他各种经济数学模型结合，在模型体系和计算技术方面又有了新的发展，产生了大批以投入产出数学模型为核心的经济系统模型、计算机软件，并通过计算机在进行自动化处理方面进行了研究。第四阶段(20 世纪 70～90 年代)，基于计量经济学、运筹学、控制论等基本理论和方法，许多学者在不同的研究领域分别给出了表现形式不同的动态投入产出模型。1986 年在日本札幌召开的第八届国际投入产出技术讨论会，来自各个国家的学者提交了投入产出分析论文近百篇。投入产出分析技术在经济研究的理论和分析、国民经济核算体系、数学模型化三个方面的发展和相互结合中，发展为一个完整的有新特点的体系。

我国对投入产出分析技术的研究[3]，开始于 20 世纪 50 年代末 60 年代初，在著名经济学家孙冶方和著名科学家钱学森的倡导下，经济理论界和一些高等院校开始研究投入产出理论。1974 年，由国家统计局和国家计划委员会牵头，联合中国科学院、中国人民大学等单位编制了我国第一张投入产出表，即 1973 年全国 61 种产品的实物型投入产出表。1980 年，山西省统计局在国家统计局的指导下编制《山西省1979 年投入产出表》，并成功探索了编制全国投入产出表的经验。1982 年，国家统计局、国家计划委员会又联合有关部门共同编制了 1981 年全国投入产出价值表和实物表。1987 年，国务院办公厅发出了全国投入产出调查的通知，并在全国范围内开展投入产出调查，并编制了《中国 1987 年投入产出表》，于 1988 年年底编制成功，达到国际先进水平。从此，我国投入产出分析研究水平步入了世界先进行列。投入产出分析在我国得到了广泛应用，投入产出表成为宏观经济调控、决策和管理的重要工具[4-8]。

1.2.2　静态投入产出模型

早期的投入产出表及其模型比较简单，属于静态的产品投入产出表和静态的模型，这种静态的模型对于经济系统的发展过程分析起到了积极的作用。

投入产出表可以把一个国家或一个地区的国民经济描述为一个由许多性质不

同，但同时彼此又是相互依赖的生产和消费部门所构成的体系，是利用国民经济各部门之间商品和服务流量的经济数据来完成的。通常认为，投入产出分析技术由投入产出分析理论、投入产出表、投入产出数学模型和投入产出经济数据体系等部分构成。其中，极为重要的是编制出一张反映某一时期，货物和服务在国民经济所有部门之间流量的投入产出表。

如果一个经济系统各部门投入和产出都用价值(货币数量)来衡量，投入产出模型称为价值型模型，它与实物型模型构成了投入产出的两个基本模型，这里只讨论价值型投入产出模型。假设一个经济系统内部有 n 个部门，每个部门既是生产者又是消耗者，那么这个经济系统的价值型投入产出表可描述为表 1.2.1。

表 1.2.1　价值型投入产出表

流量　　　　产出 投入		产出	中间使用 消耗部门1　2　…　n				最终需求 (外部需求)	总产出
中间投入	生产部门	1 2 ⋮ n	x_{11}　x_{12}　…　x_{1n} x_{21}　x_{22}　…　x_{2n} ⋮　　⋮　　　　⋮ x_{n1}　x_{n2}　…　x_{nn}				b_1 b_2 ⋮ b_n	x_1 x_2 ⋮ x_n
	固定资产折旧		d_1　d_2　…　d_n					
增加值	劳动报酬 社会纯收入		v_1　v_2　…　v_n m_1　m_2　…　m_n					
总投入			x_1　x_2　　　x_n					

表 1.2.1 描述了各个经济部门在某个时期的投入产出情况。它的行表示某部门的产出；列表示某部门的投入。例如，表 1.2.1 中第一行 x_1 表示部门 1 的总产出水平，x_{11} 为本部门的使用量，$x_{1j}(j=2,3,\cdots,n)$ 为部门 1 提供给部门 j 的使用量，各部门的供给最终需求(包括居民消耗、政府使用、出口和社会储备等)为 $b_j(j=1,2,\cdots,n)$，这几个方面使用的总和代表了这个时期的总产出水平。同理，第一列 x_1 表示部门 1 的总投入水平，x_{11} 为本部门的投入量，$x_{i1}(i=2,3,\cdots,n)$ 为部门 1 提供给部门 i 的投入量，部门 1 的固定资产折旧为 d_1，劳动报酬为 v_1，社会纯收入为 m_1，这几个方面投入的总和代表了这个时期的总投入水平。

表 1.2.1 投入产出的基本平衡关系可描述为：中间使用+最终需求=总产出(从左到右)，中间投入+增加值=总投入(从上到下)。

假设 j 部门的中间投入 x_{ij} 线性依赖且仅依赖于 j 部门产出 x_i，则可得到产出平衡方程为

$$\sum_{j=1}^{n} x_{ij} + b_i = x_i, \quad i=1,2,\cdots,n \qquad (1.2.1)$$

其中，b_i 为 i 部门的最终需求。记直接消耗系数为 a_{ij}，满足

$$x_{ij} = a_{ij}x_j, \quad i,j = 1,2,\cdots,n \tag{1.2.2}$$

将式(1.2.2)代入式(1.2.1)并写成矩阵形式，得

$$Ax + b = x \tag{1.2.3}$$

这就是静态线性投入产出模型，其中直接消耗系数矩阵 $A = (a_{ij})_{n \times n}$，$x = (x_1, x_2, \cdots, x_n)^{\mathrm{T}}$，$b = (b_1, b_2, \cdots, b_n)^{\mathrm{T}}$。

由式(1.2.3)，得

$$(I - A)x = b \tag{1.2.4}$$

其中，I 为单位矩阵。

下面考虑同一个部门的投入平衡关系，用式子表示为

$$\sum_{i=1}^{n} x_{ij} + d_j + v_j + m_j = x_j, \quad j = 1,2,\cdots,n \tag{1.2.5}$$

其中，$\sum_{i=1}^{n} x_{ij} + d_j$ 表示 j 部门产品的转移价值；$v_j + m_j$ 表示 j 部门产品的新创造价值，即增加值部分。式(1.2.1)和式(1.2.5)构成了价值型投入产出模型的两个基本方程组。

将 $x_{ij} = a_{ij}x_j$ 代入式(1.2.5)，得到

$$\sum_{i=1}^{n} a_{ij}x_j + d_j + v_j + m_j = x_j, \quad j = 1,2,\cdots,n$$

令

$$D = \mathrm{diag}\left(\sum_{i=1}^{n} a_{i1}, \sum_{i=1}^{n} a_{i2}, \cdots, \sum_{i=1}^{n} a_{in} \right)$$
$$d = (d_1, d_2, \cdots, d_n)^{\mathrm{T}}$$
$$v = (v_1, v_2, \cdots, v_n)^{\mathrm{T}}$$
$$m = (m_1, m_2, \cdots, m_n)^{\mathrm{T}}$$
$$z = d + v + m$$

则式(1.2.5)可写成

$$Dx + z = x$$

或

$$(I - D)x = z \tag{1.2.6}$$

根据直接消耗系数 a_{ij} 的性质，可以证明 $I - A$ 和 $I - D$ 可逆。

从式(1.2.4)和式(1.2.6), 有

$$x = (I - A)^{-1}b, \quad x = (I - D)^{-1}z$$

最后, 给出第 j 个部门折旧系数、劳动报酬系数和社会收入系数定义依次为

$$\frac{d_j}{x_j}, \frac{v_j}{x_j}, \frac{m_j}{x_j}, \quad j = 1, 2, \cdots, n \tag{1.2.7}$$

静态投入产出模型, 主要用于反映国民经济中社会总产品的分配和使用状况、社会总产品的价值构成、国民收入的问题和来源、劳动力资源和分配使用情况、生产性固定资金的问题与分配情况等。静态投入产出分析技术经过四十多年的不断完善和实践, 各种不同的模型已经比较成熟, 并广泛应用于编制计划, 进行经济分析和宏观经济管理[9-14]。

1.2.3 动态投入产出模型

静态投入产出基本模型经过长期的研究和实践已成为比较成熟的模型, 关于这一模型的研究已取得了许多成果[15-26]。但是, 静态投入产出模型只能反映一个时间点上的经济发展及其结构情况, 所以静态投入产出模型只能描述简单再生产, 如果考虑投资扩大再生产就需要引入新的模型。为此, 由静态模型转向动态模型是投入产出分析的一个必然的发展趋势[27]。1948 年, 以戴维·哈京斯为代表的学者, 经过深入研究提出了以微分形式描述的动态投入产出模型。

1. 列昂惕夫连续型动态投入产出模型

列昂惕夫在哈京斯等研究成果的基础上, 系统地研究和分析了动态投入产出模型。1953 年, 列昂惕夫在《美国经济结构研究》一书中, 提出了用微分方程表示的动态投入产出模型, 它由如下方程描述, 即

$$X(t) = AX(t) + B\dot{X}(t) + YC(t) \tag{1.2.8a}$$

或简记为

$$(I - A)X - B\dot{X} = YC \tag{1.2.8b}$$

在模型(1.2.8)中, 除了用投入系数 A 反映生产过程中各部门间的消耗结构外, 还引入投资系数 B 来反映整个经济中的资本结构, 并通过微分方程的形式, 以连续的时间变量 t 来反映客观经济过程在各个时期的动态变化和相互联系, 利用模型(1.2.8)可以研究每一瞬时国民经济各部门之间的相互关系。

2. 列昂惕夫离散型动态投入产出模型

连续型动态投入产出模型(1.2.8)存在一些不足, 如求解烦琐、不能真实有效地

反映经济发展变化,列昂惕夫在 1965 年提出了差分方程形式的离散型动态投入产出模型,简化的离散型动态投入产出模型由如下方程描述,即

$$x(t) = Ax(t) + B[x(t+1) - x(t)] + d(t) \tag{1.2.9a}$$

或简记为

$$(I - A + B)x(t) - Bx(t+1) = d(t) \tag{1.2.9b}$$

1970 年,列昂惕夫在《动态求逆》一文中提出了广泛应用线性多部门的动态投入产出模型,它由如下方程描述,即

$$x(t) = A(t)x(t) + B(t)[x(t+1) - x(t)] + d(t) \tag{1.2.10a}$$

或简记为

$$(I - A(t) + B(t))x(t) - B(t)x(t+1) = d(t) \tag{1.2.10b}$$

其中, $x(t)$ 表示第 t 年各部门的产量; $d(t)$ 表示第 t 年各部门净产量(即最终消费向量); $A(t) = (a_{ij})_{n \times n}(t)$ 为第 t 年的消耗系数矩阵; $B(t) = (b_{ij})_{n \times n}(t)$ 为第 t 年的投资系数矩阵且一般为奇异的; $A(t)x(t)$ 表示第 t 年总产出用于消耗部分; $B(t)[x(t+1) - x(t)]$ 表示第 t 年用于扩大再生产的投资部分; $d(t)$ 表示余下用于消费部分。

投资系数矩阵 B 的元素 b_{ij} 表示第 j 部门形成单位产值的生产能力所需要第 i 部门提供的投资产品的数量。众所周知,许多部门的产品并不作为投资产品使用,如食品工业等;由于投入产出表的要求,一些似乎为投资提供物资的部门,如钢铁工业、建材工业等,在投入产出表中,它们的产品主要作为机械工业、建筑业的中间投入品,而不作为投资品。这样在 B 矩阵中,非 0 元素将主要集中在机械工业和建筑安装业,其他许多行往往全为 0 元素,这就造成 B 矩阵是奇异矩阵。

3. 动态投入产出模型研究现状

动态投入产出模型研究产业部门的相互关系,可以有效地降低经济发展成本。此外,对动态投入产出模型的研究还可以促进地区间的经济联系、部门内部平衡、企业管理现代化。从 20 世纪 80 年代开始,对动态投入产出模型的研究成果就层出不穷,下面系统地对这些研究成果进行总结。

(1)投资系数矩阵为奇异阵。为了求解动态投入产出模型,常用的方法是将它转化成离散广义系统,利用离散广义系统的运动分析、稳定性分析和调节与控制,结合经济模型的实际意义(参数矩阵和模型的解应保证非负性)讨论动态投入产出模型的解的性质。考虑到动态投入产出模型中投资系数矩阵为奇异阵的有文献[28]～文献[37]。

(2)非负解问题。根据经济学的实际意义,动态投入产出模型不仅要求参数矩阵是非负矩阵[38],而且满足一定条件模型的解必须是非负解。文献[39]～文献[43]分别研究了列昂惕夫动态投入产出模型(1.2.10)的非负解问题。文献[44]不仅考虑到投资

系数矩阵 B 的奇异性，还给出一个动态投入产出模型(1.2.10)有正解的充分条件。

(3)能控性与能观测性。对于经济系统来说，能控性就是外生变量或政策变量对经济系统的内生变量能产生多大影响的问题；能观测性就是选取哪些经济因素作为统计对象就能确定经济系统状态的问题。文献[45]给出动态投入产出模型(1.2.9)能控性与能观测性的讨论，根据投资系数矩阵 B 是否奇异，介绍四种将模型转化成状态空间形式的方法，并讨论每一种情况下系统的能控性与能观测性的问题。

(4)动态投入产出模型的反馈控制问题。对于动态投入产出系统来说，产出与消费同步增长应符合一定的比例，否则经济系统容易走向崩溃。通常开环系统不是渐近稳定的，会导致产出与消费偏离同步增长轨道，如果不采取控制措施，偏离程度将会越来越严重，最后因比例失调而导致经济崩溃。因此要对系统进行调控，保持闭环系统是渐近稳定的。相关内容参阅文献[46]～文献[49]。

(5)非线性动态投入产出模型。非线性动态投入产出模型能更真实地反映宏观经济控制过程，精确描述客观经济发展规律。清华大学经济管理学院的张金水多年来致力于经济控制论、数理经济学、应用一般均衡模型及其在国家、地区、企业经济分析中的应用等研究。他在可计算非线性动态投入产出模型方面进行了大量的研究。文献[50]给出了多重嵌套的可计算非线性动态投入产出模型，以及相应的利润率、价格、增长率、产出结构的平衡增长解计算公式；文献[51]和文献[52]将一般均衡(computable general equilibrium，CGE)模型和投入产出模型(1.2.9)相结合，建立了可计算非线性动态投入产出模型，给出一个可计算的非线性动态投入产出六部门模型作为实例；文献[53]和文献[54]反映了可计算非线性动态投入产出模型在税收领域的应用；文献[55]研究了非线性投入产出模型或动态可计算一般均衡模型解的存在性和唯一性；文献[56]构造出以勘探和开发、炼油和化工、销售三个环节为主的石油企业的非线性动态投入产出模型，对国内石油企业和国际大石油公司的效益进行分析和比较。

(6)多目标动态投入产出模型。经济系统本身就是一个复杂的动态大系统，经济发展的方向要求是多目标协调、均衡和科学发展，因而产生了多目标动态投入产出优化模型。相关内容参阅文献[57]～文献[60]。

(7)投入产出分析法的优化。虽然经济系统中各部门产品生产和消耗之间的函数关系可以通过投入产出模型来体现，但是单纯依靠投入产出模型来解决优化问题则十分困难，为此需要将投入产出模型与动态规划、线性规划、非线性规划模型等结合，建立投入产出优化模型。1958年，美国经济学家 Dorfman 等[61]提出"大道定理"，将投入产出模型与线性规划模型结合起来进行宏观经济分析，并进行动态最优投入产出模型研究。运用数学规划法[62]等优化方法[63]与投入产出法相结合，更好地服务于经济等社会各领域。文献[64]和文献[65]利用现代概率分析及马氏过程的工具，从数学上证明了经济不断调整的必要性。

(8)动态投入产出模型应用领域。早期动态投入产出模型经常用于宏观经济系统的经济分析、预测和编制计划等。近年来，动态投入产出模型逐步向煤矿安全生产、高等教育成本分析、管理信息系统、扩大消费和出口的产业结构调整等领域扩展。相关内容参阅文献[66]～文献[69]。

1.2.4　多时滞动态投入产出模型研究现状

经典动态投入产出模型(1.2.10)是投资时滞为一年的动态模型,即从投资物资的投入到形成新的生产能力,是在一个周期(一年)内完成的。但在实际经济活动中,各年度各部门投资产品的时滞长短不一,很多部门投资时滞(即从投入投资品到该投资品产出产品的时间差)各不相同,有些较长(如钢铁、冶金、铁路等部门),有些则较短。例如,在我国,根据已经建成的列入国家计划的大中型基建项目的实际投资周期,汇总得到的各个部门的平均投资年限最长为 11 年,最短为 2 年。因此,需要对模型(1.2.10)加以改进。

我国著名数量经济学家张守一在文献[70]中提出一个投资时滞为多年但仅考虑一个投资周期的拓展动态投入产出系统,其数学模型为

$$X(t) = A(t)X(t) + B(t)\sum_{\tau=t}^{t+T}[X(\tau+1) - X(\tau)] + Y(t) \tag{1.2.11}$$

其中, $A(t)$ 为第 t 年直接消耗系数矩阵; $B(t)$ 为第 t 年投资系数矩阵;假定计划期为 τ 年,即从 $t\sim t+\tau$ 年, T 为 t 年投资、建设项目时滞最长的年数; $X(\tau)$ 、 $X(\tau+1)$ 分别表示第 τ 年和第 $\tau+1$ 年各部门的产值; $Y(t)$ 表示第 t 各部门的最终净产品。

该模型比较真实地反映投资产品的时滞情况。不仅考虑了某一年国民经济各部门之间的综合平衡关系,而且建立了整个规划期中各年间各部门的产出量、最终需求和投资之间的动态关系。但投资系数不变(常数)的假定与实际的经济活动不完全相吻合,需要对投资系数的变化进行科学的预测。

文献[71]研究了有多年延滞产出的两种动态投入产出模型,第一次引入了投资决策变量的概念,建立了两类投资的动态方程。文献[72]将大系统分解协调原理应用到具有多年延滞环节的动态投入产出经济系统中,对动态投入产出模型的线性二次型最优控制问题进行了理论分析和方法论上的探讨。

清华大学经济管理学院的赵纯均等,利用投资决策变量的概念,提出一个新的投资时滞为多年但仅考虑一个投资周期的拓展动态投入产出系统,其数学模型为

$$X(t) = A(t)X(t) + \sum_{\tau=1}^{T} B_t^{t+\tau}\beta_t^{t+\tau}[X(t+\tau) - X(t+\tau-1)] + Y(t) \tag{1.2.12}$$

其中, $A(t)$ 为第 t 年直接消耗系数矩阵; $B_t^{t+\tau}$ 是 t 年投资、延迟 τ 年见效的投资系数矩阵; $\beta_t^{t+\tau}$ 为投资决策系数矩阵,称为投资决策变量, $\beta_t^{t+\tau}$ 是一个对角阵,即

$$\beta_t^{t+\tau} = \begin{bmatrix} \beta^1{}_t{}^{t+\tau} & & & 0 \\ & \beta^2{}_t{}^{t+\tau} & & \\ & & \ddots & \\ 0 & & & \beta^n{}_t{}^{t+\tau} \end{bmatrix}, \quad \tau = 1, 2, \cdots, T \qquad (1.2.13)$$

其主对角线上的元素 $\beta^i{}_t{}^{t+\tau}$ 表示对 i 部门第 t 年投资延迟 τ 年见效的增产量，占该部门第 $t+\tau$ 年总增产量的百分比。显然，

$$0 \le \beta^i{}_t{}^{t+\tau} \le 1, \quad i = 1, 2, \cdots, n; \ \ \tau = 1, 2, \cdots, T \qquad (1.2.14)$$

对某一确定的 t 年而言：

$$\sum_{\tau=1}^{T} \beta^i{}_t{}^{t+\tau} = 1, \quad i = 1, 2, \cdots, n \qquad (1.2.15)$$

于是可通过 $\beta_t^{t+\tau}$ 的大小来确定不同延滞期 τ 的投资在 t 年投资产生的增产中所起的作用，T 为各部门的最长延滞期，究竟各个延滞期的投资在 t 年投资产生的增产中所起的作用多大，也就是说，各种建设周期的项目所占比重应该定多大，这取决于各部门投资决策者的决策，称 $\beta_t^{t+\tau}$ 为决策变量。

　　以上多时滞动态投入产出系统模型的研究，对投资系数矩阵 B 的奇异性并没有特殊考虑。实际上，由前面已经列举的实例可以知道，在实际的经济与管理中，投资系数矩阵 B 往往是奇异矩阵。

1.3　广义时滞系统研究概述

1.3.1　广义系统理论研究现状

　　广义系统又称为奇异系统、描述系统、广义状态空间系统和微分代数系统等，是现代控制理论的一个独立分支。1974 年，英国学者 Rosenbrock[73]在国际控制杂志 *International Journal of Control* 上发表了题为《一般动态系统的结构性质》的文章，首次提出广义系统的概念。

1. 广义系统模型

　　在社会生产的各个领域中，广义系统模型广泛存在，如电力系统、机器人系统、经济系统、宇航系统和电子网络等。下面考虑线性时不变广义系统理论。
　　线性时不变连续广义系统方程通常描述为

$$\begin{cases} E\dot{x}(t) = Ax(t) + Bu(t) \\ y(t) = Cx(t) + Du(t) \end{cases} \qquad (1.3.1)$$

其中，$E \in \mathbb{R}^{n \times n}$ 一般为奇异矩阵；$x(t)$、$u(t)$ 和 $y(t)$ 分别为适当维数的状态输入和输出向量，t 为时间变量；A、B、C、D 为适当维数的定常矩阵。

相应地，线性时不变离散广义系统一般描述为

$$\begin{cases} Ex(k+1) = Ax(k) + Bu(k) \\ y(k) = Cx(k) + Du(k) \end{cases} \tag{1.3.2}$$

其中，$E, A \in \mathbb{R}^{n \times n}$，$B \in \mathbb{R}^{n \times m}$，$C \in \mathbb{R}^{r \times n}$，$D \in \mathbb{R}^{l \times m}$ 皆为定常矩阵；E 为奇异矩阵，且满足 $\mathrm{rank}(E) = q < n$。

如果线性时不变连续广义系统(1.3.1)和离散广义系统(1.3.2)方程中的 E 非奇异，则广义系统就退化成为一个正常系统。因此，广义系统是对正常系统的推广，正常系统是广义系统的特殊情况。通常情况下，把 E 为奇异矩阵作为广义系统的明显标志。

2. 广义系统理论的研究现状

1977 年，美国学者 Luenberger 分别在 *IEEE Transaction on Automatic Control* 和 *Automatica* 上发表了文章，对线性广义系统解的存在性和唯一性等问题展开研究，同时发现动态投入产出模型就是一个典型的广义系统[34]，揭开了广义系统理论研究的序幕。随着计算机技术的迅猛发展，人们越来越多地认识到广义系统对系统理论研究的重要性。同时，很多实际系统，如受限机器人[74]、核反应堆[75]、非因果系统[76]等并不能用正常系统来描述，而只能用广义系统来描述。而且，在电子网络、航空航天技术、经济管理和生物工程等领域[77,78]发现了很多广义系统的实际模型，这些模型的研究与广义系统密不可分，这吸引了众多国内外学者的重视，并开始对广义系统进行大量的、系统的研究。

广义系统理论的研究大致经历了三个阶段。第一阶段(20 世纪 70～80 年代)，研究进展相对较慢，突出的成果有 Luenberger 关于非线性广义系统的研究。第二阶段(20 世纪 80～90 年代)，这一时期越来越多的学者对广义系统产生了极大兴趣，使广义系统的研究也进入了一个新的发展阶段，涌现出一大批优秀的研究成果。例如，Yang 等提出了广义系统的最小实现问题；Cobb 提出了广义系统的能控能观性和对偶原理；Fahmy 等进行了广义系统观测器的设计；Dai 将广义系统的能控能观性和对偶原理推广到离散广义系统；Bender 等分别研究了连续和离散广义系统线性二次型最优调节器问题；Lin 等分别研究了时变和时不变广义系统的最优控制问题；Fletcher 等分别研究了广义系统的干扰问题和特征结构问题。在上述研究成果的基础上，1989 年 Dai 出版了广义系统理论的第一本专著，系统介绍了广义系统理论的基础，标志着广义系统理论已基本形成。第三阶段(20 世纪 90 年代至今)，广义系统理论得到了进一步的发展，开始从基础向纵深发展，涉及了从线性到非线性，从

确定性到不确定性，从连续型到离散型，从线性二次型最优控制到H_2和H_∞控制，从无时滞到有时滞等各个专题，取得了丰硕的研究成果。

广义系统经过四十多年的发展，之所以越来越多的学者热衷于广义系统的应用研究，主要是因为广义系统在描述工程领域和经济管理中实际存在的系统时比正常系统更优越[79]。正常系统研究的是通常意义下系统的渐近稳定性，而广义系统不仅要研究系统的渐近稳定性，还要研究系统的正则性和脉冲行为。研究正则性是广义系统控制设计的最基本的要求，对于给定的允许初始状态，正则性保证连续和离散广义系统解的存在性和唯一性；研究脉冲行为，是因为系统中如果出现脉冲可能会程度不同地破坏系统的稳定性，甚至可能毁掉整个系统，为此就必须要削除脉冲行为对系统的干扰。如果一个广义系统具备正则性、无脉冲、稳定性这三个性质，那么就称这个广义系统具备容许性。因此，容许性可以理解为广义的"稳定性"[80]。

1.3.2　时滞广义系统理论研究现状

在广义系统中，系统的状态变化率依赖于过去的状态，把这样的系统统称为时滞广义系统。在各类工业系统中，时滞现象是普遍存在的，如电力系统、通信系统、冶金过程系统、传送系统、环境系统、经济管理系统等都普遍存在时滞现象。

1.　时滞广义系统模型

线性时滞广义系统的一般形式为

$$\begin{cases} E\delta[x(t)] = Ax(t) + A_d x(t-d) \\ x(t) = \phi(t),\ t \in [-d, 0] \end{cases} \tag{1.3.3}$$

其中，$x(t)$为状态向量；E、A、A_d为适当维数的常值矩阵，E是奇异矩阵；d表示系统时滞，对连续系统而言d为正常数，对离散系统而言d为正整数；$\phi(t)$表示满足相容性条件的初始函数；$\delta[\cdot]$表示对时间的导数(对连续系统而言)或差分(对离散系统而言)。

2.　时滞广义系统的研究特色

时滞广义系统的研究特色主要体现在以下三个方面。

(1)时滞广义系统解的存在性和唯一性。与正常时滞系统相比，时滞广义系统解的存在性和唯一性难以满足，且存在初始条件的相容性问题。徐胜元等在文献[81]中指出，对线性连续时滞广义系统(1.3.3)，若$\phi(t)$为相容性初始函数，矩阵对(E, A)是正则、无脉冲的，则系统(1.3.3)在$[0, \infty)$上解存在且唯一，且此解是无脉冲的。这一结果可以推广到线性时滞离散广义系统[82]，将"无脉冲"条件换成"是因果的"即可。这一研究成果给出了时滞广义系统解的存在性与唯一性的一个充分条件：即只需保证矩阵对 (E, A) 是正则、无脉冲的(对连续系统而言)或是因果的(对离散系统而言)。

　　(2)对时滞广义系统而言，没有像正常状态空间时滞系统的 Lyapunov- Krasovskii 稳定性定理那样完备的稳定性结论。容许性仍然是时滞广义系统控制的首要目标，通常先保证时滞广义系统是正则、无脉冲的(对连续系统而言)或是因果的(对离散系统而言)，然后再考虑传统意义下的 Lyapunov 稳定性。

　　(3)在现有的时滞广义系统的容许性条件中，根据是否依赖系统中时滞的大小，系统容许性判据可分为时滞独立型和时滞依赖型两种形式。时滞独立型适合于处理具有不确定滞后时间和未知滞后时间的时滞广义系统容许性分析问题，而时滞依赖型依赖于滞后时间。因此，时滞依赖型容许性判据通常要比时滞独立型容许性判据具有更小的保守性，特别是对时滞较小的系统。时滞依赖型容许性判据通常是一个充分条件，在保证矩阵对 (E, A) 是正则、无脉冲或因果的前提下，利用 Lyapunov 第二方法研究稳定性条件，通过构造 Lyapunov 函数，再沿着系统对 Lyapunov 函数求导(对连续系统而言)或求差分(对离散系统而言)。为了减小结论的保守性，通常采用一些方法，如牛顿-莱布尼茨(Newton-Leibniz)公式法[83,84]、不等式放大法(Park 不等式[85,86]、Moon 不等式[87,88]、Jensen 不等式[89])、自由权矩阵法[90,91]等。

1.4　广义系统应用于经济系统

　　动态投入产出模型、冯·诺依曼模型以及宏观经济系统都是典型的广义动态系统[92]，对研究和分析经济与管理问题具有十分重要的作用。

1.4.1　动态投入产出模型的广义性

　　将动态投入产出模型式(1.2.9)等价变换可得

$$Bx(t+1) = (I - A + B)x(t) - d(t) \qquad (1.4.1)$$

若投资系数矩阵 B 为奇异矩阵，则动态投入产出模型是典型的广义动态系统。

　　对于动态投入产出模型(1.4.1)而言，产出 $x(t)$ 与消费 $d(t)$ 要同步增长，系统内部才能保持平衡，如果产出与消费不能同步增长，则系统将很快走向崩溃。所以应该及时调整闭环消费策略 $d(t)$ 以保持系统平衡，因此 $d(t)$ 的作用就相当于负的控制输入项 $-Bu(t)$。

　　下面举一个二阶动态投入产出的例子。

　　例 1.4.1　设全社会共有两种产品：工业品和农业品。工业品为资本品，农业品为消耗品，它在一个周期的使用中将被消耗或消费尽。消耗系数矩阵 A 和投资系数矩阵 B 的具体含义如表 1.4.1 和表 1.4.2 所示。

表 1.4.1　消耗系数数据

消耗＼产出	工业品/亿元	农业品/亿元	产出：$\begin{bmatrix} x_1(t) \\ x_2(t) \end{bmatrix}$
工业品	产出 1 亿元工业品需消耗：$a_{11}=0.5$ 亿元的工业品。产出 $x_1(t)$ 亿元工业品需消耗：$a_{11}x_1(t)$ 亿元的工业品	产出 1 亿元农业品需消耗：$a_{12}=0.3$ 亿元工业品。产出 $x_2(t)$ 亿元农业品需消耗：$a_{12}x_2(t)$ 亿元工业品	消耗在工业品：$a_{11}x_1(t)+a_{12}x_2(t)$
农业品	产出 1 亿元工业品需消耗：$a_{21}=0.2$ 亿元的农业品。产出 $x_1(t)$ 亿元工业品需消耗：$a_{21}x_1(t)$ 亿元的农业品	产出 1 亿元农业品需消耗：$a_{22}=0.4$ 亿元农业品。产出 $x_2(t)$ 亿元农业品需消耗：$a_{22}x_2(t)$ 亿元的农业品	消耗在农业品：$a_{21}x_1(t)+a_{22}x_2(t)$

表 1.4.1 表明，为产出 $x_1(t)$ 亿元工业品和 $x_2(t)$ 亿元农业品，需消耗工、农业品量为

$$\begin{bmatrix} a_{11}x_1(t)+a_{12}x_2(t) \\ a_{21}x_1(t)+a_{22}x_2(t) \end{bmatrix} = \begin{bmatrix} a_{11} & a_{12} \\ a_{21} & a_{22} \end{bmatrix}\begin{bmatrix} x_1(t) \\ x_2(t) \end{bmatrix} = Ax(t)$$

表 1.4.2　投资系数数据

投资＼产出	工业品/亿元	农业品/亿元	为新增产出：$\begin{bmatrix} x_1(t+1)-x_1(t) \\ x_2(t+1)-x_2(t) \end{bmatrix}$
工业品	为新增 1 亿元工业品产出，需投资固定资产：$b_{11}=5$ 亿元的工业品。为新增 $x_1(t+1)-x_1(t)$ 亿元的工业品产出，需投资工业品为：$b_{11}[x_1(t+1)-x_1(t)]$	为新增 1 亿元农业品产出，需投资工业品：$b_{12}=2$ 亿元的工业品。为新增 $x_2(t+1)-x_2(t)$ 亿元的农业品产出，需投资工业品为：$b_{12}[x_2(t+1)-x_2(t)]$	需投资工业品：$b_{11}[x_1(t+1)-x_1(t)]+$ $b_{12}[x_2(t+1)-x_2(t)]$
农业品	为新增 1 亿元工业品产出，不需投资农业品，农业品不是固定资产：$b_{21}=0$	为新增 1 亿元农业品产出，不需投资农业品，农业品不是固定资产：$b_{22}=0$	农业不是资本品：$b_{21}[x_1(t+1)-x_1(t)]+$ $b_{22}[x_2(t+1)-x_2(t)]=0$

表 1.4.2 表明，为了在下一时间周期产出比本周期多 $x(t+1)-x(t)$，必须在本周期投资的资本品为

$$\begin{bmatrix} b_{11}[x_1(t+1)-x_1(t)]+b_{12}[x_2(t+1)-x_2(t)] \\ b_{21}[x_1(t+1)-x_1(t)]+b_{22}[x_2(t+1)-x_2(t)] \end{bmatrix} = \begin{bmatrix} b_{11} & b_{12} \\ b_{21} & b_{22} \end{bmatrix}\begin{bmatrix} x_1(t+1)-x_1(t) \\ x_2(t+1)-x_2(t) \end{bmatrix}$$
$$= B[x(t+1)-x(t)]$$

综上所述，本期的总产出 $x(t)$ 一部分用于消耗，即 $Ax(t)$，另一部分用于扩大再生产的投资，即 $B[x(t+1)-x(t)]$，余下用于消费 $d(t)$。因而有平衡方程：

$$x(t)=Ax(t)+B[x(t+1)-x(t)]+d(t)$$

即

$$x(t)=\begin{bmatrix} 0.5 & 0.3 \\ 0.2 & 0.4 \end{bmatrix}x(t)+\begin{bmatrix} 5 & 2 \\ 0 & 0 \end{bmatrix}[x(t+1)-x(t)]+d(t) \tag{1.4.2}$$

B 显然是奇异矩阵。将式(1.4.2)改写为

$$\begin{bmatrix} 5 & 2 \\ 0 & 0 \end{bmatrix} x(t+1) = \begin{bmatrix} 5.5 & 1.7 \\ -0.2 & 0.6 \end{bmatrix} x(t) - d(t) \tag{1.4.3}$$

显然，式(1.4.3)是一个离散广义系统。

1.4.2　冯·诺依曼模型的广义性

冯·诺依曼模型也是典型的广义动态系统。具有快变与慢变生产过程的冯·诺依曼模型由如下方程描述，即

$$x(t) + Bx(t) = A_1 x(t+1) + A_2 x(t) + d(t) \tag{1.4.4}$$

其中，$x(t)$ 为产出向量；$d(t)$ 为消费向量；A_1 为慢变生产过程投入系数矩阵；A_2 为快变生产过程的投入系数矩阵；B 为投入的折旧剩余系数矩阵。可将式(1.4.4)写为

$$A_1 x(t+1) = (I + B - A_2) x(t) - d(t) \tag{1.4.5}$$

其中，A_1 一般为奇异矩阵，可知冯·诺依曼模型也是典型的广义动态系统。

设全社会共有 n 种产品，在实际生产活动中，有的产品加工时间很长，有的产品加工时间很短。因此，实际生产系统有快变部分和慢变部分。现举例说明含快变与慢变生产过程的系统模型的广义性。

例 1.4.2　设全社会共有甲、乙、丙、丁四种产品，设甲、乙两种产品加工需要一个周期(一年或几个月)，丙、丁两种产品加工时间忽略不计，即一旦投入原料和加工，立即可产出产品。用表 1.4.3 所示的生产活动分析表来反映此种生产过程。表的左下方标明投入的各种产品，右上方为产出的各种产品。表中的系数 a_{ij} 表明了生产一单位第 j 种产品所应投入的第 i 种产品的量。在表中还同时标明了投入与产出的时间关系，如甲产品为第 t 年投入，第 $t+1$ 年产出产品。

表 1.4.3　冯·诺依曼生产活动分析表

第 $t+1$ 年产出

投入＼产出	生产 1 单位甲产品	生产 1 单位乙产品	生产 1 单位丙产品	生产 1 单位丁产品
甲	第 t 年投入 a_{11}	第 t 年投入 a_{12}	第 $t+1$ 年投入 a_{13}	第 $t+1$ 年投入 a_{14}
乙	第 t 年投入 a_{21}	第 t 年投入 a_{22}	第 $t+1$ 年投入 a_{23}	第 $t+1$ 年投入 a_{24}
丙	第 t 年投入 a_{31}	第 t 年投入 a_{32}	第 $t+1$ 年投入 a_{33}	第 $t+1$ 年投入 a_{34}
丁	第 t 年投入 a_{41}	第 t 年投入 a_{42}	第 $t+1$ 年投入 a_{43}	第 $t+1$ 年投入 a_{44}

表 1.4.3 表明，若在第 $t+1$ 年产出为

$$x(t+1) = \begin{bmatrix} x_1(t+1) & x_2(t+1) & x_3(t+1) & x_4(t+1) \end{bmatrix}^{\mathrm{T}}$$

则必须在第 t 年投入：

$$\begin{bmatrix} a_{11}x_1(t+1)+a_{12}x_2(t+1) \\ a_{21}x_1(t+1)+a_{22}x_2(t+1) \\ a_{31}x_1(t+1)+a_{32}x_2(t+1) \\ a_{41}x_1(t+1)+a_{42}x_2(t+1) \end{bmatrix} = \begin{bmatrix} a_{11} & a_{12} & 0 & 0 \\ a_{21} & a_{22} & 0 & 0 \\ a_{31} & a_{32} & 0 & 0 \\ a_{41} & a_{42} & 0 & 0 \end{bmatrix} \begin{bmatrix} x_1(t+1) \\ x_2(t+1) \\ x_3(t+1) \\ x_4(t+1) \end{bmatrix} = A_1 x(t+1)$$

同时，为在第 $t+1$ 年产出 $x(t+1)$，应在第 $t+1$ 年投入：

$$\begin{bmatrix} a_{13}x_3(t+1)+a_{14}x_4(t+1) \\ a_{23}x_3(t+1)+a_{24}x_4(t+1) \\ a_{33}x_3(t+1)+a_{34}x_4(t+1) \\ a_{43}x_3(t+1)+a_{44}x_4(t+1) \end{bmatrix} = \begin{bmatrix} 0 & 0 & a_{13} & a_{14} \\ 0 & 0 & a_{23} & a_{24} \\ 0 & 0 & a_{33} & a_{34} \\ 0 & 0 & a_{43} & a_{44} \end{bmatrix} \begin{bmatrix} x_1(t+1) \\ x_2(t+1) \\ x_3(t+1) \\ x_4(t+1) \end{bmatrix} = A_2 x(t+1)$$

设第 t 年消费为 $d(t)$，应有如下的平衡关系，即

$$x(t) = A_1 x(t+1) + A_2 x(t) + d(t) \tag{1.4.6}$$

式 (1.4.6) 表明，第 t 年产出 $x(t)$ 一部分用于下一年和本年的投入 $A_1 x(t+1) + A_2 x(t)$，余下用于消费 $d(t)$。由于 A_1 是奇异矩阵，所以式 (1.4.6) 所示系统是典型的广义动态系统。一般可将式 (1.4.6) 写为如下形式，即

$$A_1 x(t+1) = (I - A_2)x(t) - d(t) \tag{1.4.7}$$

1.4.3　宏观动态经济系统的广义性

在计量经济学中，经常用差分方程或代数方程描述实际的经济系统。

例 1.4.3　考虑如下宏观经济系统，其中各变量定义如下。

$Y(t)$：第 t 年总产出。

$I(t)$：第 t 年度的投资总额。

$K(t)$：第 t 年固定资产存量。

$C(t)$：第 t 年消费总额。

$G(t)$：第 t 年计划外投资。

上述各变量间关系由如下方程描述。

(1) 计划投资方程为

$$I(t) = b[Y(t+1) - Y(t)] + G(t) \tag{1.4.8}$$

式 (1.4.8) 表明在第 $t+1$ 年比第 t 年多产出 $Y(t+1) - Y(t)$，必须在第 t 年投资 $b[Y(t+1) - Y(t)]$。其中，b 为投资系数，$G(t)$ 是计划外投资。

(2) 资本形成方程为

$$K(t+1) = \rho I(t) + (1-\rho)I(t+1) + K(t) - \delta K(t) \tag{1.4.9}$$

式 (1.4.9) 表明当年投资的一部分在当年形成固定资产，而余下的在第二年形成

固定资产。其中，δ 是折旧率。

（3）生产函数为

$$Y(t) = \theta K(t) \tag{1.4.10}$$

它是一个代数方程，θ 是资本产出比。

（4）消费支出方程为

$$C(t+1) = Y(t) - aY(t) - b[Y(t+1) - Y(t)] \tag{1.4.11}$$

它表明当年消费等于去年总产出减去消耗 $aY(t)$，a 为消耗系数，再减去去年计划投资 $b[Y(t+1)-Y(t)]$。

综合式（1.4.8）～式（1.4.11），得

$$\begin{cases} I(t) = b[Y(t+1) - Y(t)] + G(t) \\ K(t+1) = \rho I(t) + (1-\rho)I(t+1) + K(t) - \delta K(t) \\ Y(t) = \theta K(t) \\ C(t+1) = Y(t) - aY(t) - b[Y(t+1) - Y(t)] \end{cases} \tag{1.4.12}$$

等价变换为

$$\begin{cases} bY(t+1) = I(t) + bY(t) - G(t) \\ K(t+1) - (1-\rho)I(t+1) = \rho I(t) + (1-\delta)K(t) \\ 0 = -Y(t) + \theta K(t) \\ C(t+1) + bY(t+1) = (1-a+b)Y(t) \end{cases}$$

写成矩阵形式为

$$\begin{bmatrix} b & 0 & 0 & 0 \\ 0 & 1 & -(1-\rho) & 0 \\ 0 & 0 & 0 & 0 \\ b & 0 & 0 & 1 \end{bmatrix} \begin{bmatrix} Y(t+1) \\ K(t+1) \\ I(t+1) \\ C(t+1) \end{bmatrix} = \begin{bmatrix} b & 0 & 1 & 0 \\ 0 & (1-\delta) & \rho & 0 \\ -1 & \theta & 0 & 0 \\ (1-a+b) & 0 & 0 & 0 \end{bmatrix} \begin{bmatrix} Y(t) \\ K(t) \\ I(t) \\ C(t) \end{bmatrix} + \begin{bmatrix} -1 \\ 0 \\ 0 \\ 0 \end{bmatrix} G(t) \tag{1.4.13}$$

它具有如下形式，即

$$Ex(t+1) = Ax(t) + Bu(t)$$

且 E 和 A 都是奇异矩阵。因此式（1.4.13）是典型的广义动态系统。

以上简要介绍了动态投入产出模型、冯·诺依曼模型以及宏观经济系统的广义性。实际上，很多经济与管理问题都可以化为线性或非线性广义动态系统。

1.5　本 书 内 容

本书以时滞广义系统理论为主线，介绍时滞广义系统理论成果在动态投入产出模型上的应用，为经济与管理均衡发展提供必要的理论依据。

　　第一部分为投入产出模型和广义系统发展概况。着重介绍投入产出模型的产生与发展、广义系统理论概述以及经济系统模型的广义性，体现广义系统理论在经济管理方面的重要应用。本部分包括第 1 章绪论。

　　第二部分基于线性矩阵不等式技术，运用 Lyapunov 第二方法，研究时滞广义系统容许性分析和控制器设计以及 H_∞ 控制问题。本部分包括第 2 章预备知识；第 3 章一类不确定连续广义时滞系统容许性分析与控制；第 4、5、6 章离散广义时滞系统容许性分析与控制及 H_∞ 控制问题；第 7 章离散广义时变时滞系统容许性分析。

　　第三部分根据投资周期不同递进地提出三个多时滞广义动态投入产出模型。通过等价变形，将多时滞广义动态投入产出模型转化成多时滞离散广义系统，利用时滞广义系统理论给出多时滞广义动态投入产出模型的容许性条件。本部分包括第 8、9 章多时滞广义动态投入产出模型（Ⅰ）、（Ⅱ）、（Ⅲ）容许性分析。本部分遵循由浅入深的写作方法。

参 考 文 献

[1] Leontief W. Quantitative input-output relations in the economic systems of the United States. Review of Economics and Statistics, 1936, 18: 105-125.

[2] 赵新良, 方晓林, 郁红军, 等. 动态投入产出. 沈阳: 辽宁人民出版社, 1988: 2-3.

[3] 孙瑞英. 信息资源配置质量研究. 长春: 吉林大学, 2007: 24-26.

[4] 许宪春. 中国 2002 年投入产出表编制方法. 北京: 中国统计出版社, 2005.

[5] 李善同. 2002 年中国地区扩展投入产出表: 编制与应用. 北京: 经济科学出版社, 2010.

[6] 许宪春, 李善同. 中国区域投入产出表的编制及分析. 北京: 清华大学出版社, 2008.

[7] 市村真一, 王慧炯. 中国经济区域间投入产出表. 北京: 社会科学文献出版社, 2007.

[8] 李宝瑜, 张靖. GDP 核算口径下投入产出表调整与预测方法研究. 数量经济技术经济研究, 2012, (11): 011.

[9] 刘起运, 夏明, 张红霞. 宏观经济系统的投入产出分析. 北京: 中国人民大学出版社, 2006.

[10] 王栋, 宋辉, 刘新建. 基于投入产出结构的中国经济总供给-总需求模型研究. 数量经济技术经济研究, 2012, (6): 013.

[11] 孟彦菊. 投入产出空间结构分解分析模型的构建. 统计与决策, 2012, (19): 25-29.

[12] 胡秋阳. 中国的经济发展和产业结构: 投入产出分析的视角. 北京: 科学出版社, 2007.

[13] 张亚雄, 赵坤. 区域间投入产出分析. 北京: 社会科学文献出版社, 2006.

[14] 廖明球. 投入产出及其扩展分析. 北京: 首都经济贸易大学出版社, 2009.

[15] Fujmoto T C, Herrero A V. A sensitivity analysis for linear systems involving M-matrices and its application to the Leontief model. Linear Algebra and Its Application, 1985, 64: 85-91.

[16] 王全忠, 胡庆贺. 静态投入产出模式的一类优化问题. 河南科学, 1986, (3-4): 37-40.

[17] 胡显佑, 龚德恩. 线性经济模型及其数学方法. 北京: 中国人民大学出版社, 1995.

[18] 何剑鸣, 王冬, 郝金良. 静态非线性投入产出模型的若干数学问题. 数学的实践与认识, 1996, 26(2): 25-34.

[19] 那日萨, 唐焕文. 静态非线性投入产出模型解的存在性研究. 大连理工大学学报, 1998, 38(2): 125-128.

[20] 曾力生. 关于投入产出模型的比较静态分析——兼评 Woods 定理之误. 数量经济技术经济研究, 2000, 12: 25-29.

[21] 李桥兴, 刘思峰, 李影. 多项式形的静态非线性投入产出模型解的存在性研究. 运筹与管理, 2006, 15(2): 91-93.

[22] 张红霞. 教育-经济投入占用产出模型研究. 北京: 中国经济出版社, 2009.

[23] 廖明球. 中国北京奥运经济投入产出与计量模型研究. 北京: 首都经济贸易大学出版社, 2007.

[24] 廖明球. 经济、资源、环境投入产出模型研究. 北京: 首都经济贸易大学出版社, 2005.

[25] 王锋, 冯根福. 中国碳强度对行业发展、能源效率及中间投入系数的弹性研究. 数量经济技术经济研究, 2012, (5): 50-62.

[26] 武盈盈. 投入产出分析视角下的行业吸纳就业能力研究. 统计与决策, 2012, (16): 103-107.

[27] Liew C L. The dynamic variable input-output model: An advancement from the Leontief dynamic input-output model. The Annals of Regional Science, 2000, 4: 591-614.

[28] 荆海英, 杨兆宇. 广义离散动态投入产出模型的预测. 预测, 1991, 6: 50-52.

[29] 荆海英, 杨启军. 广义时变离散动态投入产出模型的求解. 数学的实践与认识, 1994, 4: 19-23.

[30] 卢方元. 应用广义逆矩阵求解离散型动态投入产出模型. 数学的实践与认识, 1994, 3: 1-4.

[31] Wu X M, Jiang L. Computer analysis algorithm for stability of the extended dynamic Leontief input-output model. International Conference on Computational Intelligence and Natural Computing, 2009: 379-382.

[32] Jiang L, Fang J A, Zhou W N. Stability analysis of economic discrete-time singular dynamic input-output model. Proceedings of the 7th International Conference on Machine Learning and Cybernetics, Kunming, 2008: 1434-1438.

[33] Livesey D A. The singularity problem in the dynamic input-output model. International Journal of Systems Science, 1973, 4: 437-440.

[34] Luenberger D G, Arbel A. Singular dynamic Leontief systems. Econometrica, 1977, 45: 991-995.

[35] Meyer U. Why singularity of dynamic Leontief systems doesn't matter. Proceedings of the Third Hungarian Conference on Input-Output Techniques, 1981: 181-189.

[36] Cambell S L. Nonregular singular dynamic Leontief systems. Econometrica, 1979, 6: 1565-1568.

[37] Kieddrowski R, Turnpike A. Theorem in the closed dynamic Leontief model with a singular matrix of capital coefficients. Economic Systems Research, 2001, 2: 209-222.

[38] 张贤达. 矩阵分析与应用. 北京: 清华大学出版社, 2004: 54.

[39] Szyld D B, Moledo L, Sauber B. Positive solutions of the Leontief dynamic input-output model. Input-Output Analysis, Chapman and Hall, New York, 1988: 91-98.

[40] Silva M S, Lima T P. Looking for nonnegative solutions of a Leontief dynamic model. Linear Algebra and Its Applications, 2003, 364: 281-316.

[41] Campbell S L. Singular Systems of Differential Equations. London: Pitman Publishing, 1980.

[42] Campbell S L, Meyer C D. Generalized Inverses of Linear Transformations. New York: Dover, 1979.

[43] Duchin F D, Szyld B. A dynamic input-output model with assured positive output. Metroeconomica, 1985, 37(3): 269 – 282.

[44] Jódar L, Merello P. Positive solutions of discrete dynamic Leontief input-output model with possibly singular capital matrix. Mathematical and Computer Modelling, 2010, 52(7-8): 1081-1087.

[45] 童丽珍. 论动态投入产出模型的能控性与能观测性. 统计与决策, 2001, 4: 10-11.

[46] 王翼. 线性多变量调节器在动态投入产出模型控制的应用. 系统工程, 1986, 4(1): 23-27.

[47] 何堃. 动态投入产出模型及其调节器的改进. 系统工程理论与实践, 1988, 1: 75-77.

[48] 龚德恩, 屈常青. 动态投入产出模型的反馈控制问题. 华侨大学学报(哲学社会科学版), 1994, 4: 61-64, 74.

[49] 李银国. 动态投入产出模型在控制变量约束下的反馈控制. 系统工程理论与实践, 1994, 1: 58-63.

[50] 张金水. 多重嵌套的可计算非线性动态投入产出模型及其平衡增长解. 系统科学与数学, 2000, 20(4): 447-453.

[51] Zhang J S. Iterative method for finding the balanced growth solution of the non-linear dynamic input-output model and the dynamic CGE model. Economic Modelling, 2001, 18: 117-132.

[52] 张金水. 中国六部门可计算非线性动态投入产出模型的平衡增长解. 系统工程理论与实践, 2000: 35-40.

[53] 姜超, 张金水. 考虑税收的可计算非线性动态投入产出模型及其参数设定. 系统工程理论与实践, 2004, 8: 32-37.

[54] 张金水, 姜超. 可计算非线性动态投入产出模型及其在税率设定中的应用. 系统工程理论与实践, 2004, 9: 33-37.

[55] 张金水, 郝晓红. 非线性 I-O 或动态 CGE 模型解的存在性和唯一性. 清华大学学报(自然科学版), 2007, 47(12): 2188-2191.

[56] 张金水, 郝晓红. 可计算非线性动态 IO 模型与效益可能性曲线. 系统工程学报, 2008, 23(5): 577-582.

[57] 张红霞, 唐焕文, 林建华. 多目标动态投入产出优化模型应用研究. 大连理工大学学报, 2001, 41(5): 514-517, 537.

[58] 周鹏, 唐焕文. 一个中国宏观经济预测模型及算法. 大连理工大学学报, 2003, 43(2): 129-131.

[59] 周鹏, 唐焕文, 赵晶, 等. 中国宏观经济预测模型算法及应用. 大连理工大学学报, 2004, 44(3): 342-346.

[60] Zhou P, Fan L W, Tang H W. On stability analysis of multiple objective dynamic input-output model. Applied Mathematics and Computation, 2006, 177: 79-84.

[61] Dorfman R, Sameulson P A, Solow R M. Linear Programming and Economic Analysis. New York: McGraw-Hill, 1958.

[62] 夏绍伟, 赵纯均, 李英杰. 目标规划在动态投入产出模型中的应用. 清华大学学报, 1986, 26(2): 76-83.

[63] 刘国志. 动态投入产出问题的动态最优化方法. 数学的实践与认识, 1998, 28(3): 239- 242.

[64] 耿显民, 孙利荣. 一类独立的动态投入产出模型. 高等学校计算数学学报, 2005, 27(4): 289-296.

[65] 李亮. 一类随机动态投入产出模型. 南京审计学院学报, 2007, 4(1): 77-82.

[66] Tong L, Wang L Y, Ding R J, et al. Study on the dynamic input-output model with coal mine safety. Procedia Engineering, 2011, 26: 1997-2002.

[67] 郝晓红, 张金水. 动态投入产出模型及其在高等教育成本分析中的应用. 数学的实践与认识, 2007, 37(12): 27-32.

[68] 翟丁, 张庆灵, 陈跃鹏, 等. 基于动态投入产出的管理信息系统的分析与设计. 东北大学学报(自然科学版), 2003, 24(8): 755-757.

[69] 成定平. 扩大消费和出口的产业结构调整方向——基于动态投入产出模型的分析. 经济学家, 2011, 5: 36-41.

[70] 张守一. 论动态投入产出模型. 数量经济技术经济研究, 1986, 3: 3-12.

[71] 夏绍玮, 赵纯均. 动态投入产出的投资模型. 清华大学学报, 1984, 24(3): 103-113.

[72] 赵纯均, 夏绍玮, 姜山. 动态投入产出系统的线性二次型最优控制. 清华大学学报, 1986, 26(1): 100-110.

[73] Rosenbrock H H. Structural properties of linear dynamical systems. International Journal of Control, 1974, 20(2): 191-202.

[74] Ailon A. On the design of output feedback for finite and infinite pole assignment in singular systems with application to the control problem of constrained robots. Ciruits, Systems and Signal Processing, 1994, 13 (5): 525-544.

[75] Readdy P B, Sannuti P. Optimal control of a coupled core nuclear reactor by a singular perturbation method. IEEE Transactions on Automatic Control, 1975, 20: 766-769.

[76] Bernhard P. On singular implicit linear dynamical systems. SLAM Journal Control Optimization, 1982, 20: 612-633.

[77] Dai L Y. Singular Control Systems. New York: Springer-Verlag, 1989.

[78] Mcclamroch N H. Singular systems of differential equations as dynamical models for constrained robot systems. Proceedings of IEEE Robotics and Automation Conference, Piscataway, 1986: 21-28.

[79] 翟丁, 张庆灵, 杨晓光, 等. 广义系统的控制与应用综述. 计算技术与自动化, 2003, 22(4): 31-36.

[80] 袁宇浩, 张广明. T-S 模糊广义系统研究综述. 自动化学报, 2010, 36(7): 901-911.

[81] Xu S Y, Dooren P V, Stefan R, et al. Robust stability and stabilization for singular systems with state delay and parameter uncertainty . IEEE Transactions on Automatic Control, 2002, 47(7): 1122-1128.

[82] Xu S Y, James L, Zhang L Q. Robust D-stability analysis for uncertain discrete singular systems with state delay. IEEE Transactions on Circuits and Systems I: Fundamental Theory and Applications, 2002, 49(4): 551-555.

[83] Xu S, Lam J, Zou Y. An improved characterization of bounded realness for singular delay systems and its applications. International Journal of Robust and Nonlinear Control, 2008, 18(3): 263-277.

[84] Zhu S, Zhang C, Cheng Z, et al. Delay-dependent robust stability criteria for two classes of uncertain singular time-delay systems. IEEE Transactions on Automatic Control, 2007, 52(5): 880-885.

[85] Fridman E. Stability of linear descriptor systems with delay: A Lyapunov-based approach. Journal of Mathematical Analysis and Applications, 2002, 273(1): 24-44.

[86] Fridman E, Shaked U. H_∞ control of linear state-delay descriptor systems: An LMI approach. Linear Algebra and Its Applications, 2002, 351(1): 271-302.

[87] Du Z P, Zhang Q L, Liu L L. Delay-dependent robust stabilization for uncertain singular systems with multiple state delays. Acta Automatica Sinica, 2009, 35(2): 162-167.

[88] Du Z P, Zhang Q L, Li Y. Delay-dependent robust H_∞ control for uncertain singular systems with multiple state delays. IET Control Theory and Applications, 2009, 3(6): 731-740.

[89] Sun X, Zhang Q L, Yang C Y, et al. An improved approach to delay-dependent robust stabilization for uncertain singular time-delay systems. International Journal of Automation and Computing, 2010, 7(2): 205-212.

[90] Wu Z G, Su H Y, Chu J. Robust stabilization for uncertain discrete singular systems with state delay. International Journal of Robust and Nonlinear Control, 2008, 18: 1532-1550.

[91] Du Z P, Qiu Z Z, Zhang Q L, et al. New delay-dependent robust stability of discrete singular systems with time-varying delay. IEEE Proceedings of the 7th World Congress on Intelligent Control and Automation, Chongqing, China, 2008: 6359-6364.

[92] 张金水. 广义系统经济控制论. 北京: 清华大学出版社, 1988: 38-45.

第2章 预备知识

2.1 引　言

本章将给出时滞离散广义系统的相关定义、命题和后面章节证明中常用的几个引理。

2.2 时滞离散广义系统相关定义及命题

考虑时滞离散广义系统为

$$Ex(k+1) = Ax(k) + A_d x(k-d) \tag{2.2.1}$$

其中，$x(k) \in \mathbb{R}^n$ 是状态向量；$d>0$ 为正整数，表示状态时滞；$E \in \mathbb{R}^{n \times n}$，$\text{rank}(E) = r \leqslant n$；$A$、$A_d$ 是具有适当维数的常数矩阵。

定义 2.2.1[1] 对于时滞离散广义系统 (2.2.1)，定义如下。

(1) 若 $\det(zE - A - z^{-d}A_d) \neq 0$，则时滞离散广义系统 (2.2.1) 是正则的。

(2) 若时滞离散广义系统 (2.2.1) 是正则的，且 $\deg(z^{nd} \det(zE - A - z^{-d}A_d)) = nd + \text{rank}(E)$，则时滞离散广义系统 (2.2.1) 是因果的。

(3) 令 $\rho(E, A, A_d) \triangleq \max\limits_{\lambda \in \{z \mid \det(zE - A - z^{-d}A_d) = 0\}} |\lambda|$，若 $\rho(E, A, A_d) < 1$，则时滞离散广义系统 (2.2.1) 是稳定的。

(4) 若时滞离散广义系统 (2.2.1) 是正则、因果、稳定的，则是容许的。

命题 2.2.1[2] 时滞离散广义系统 (2.2.1) 是正则、因果和稳定的，当且仅当矩阵对 (E, A) 是正则、因果的且 $\rho(E, A, A_d) < 1$。

定义 2.2.2 若时滞离散广义系统 (2.2.1) 是容许的，则系统的分析时滞上界定义为

$$d^{\text{analytical}} := \max \{d > 0 \mid \rho(E, A, A_d) < 1\}$$

考虑多时滞离散广义系统为

$$Ex(k+1) = Ax(k) + \sum_{i=1}^{m} A_i x(k-d_i) \tag{2.2.2}$$

其中，$x(k) \in \mathbb{R}^n$ 是状态向量；$d_i > 0, i = 1, \cdots, m$ 为正整数，表示各个状态时滞；$E \in \mathbb{R}^{n \times n}$，

$\text{rank}(E) = r \leqslant n$；$A$、$A_i$（$i=1,\cdots,m$）是具有适当维数的常数矩阵。

定义 2.2.3[3]　（1）若 $\det\left(zE - A - \sum\limits_{i=1}^{m} z^{-d_i} A_i\right) \neq 0$，则多时滞离散广义系统(2.2.2)是正则的。

（2）若 $\deg\left(\det\left(zE - A - \sum\limits_{i=1}^{m} z^{-d_i} A_i\right)\right) = \text{rank}(E)$，则多时滞离散广义系统(2.2.2)是因果的。

（3）令 $\rho(E, A, A_i) \triangleq \max\limits_{\lambda \in \left\{z \mid \det\left(zE - A - \sum\limits_{i=1}^{m} z^{-d_i} A_i\right) = 0\right\}} |\lambda|$，若 $\rho(E, A, A_i) < 1$，则多时滞离散广义系统(2.2.2)是稳定的。

（4）若多时滞离散广义系统(2.2.2)是正则、因果、稳定的，则是容许的。

命题 2.2.2[3]　多时滞离散广义系统(2.2.2)是正则、因果和稳定的，当且仅当矩阵对 (E, A) 是正则、因果的且 $\rho(E, A, A_i) < 1$。

2.3　几个常用引理

引理 2.3.1[4]　对于给定的常值矩阵 $M \geqslant 0$，$M \in \mathbb{R}^{n \times n}$，向量 $\psi(i) \in \mathbb{R}^n$，正整数 β_1，β_2，且 $1 \leqslant \beta_1 \leqslant \beta_2$，有下列不等式成立，即

$$-(\beta_2 - \beta_1 + 1)\sum_{i=\beta_1}^{\beta_2} \psi^{\text{T}}(i) M \psi(i) \leqslant -\left(\sum_{i=\beta_1}^{\beta_2} \psi(i)\right)^{\text{T}} M \left(\sum_{i=\beta_1}^{\beta_2} \psi(i)\right)$$

引理 2.3.2[5]　对于适维实矩阵 Ω，Γ，Ξ，其中 Ω 是对称的，且矩阵 F 满足 $F^{\text{T}}F \leqslant I$，则 $\Omega + \Gamma F \Xi + \Xi^{\text{T}} F^{\text{T}} \Gamma^{\text{T}} < 0$ 当且仅当存在一个参数 $\varepsilon > 0$，有 $\Omega + \varepsilon \Gamma \Gamma^{\text{T}} + \varepsilon^{-1} F^{\text{T}} F < 0$。

引理 2.3.3（Schur 补引理）　对给定的对称矩阵 $S = \begin{bmatrix} S_{11} & S_{12} \\ S_{12}^{\text{T}} & S_{22} \end{bmatrix}$，其中 $S \in \mathbb{R}^{n \times n}$，$S_{11} \in \mathbb{R}^{r \times r}$，以下三个条件是等价的。

（1）$S < 0$。

（2）$S_{11} < 0$，$S_{22} - S_{12}^{\text{T}} S_{11}^{-1} S_{12} < 0$。

（3）$S_{22} < 0$，$S_{11} - S_{12} S_{22}^{-1} S_{12}^{\text{T}} < 0$。

引理 2.3.4[6]（Jensen 不等式）　对于定常矩阵 $M \in \mathbb{R}^{m \times m}$，$M > 0$，参数 $b > a$，向量函数 $\omega : [a, b] \to \mathbb{R}^m$，则

$$(b-a)\int_a^b \omega^{\text{T}}(s) M \omega(s) \mathrm{d}s \geqslant \left[\int_a^b \omega(s)\mathrm{d}s\right]^{\text{T}} M \left[\int_a^b \omega(s)\mathrm{d}s\right]$$

从引理 2.3.4 可得到下面的结论。

引理 2.3.5[7] 对于定常矩阵 $W \in \mathbb{R}^{n \times n}$, $W = W^{\mathrm{T}} > 0$, 参数 $\gamma > 0$, 向量函数 $\dot{x} : [-\gamma, 0] \to \mathbb{R}^n$, 则

$$-\gamma \int_{-\gamma}^{0} \dot{x}^{\mathrm{T}}(t + \xi) W \dot{x}(t + \xi) \mathrm{d}\xi \leqslant \begin{bmatrix} x^{\mathrm{T}}(t) & x^{\mathrm{T}}(t - \gamma) \end{bmatrix} \begin{bmatrix} -W & W \\ W & -W \end{bmatrix} \begin{bmatrix} x(t) \\ x(t - \gamma) \end{bmatrix}$$

引理 2.3.6[4] (Jensen 不等式) 对于任意常数矩阵 $M \geqslant 0$, $M \in \mathbb{R}^{n \times n}$, 向量 $\psi(i)$, $\psi(i) \in \mathbb{R}^n$, 正整数 β_1, β_2 满足 $1 \leqslant \beta_1 \leqslant \beta_2$, 则有下列不等式成立, 即

$$-(\beta_2 - \beta_1 + 1) \sum_{i=\beta_1}^{\beta_2} \psi^{\mathrm{T}}(i) M \psi(i) \leqslant -\left(\sum_{i=\beta_1}^{\beta_2} \psi(i) \right)^{\mathrm{T}} M \left(\sum_{i=\beta_1}^{\beta_2} \psi(i) \right)$$

参 考 文 献

[1] Xu S, Lam J. Robust Control and Filtering of Singular Systems. Lecture Notes in Control and Information Sciences. 2006, 332 (12): 3010-3025.

[2] Xu S Y, James L, Zhang L Q. Robust D-stability analysis for uncertain discrete singular systems with state delay. IEEE Transactions on Circuits and Systems I: Fundamental Theory and Applications, 2002, 49 (4): 551-555.

[3] Shao Y Y, Liu X D, Sun X. New admissibility condition of discrete-time singular systems with commensurate delays. ICIC Express Letters, 2012, 6 (8): 2185-2190.

[4] Jiang X F, Han Q L, Yu X H. Stability criteria for linear discrete-time systems with interval-like time-varying delay. Proceedings of American Control Conference, 2005: 2817-2822.

[5] Peterson I R. A stabilization algorithm for a class uncertain linear systems. Systems & Control Letters, 1987, 8 (4): 351-357.

[6] Xia Y Q, Fu M Y, Shi P. Recent Results on Analysis of Systems with Time-Delay//Analysis and Synthesis of Dynamical Systems with Time-Delays. Berlin: Springer, 2009: 3-16.

[7] Han Q L. Absolute stability of time-delay systems with sector-bounded nonlin-earity. Automatica, 2005, 41 (12): 2171-2176.

第3章　一类不确定连续广义时滞系统容许性分析与控制

3.1　引　　言

近十年来，时滞广义系统的研究取得了丰硕的成果。首先，容许性分析与控制对广义系统是最基本的控制要求，对时滞广义系统的控制目标也是如此。针对连续时滞广义系统，较早利用 Lyapunov 第二方法研究容许性条件的有文献[1]和文献[2]。采用的方法是先将系统进行受限等价变换，把系统分解为微分方程和代数方程两部分，再对系统向量进行增广，然后分别构造 Lyapunov-Krasovskii 函数，从而给出时滞依赖、时滞独立的容许性条件。文献[3]研究了控制输入具有多时滞的一类广义系统状态反馈控制器设计问题。文献[4]研究了成比例时变时滞广义系统容许性条件。更多的关于连续时滞广义系统的容许性条件与控制的研究可参考文献[5]～文献[12]。根据广义系统容许性和一些性能是否依赖于时滞，将连续广义时滞系统分成两类：时滞独立型[13-15]、时滞依赖型[1, 10-12, 16-26]。一般地，当时滞上界较小时，时滞依赖比时滞独立结果的保守性要小；若时滞上界较大或时滞的存在对系统影响不大，时滞独立比时滞依赖的结果更实用。

本章主要用两种方法讨论带有范数有界不确定性的连续广义时滞系统的容许性分析和控制问题。首先，通过选取保守性更小的 Lyapunov-Krasovskii 泛函，改进了文献[18]的研究成果，并考虑不确定性，设计出状态反馈控制器使闭环系统是鲁棒容许的。然后，利用 Jensen 不等式方法，给出一种新的时滞依赖容许性条件，并从结论的保守性和计算复杂性两方面和文献[16]及文献[19]进行比较，说明本章所用方法的优越性，并设计出状态反馈控制器使闭环系统是鲁棒容许的。

3.2　问题形成与预备知识

考虑如下带有不确定性的连续广义时滞系统，即

$$\begin{cases} E\dot{x}(t) = (A + \Delta A)x(t) + (A_d + \Delta A_d)x(t-h) + (B + \Delta B)u(t) \\ x(t) = \phi(t), \quad t \in [-h, 0] \end{cases} \tag{3.2.1}$$

其中，$x(t) \in \mathbb{R}^n$ 是系统状态向量；$u(t) \in \mathbb{R}^m$ 是控制输入向量；参数 h 代表时滞，满足 $0 \le h \le \bar{h}$，$\bar{h}$ 是时滞上界；$\phi(t) \in \mathbb{R}^n$ 是连续可容的向量值初始函数；矩阵 $E \in \mathbb{R}^{n \times n}$，

且 $\mathrm{rank}(E) = r \le n$; A 、 A_d 、 B 为已知适当维数的常数矩阵。ΔA 、 ΔA_d 、 ΔB 表示不确定性，且有下面的形式，即

$$\begin{bmatrix} \Delta A & \Delta A_d & \Delta B \end{bmatrix} = MF(\sigma)\begin{bmatrix} N_1 & N_2 & N_3 \end{bmatrix} \tag{3.2.2}$$

其中， M 、 N_1 、 N_2 、 N_3 为已知具有适当维数的常数矩阵； $F(\sigma)$ 代表不确定性， $\sigma \in \Lambda$, Λ 是 $\mathbb{R}$ 上的一个紧集，且

$$F^{\mathrm{T}}(\sigma)F(\sigma) \le I \tag{3.2.3}$$

若式(3.2.2)、式(3.2.3)成立，则参数不确定性 ΔA 、 ΔA_d 、 ΔB 称为是允许的。

无控制输入时，系统(3.2.1)的标称系统为

$$\begin{cases} E\dot{x}(t) = Ax(t) + A_d x(t-h) \\ x(t) = \phi(t), \quad t \in [-h, 0] \end{cases} \tag{3.2.4}$$

给出如下定义。

定义 3.2.1[27, 28]　①若 $\det(sE - A) \ne 0$ ，则称矩阵对 (E, A) 是正则的；②若 $\deg \det(sE - A) = \mathrm{rank}(E)$ ，则称矩阵对 (E, A) 是无脉冲的；③若 $\det(sE - A) = 0$ 的根全部具有负实部，则称矩阵对 (E, A) 是稳定的；④若矩阵对 (E, A) 是正则、无脉冲、稳定的，则称为容许的。

定义 3.2.2[13]　①若矩阵对 (E, A) 是正则、无脉冲的，则称广义时滞系统(3.2.4)是正则、无脉冲的；②对于 $\varepsilon > 0$ ，若存在一个参数 $\delta(\varepsilon) > 0$ 使得对于可容的初始条件 $\phi(t)$ 满足 $\sup_{-h \le t \le 0} \|\phi(t)\| \le \delta(\varepsilon)$ ，对于 $t \ge 0$ 时，系统(3.2.4)的解 $x(t)$ 满足 $\|x(t)\| \le \varepsilon$ ，进一步，当 $t \to \infty$ 时， $x(t) \to 0$ ，则称广义时滞系统(3.2.4)是稳定的；③若广义时滞系统(3.2.4)是正则、无脉冲、稳定的，则称为容许的。

本章用两种方法研究了带有不确定性的时滞依赖连续奇异系统容许性分析与控制问题。研究步骤如下。

(1)考虑系统(3.2.4)，建立一个时滞依赖容许性充分条件。

(2)设计一个无记忆的状态反馈控制器 $u(t) = Kx(t)$ ，使带有不确定性的系统(3.2.1)是鲁棒容许的。

3.3　改进的时滞依赖容许性分析及鲁棒控制

引理 3.3.1[18]　考虑广义时滞系统(3.2.4)，对于给定的参数 $\bar{h} > 0$ ，时滞 h 满足 $0 \le h \le \bar{h}$ ，若存在非奇异矩阵 P ，矩阵 $R > 0$ ， $T > 0$ ， $Q > 0$ ，满足下面线性矩阵不等式，即

$$E^{\mathrm{T}}P = P^{\mathrm{T}}E \ge 0 \tag{3.3.1a}$$

$$\begin{bmatrix} R & P^{\mathrm{T}} \\ P & T \end{bmatrix} > 0 \tag{3.3.1b}$$

$$\begin{bmatrix} J & P^{\mathrm{T}}A_d - P^{\mathrm{T}}E & \bar{h}A^{\mathrm{T}}T \\ A_d^{\mathrm{T}}P - E^{\mathrm{T}}P & -Q & \bar{h}A_d^{\mathrm{T}}T \\ \bar{h}TA & \bar{h}TA_d & -\bar{h}T \end{bmatrix} < 0 \tag{3.3.1c}$$

其中，$J = P^{\mathrm{T}}A + A^{\mathrm{T}}P + Q + \bar{h}R + P^{\mathrm{T}}E + E^{\mathrm{T}}P$，则广义时滞系统(3.2.4)是容许的。

注释3.3.1　通常 Lyapunov-Krasovskii 泛函的选择形式对时滞依赖结果的保守性有一定的影响，在引理 3.3.1 中引入了一些矩阵变量：非奇异矩阵 P，正定矩阵 $R > 0$，$T > 0$ 来构造 Lyapunov-Krasovskii 泛函，同时满足式(3.3.1a)和式(3.3.1b)，然而，值得注意的是矩阵 P 要同时满足式(3.3.1a)和式(3.3.1b)两个不等式，因此，P 的取值范围会受到制约，这样会增加结论的保守性。鉴于此，本章通过引入一个新的矩阵变量 Y，在构造 Lyapunov-Krasovskii 泛函时代替式(3.3.1b)中的 P，从而增加 P 的取值自由度，降低结论的保守性。

3.3.1　改进的时滞依赖容许性条件

定理3.3.1　考虑广义时滞系统(3.2.4)，对于给定的参数 $\bar{h} > 0$，时滞 h 满足 $0 \leqslant h \leqslant \bar{h}$，若存在非奇异矩阵 P，矩阵 Y，矩阵 $R > 0$，$T > 0$，$Q > 0$，满足下面线性矩阵不等式，即

$$E^{\mathrm{T}}P = P^{\mathrm{T}}E \geqslant 0 \tag{3.3.2a}$$

$$\begin{bmatrix} R & Y^{\mathrm{T}} \\ Y & T \end{bmatrix} > 0 \tag{3.3.2b}$$

$$\begin{bmatrix} \varPsi & P^{\mathrm{T}}A_d - Y^{\mathrm{T}}E & \bar{h}A^{\mathrm{T}}T \\ A_d^{\mathrm{T}}P - E^{\mathrm{T}}Y & -Q & \bar{h}A_d^{\mathrm{T}}T \\ \bar{h}TA & \bar{h}TA_d & -\bar{h}T \end{bmatrix} < 0 \tag{3.3.2c}$$

其中，$\varPsi = P^{\mathrm{T}}A + A^{\mathrm{T}}P + Q + \bar{h}R + Y^{\mathrm{T}}E + E^{\mathrm{T}}Y$，则广义时滞系统(3.2.4)是容许的。

证明　首先证明系统(3.2.4)是正则、无脉冲的，一定存在两个非奇异矩阵 $\hat{M}$、$\hat{N}$，使得

$$\hat{M}E\hat{N} = \begin{bmatrix} I_r & 0 \\ 0 & 0 \end{bmatrix}, \qquad \hat{M}A\hat{N} = \begin{bmatrix} \hat{A}_1 & \hat{A}_2 \\ \hat{A}_3 & \hat{A}_4 \end{bmatrix} \tag{3.3.3}$$

又有

$$\hat{M}^{-\mathrm{T}}P\hat{N}=\begin{bmatrix}\hat{P}_1 & \hat{P}_2\\ \hat{P}_3 & \hat{P}_4\end{bmatrix},\qquad \hat{M}^{-\mathrm{T}}Y\hat{N}=\begin{bmatrix}\hat{Y}_1 & \hat{Y}_2\\ \hat{Y}_3 & \hat{Y}_4\end{bmatrix}\tag{3.3.4}$$

$$\hat{N}^{\mathrm{T}}R\hat{N}=\begin{bmatrix}\hat{R}_1 & \hat{R}_2\\ \hat{R}_2^{\mathrm{T}} & \hat{R}_3\end{bmatrix},\qquad \hat{N}^{\mathrm{T}}Q\hat{N}=\begin{bmatrix}\hat{Q}_1 & \hat{Q}_2\\ \hat{Q}_2^{\mathrm{T}} & \hat{Q}_3\end{bmatrix}\tag{3.3.5}$$

式 (3.3.4) 和式 (3.3.5) 中矩阵的分块与式 (3.3.3) 中矩阵的分块方式相一致，由式 (3.3.2a)、式 (3.3.3)、式 (3.3.4) 可以得到 $\hat{P}_1=\hat{P}_1^{\mathrm{T}}>0$，$\hat{P}_2=0$，进一步，由式 (3.3.2c)，可得

$$P^{\mathrm{T}}A+A^{\mathrm{T}}P+Q+\bar{h}R+Y^{\mathrm{T}}E+E^{\mathrm{T}}Y<0\tag{3.3.6}$$

在式 (3.3.6) 的左、右两边分别乘以 $\hat{N}^{\mathrm{T}}$、$\hat{N}$，并利用式 (3.3.3)～式 (3.3.5)，可得

$$\begin{bmatrix}* & *\\ * & \hat{P}_4^{\mathrm{T}}\hat{A}_4+\hat{A}_4^{\mathrm{T}}\hat{P}_4\end{bmatrix}<0\tag{3.3.7}$$

符号 "*" 代表与下面讨论无关的矩阵元素。由式 (3.3.7)，可知 $\hat{A}_4$ 是非奇异的，由奇异系统受限等价变换可知：矩阵对 (E,A) 是正则、无脉冲的，根据定义 3.2.2，系统 (3.2.4) 是正则、无脉冲的。

下面证明系统 (3.2.4) 是稳定的，已证系统 (3.2.4) 是正则、无脉冲的，所以一定存在两个非奇异矩阵 $\tilde{M}$、$\tilde{N}$ 使得

$$\tilde{E}=\tilde{M}E\tilde{N}=\begin{bmatrix}I_r & 0\\ 0 & 0\end{bmatrix},\qquad \tilde{A}=\tilde{M}A\tilde{N}=\begin{bmatrix}\tilde{A}_1 & 0\\ 0 & I_{n-r}\end{bmatrix}\tag{3.3.8}$$

定义

$$\tilde{P}\triangleq\tilde{M}^{-\mathrm{T}}P\tilde{N}=\begin{bmatrix}\tilde{P}_1 & \tilde{P}_2\\ \tilde{P}_3 & \tilde{P}_4\end{bmatrix},\qquad \tilde{Y}\triangleq\tilde{M}^{-\mathrm{T}}Y\tilde{N}=\begin{bmatrix}\tilde{Y}_1 & \tilde{Y}_2\\ \tilde{Y}_3 & \tilde{Y}_4\end{bmatrix}\tag{3.3.9}$$

$$\tilde{R}\triangleq\tilde{N}^{\mathrm{T}}R\tilde{N}=\begin{bmatrix}\tilde{R}_1 & \tilde{R}_2\\ \tilde{R}_2^{\mathrm{T}} & \tilde{R}_3\end{bmatrix},\qquad \tilde{Q}\triangleq\tilde{N}^{\mathrm{T}}Q\tilde{N}=\begin{bmatrix}\tilde{Q}_1 & \tilde{Q}_2\\ \tilde{Q}_2^{\mathrm{T}} & \tilde{Q}_3\end{bmatrix}\tag{3.3.10}$$

$$\tilde{T}\triangleq\tilde{M}^{-\mathrm{T}}T\tilde{M}^{-1}=\begin{bmatrix}\tilde{T}_1 & \tilde{T}_2\\ \tilde{T}_2^{\mathrm{T}} & \tilde{T}_3\end{bmatrix}\tag{3.3.11}$$

又

$$\tilde{A}_d=\tilde{M}A_d\tilde{N}=\begin{bmatrix}\tilde{A}_{d1} & \tilde{A}_{d2}\\ \tilde{A}_{d3} & \tilde{A}_{d4}\end{bmatrix}\tag{3.3.12}$$

式 (3.3.9)～式 (3.3.12) 中矩阵的分块与式 (3.3.8) 中矩阵的分块方式相一致，由式 (3.3.2a)、式 (3.3.8)、式 (3.3.9)，可以证明 $\tilde{P}_1=\tilde{P}_1^{\mathrm{T}}>0$，$\tilde{P}_2=0$，由式 (3.3.2c)，可

以得到

$$\begin{bmatrix} \Psi & P^{\mathrm{T}}A_d - Y^{\mathrm{T}}E \\ A_d^{\mathrm{T}}P - E^{\mathrm{T}}Y & -Q \end{bmatrix} < 0 \tag{3.3.13}$$

在式 (3.3.13) 的左、右两边分别乘以 $\mathrm{diag}\{\tilde{N}^{\mathrm{T}}, \tilde{N}^{\mathrm{T}}\}$ 及其转置，由式 (3.3.8) ～ 式 (3.3.12)，可以得到

$$\begin{bmatrix} \tilde{P}_1\tilde{A}_1 + \tilde{A}_1^{\mathrm{T}}\tilde{P}_1 + \tilde{Q}_1 + \bar{h}\tilde{R}_1 + \tilde{Y}_1 + \tilde{Y}_1^{\mathrm{T}} & \tilde{P}_3^{\mathrm{T}} + \tilde{Q}_2 + \bar{h}\tilde{R}_2 + \tilde{Y}_2 & \tilde{P}_1\tilde{A}_{d1} + \tilde{P}_3^{\mathrm{T}}\tilde{A}_{d3} - \tilde{Y}_1^{\mathrm{T}} & \tilde{P}_1\tilde{A}_{d2} + \tilde{P}_3^{\mathrm{T}}\tilde{A}_{d4} \\ \tilde{P}_3 + \tilde{Q}_2^{\mathrm{T}} + \bar{h}\tilde{R}_2^{\mathrm{T}} + \tilde{Y}_2^{\mathrm{T}} & \tilde{P}_4 + \tilde{P}_4^{\mathrm{T}} + \tilde{Q}_3 + \bar{h}\tilde{R}_3 & \tilde{P}_4\tilde{A}_{d3} - \tilde{Y}_2^{\mathrm{T}} & \tilde{P}_4\tilde{A}_{d4} \\ \tilde{A}_{d1}^{\mathrm{T}}\tilde{P}_1 + \tilde{A}_{d3}^{\mathrm{T}}\tilde{P}_3 - \tilde{Y}_1 & \tilde{A}_{d3}^{\mathrm{T}}\tilde{P}_4 - \tilde{Y}_2 & -\tilde{Q}_1 & -\tilde{Q}_2 \\ \tilde{A}_{d2}^{\mathrm{T}}\tilde{P}_1 + \tilde{A}_{d4}^{\mathrm{T}}\tilde{P}_3 & \tilde{A}_{d4}^{\mathrm{T}}\tilde{P}_4 & -\tilde{Q}_2^{\mathrm{T}} & -\tilde{Q}_3 \end{bmatrix} < 0$$

$$\tag{3.3.14}$$

在式 (3.3.14) 的左、右两边分别乘以 $\begin{bmatrix} 0 & I & 0 & 0 \\ 0 & 0 & 0 & I \end{bmatrix}$ 及其转置矩阵，则有

$$\begin{bmatrix} \tilde{P}_4 + \tilde{P}_4^{\mathrm{T}} + \tilde{Q}_3 + \bar{h}\tilde{R}_3 & \tilde{P}_4^{\mathrm{T}}\tilde{A}_{d4} \\ \tilde{A}_{d4}^{\mathrm{T}}\tilde{P}_4 & -\tilde{Q}_3 \end{bmatrix} < 0 \tag{3.3.15}$$

在式 (3.3.15) 的左、右两边分别乘以 $\begin{bmatrix} -\tilde{A}_{d4}^{\mathrm{T}} & I \end{bmatrix}$ 及其转置矩阵，则有

$$\tilde{A}_{d4}^{\mathrm{T}}\tilde{Q}_3\tilde{A}_{d4} - \tilde{Q}_3 + \bar{h}\tilde{A}_{d4}^{\mathrm{T}}\tilde{R}_3\tilde{A}_{d4} < 0 \tag{3.3.16}$$

利用 $\tilde{R}_3 > 0$，有

$$\tilde{A}_{d4}^{\mathrm{T}}\tilde{Q}_3\tilde{A}_{d4} - \tilde{Q}_3 < 0 \tag{3.3.17}$$

因此，可以断定

$$\rho(\tilde{A}_{d4}) < 1 \tag{3.3.18}$$

其中，$\rho(\tilde{A}_{d4})$ 表示矩阵 $\tilde{A}_{d4}$ 的谱半径。

利用式 (3.3.8) ～式 (3.3.12)，系统 (3.2.4) 可写成

$$\tilde{E}\dot{\zeta}(t) = \tilde{A}\zeta(t) + \tilde{A}_d\zeta(t-h) \tag{3.3.19}$$

即

$$\begin{aligned} \dot{\zeta}_1(t) &= \tilde{A}_1\zeta_1(t) + \tilde{A}_{d1}\zeta_1(t-h) + \tilde{A}_{d2}\zeta_2(t-h) \\ 0 &= \zeta_2(t) + \tilde{A}_{d3}\zeta_1(t-h) + \tilde{A}_{d4}\zeta_2(t-h) \end{aligned} \tag{3.3.20}$$

其中

$$\zeta(t) = \begin{bmatrix} \zeta_1(t) \\ \zeta_2(t) \end{bmatrix} = \tilde{N}^{-1}x(t) \tag{3.3.21}$$

由广义系统受限等价变换可知：系统 (3.2.4) 与系统 (3.3.19) 在稳定性上是等价的。

现在，为广义时滞系统 (3.3.19) 选择如下形式的 Lyapunov-Krasovskii 泛函，即

$$V(\zeta_t) = V_1(\zeta_t) + V_2(\zeta_t) + V_3(\zeta_t) + V_4(\zeta_t)$$

其中

$$V_1(\zeta_t) = \zeta^{\mathrm{T}}(t)\tilde{E}^{\mathrm{T}}\tilde{P}\zeta(t), \quad V_2(\zeta_t) = \int_{t-h}^{t} \zeta^{\mathrm{T}}(\alpha)\tilde{Q}\zeta(\alpha)\mathrm{d}\alpha$$

$$V_3(\zeta_t) = \int_{-h}^{0} \int_{t+\beta}^{t} (\tilde{E}\dot{\zeta}(\alpha))^{\mathrm{T}} \tilde{T}\tilde{E}\dot{\zeta}(\alpha)\mathrm{d}\alpha\mathrm{d}\beta$$

在式 (3.3.2b) 的左、右两边分别乘以 $\mathrm{diag}\{\tilde{N}^{\mathrm{T}}, \tilde{M}^{-\mathrm{T}}\}$ 及其转置矩阵，有 $\begin{bmatrix} \tilde{R} & \tilde{Y}^{\mathrm{T}} \\ \tilde{Y} & \tilde{T} \end{bmatrix} > 0$。

令

$$V_4(\zeta_t) = \int_{0}^{t} \int_{\beta-h}^{\beta} \begin{bmatrix} \zeta^{\mathrm{T}}(\beta) & (\tilde{E}\dot{\zeta}(\alpha))^{\mathrm{T}} \end{bmatrix} \begin{bmatrix} \tilde{R} & \tilde{Y}^{\mathrm{T}} \\ \tilde{Y} & \tilde{T} \end{bmatrix} \begin{bmatrix} \zeta(\beta) \\ \tilde{E}\dot{\zeta}(\alpha) \end{bmatrix} \mathrm{d}\alpha\mathrm{d}\beta$$

对 $V(\zeta_t)$ 关于 t 求导数，得

$$\dot{V}_1(\zeta_t) = 2\zeta^{\mathrm{T}}(t)\tilde{P}^{\mathrm{T}}\tilde{E}\dot{\zeta}(t) = 2\zeta^{\mathrm{T}}(t)\tilde{P}^{\mathrm{T}}\left[\tilde{A}\zeta(t) + \tilde{A}_d\zeta(t-h)\right]$$

$$\dot{V}_2(\zeta_t) = \zeta^{\mathrm{T}}(t)\tilde{Q}\zeta(t) - \zeta^{\mathrm{T}}(t-h)\tilde{Q}\zeta(t-h)$$

$$\dot{V}_3(\zeta_t) \leqslant \bar{h}(\tilde{E}\dot{\zeta}(t))^{\mathrm{T}}\tilde{T}\tilde{E}\dot{\zeta}(t) - \int_{t-h}^{t} (\tilde{E}\dot{\zeta}(\alpha))^{\mathrm{T}}\tilde{T}\tilde{E}\dot{\zeta}(\alpha)\mathrm{d}\alpha$$

$$\dot{V}_4(\zeta_t) \leqslant \bar{h}\zeta^{\mathrm{T}}(t)\tilde{R}\zeta(t) + 2\zeta^{\mathrm{T}}(t)\tilde{Y}^{\mathrm{T}}\tilde{E}\left[\zeta(t) - \zeta(t-h)\right] + \int_{t-h}^{t} (\tilde{E}\dot{\zeta}(\alpha))^{\mathrm{T}}\tilde{T}\tilde{E}\dot{\zeta}(\alpha)\mathrm{d}\alpha$$

则

$$\dot{V}(\zeta_t) \leqslant \chi^{\mathrm{T}}(t)\left[\Pi + \bar{h}\begin{pmatrix} \tilde{A}^{\mathrm{T}} \\ \tilde{A}_d^{\mathrm{T}} \end{pmatrix} \tilde{T}(\tilde{A} \quad \tilde{A}_d)\right]\chi(t)$$

其中

$$\chi(t) = [\zeta^{\mathrm{T}}(t) \quad \zeta^{\mathrm{T}}(t-h)]^{\mathrm{T}}$$

$$\Pi = \begin{bmatrix} \tilde{P}^{\mathrm{T}}\tilde{A} + \tilde{A}^{\mathrm{T}}\tilde{P} + \tilde{Q} + \bar{h}\tilde{R} + \tilde{Y}^{\mathrm{T}}\tilde{E} + \tilde{E}^{\mathrm{T}}\tilde{Y} & \tilde{P}^{\mathrm{T}}\tilde{A}_d - \tilde{Y}^{\mathrm{T}}\tilde{E} \\ \tilde{A}_d^{\mathrm{T}}\tilde{P} - \tilde{E}^{\mathrm{T}}\tilde{Y} & -\tilde{Q} \end{bmatrix}$$

在式 (3.3.2c) 的左、右两边乘以 $\mathrm{diag}\{\tilde{N}^{\mathrm{T}}, \tilde{N}^{\mathrm{T}}, \tilde{M}^{-\mathrm{T}}\}$ 及其转置矩阵，则

$$\begin{bmatrix} \tilde{P}^{\mathrm{T}}\tilde{A} + \tilde{A}^{\mathrm{T}}\tilde{P} + \tilde{Q} + \bar{h}\tilde{R} + \tilde{Y}^{\mathrm{T}}\tilde{E} + \tilde{E}^{\mathrm{T}}\tilde{Y} & \tilde{P}^{\mathrm{T}}\tilde{A}_d - \tilde{Y}^{\mathrm{T}}\tilde{E} & \bar{h}\tilde{A}^{\mathrm{T}}\tilde{T} \\ \tilde{A}_d^{\mathrm{T}}\tilde{P} - \tilde{E}^{\mathrm{T}}\tilde{Y} & -\tilde{Q} & \bar{h}\tilde{A}_d^{\mathrm{T}}\tilde{T} \\ \bar{h}\tilde{T}\tilde{A} & \bar{h}\tilde{T}\tilde{A}_d & -\bar{h}\tilde{T} \end{bmatrix} < 0$$

对上面的不等式使用 Schur 补引理，可得 $\dot{V}(\zeta_t)<0$，利用式 (3.3.18)，下面的证明步骤类似于文献[21]中的引理 2.2 和文献[13]中的定理 1，可得出系统 (3.2.4) 是稳定的，证毕。

注释 3.3.2 定理 3.3.1 给出了一个新的时滞依赖广义系统容许性充分条件，是在文献[18]的研究成果基础上进行了改进，减小了结论的保守性，这在后面的数值算例中得到了验证。

注释 3.3.3 用 $\bar{h}^*$ 表示时滞 h 上界 $\bar{h}$ 的最大值，定理 3.3.1 中，$\bar{h}^*$ 可以通过优化问题——求解广义特征值的最小化问题得到，即

$$\max_{P,Q,R,Y,T} \bar{h}$$
$$\text{s.t.} \quad Q>0, R>0, T>0$$
$$\text{LMI}(3.3.2)$$

对式 (3.3.2c) 运用 Schur 补引理，有

$$\begin{bmatrix} P^{\mathrm{T}}A+A^{\mathrm{T}}P+Q+Y^{\mathrm{T}}E+E^{\mathrm{T}}Y & P^{\mathrm{T}}A_d-Y^{\mathrm{T}}E \\ A_d^{\mathrm{T}}P-E^{\mathrm{T}}Y & -Q \end{bmatrix} < -\bar{h}\begin{bmatrix} A^{\mathrm{T}}TA+R & A^{\mathrm{T}}TA_d \\ A_d^{\mathrm{T}}TA & A_d^{\mathrm{T}}TA_d \end{bmatrix} \tag{3.3.22}$$

上述问题等价于

$$\min_{P,Q,R,Y,T} \mu$$
$$\text{s.t.} \quad Q>0, R>0, T>0$$
$$\text{LMI}(3.3.2)$$

其中，$\mu=-\bar{h}$，这样，就可以利用线性矩阵不等式 (linear matrix inequality, LMI) 工具箱中的广义特征值的最小化问题 (generalized eigenvalue problem, GEVP) 求解器求得 $\bar{h}^*$。

注释 3.3.4 若用 E^{T}、A^{T}、A_d^{T} 代替系统 (3.2.4) 中的 E、A、A_d，则有如下系统，即

$$E^{\mathrm{T}}\dot{\varsigma}(t)=A^{\mathrm{T}}\varsigma(t)+A_d^{\mathrm{T}}\varsigma(t-h) \tag{3.3.23}$$

其中，$\varsigma(t)\in\mathbb{R}^n$。首先，系统 (3.2.4) 和系统 (3.3.23) 在正则性和无脉冲性上是等价的；其次，它们的特征方程分别为 $\det(sE-A-\mathrm{e}^{-sh}A_d)=0$，$\det(sE^{\mathrm{T}}-A^{\mathrm{T}}-\mathrm{e}^{-sh}A_d^{\mathrm{T}})=0$，容易看出，两个特征方程的解相同，因此，两个系统在稳定性上是等价的，故这两个系统在容许性上是等价的。所以，若用 E^{T}、A^{T}、A_d^{T} 代替式 (3.3.2a)～式 (3.3.2c) 中的 E、A、A_d，定理 3.3.1 可以写成另一种形式。

推论 3.3.1 考虑广义时滞系统 (3.2.4)，对于给定的参数 $\bar{h}>0$，时滞 h 满足 $0\leq h\leq\bar{h}$，若存在非奇异矩阵 P，矩阵 Y，矩阵 $R>0$，$T>0$，$Q>0$，满足下面线性矩阵不等式，即

$$EP=P^{\mathrm{T}}E^{\mathrm{T}}\geq 0 \tag{3.3.24a}$$

$$\begin{bmatrix} R & Y^{\mathrm{T}} \\ Y & T \end{bmatrix} > 0 \tag{3.3.24b}$$

$$\begin{bmatrix} \varPhi & P^{\mathrm{T}}A_d^{\mathrm{T}} - Y^{\mathrm{T}}E^{\mathrm{T}} & \bar{h}AT \\ A_dP - EY & -Q & \bar{h}A_dT \\ \bar{h}TA^{\mathrm{T}} & \bar{h}TA_d^{\mathrm{T}} & -\bar{h}T \end{bmatrix} < 0 \tag{3.3.24c}$$

其中， $\varPhi = P^{\mathrm{T}}A^{\mathrm{T}} + AP + Q + \bar{h}R + Y^{\mathrm{T}}E^{\mathrm{T}} + EY$ ，则广义时滞系统(3.2.4)是容许的。

3.3.2 控制器设计

系统(3.2.1)的标称系统为

$$\begin{cases} E\dot{x}(t) = Ax(t) + A_dx(t-h) + Bu(t) \\ x(t) = \phi(t),\ t \in [-h,0] \end{cases} \tag{3.3.25}$$

设状态反馈控制器为

$$u(t) = Kx(t) \tag{3.3.26}$$

其中， $K \in \mathbb{R}^{m \times n}$ 是状态反馈增益矩阵。将式(3.3.26)代入系统(3.3.25)中，闭环系统为

$$\begin{cases} E\dot{x}(t) = (A+BK)x(t) + A_dx(t-h) \\ x(t) = \phi(t),\ t \in [-h,0] \end{cases} \tag{3.3.27}$$

下面求矩阵 K ，使得闭环系统(3.3.27)是容许的。

定理 3.3.2 考虑闭环系统(3.3.27)，对于给定的参数 $\bar{h} > 0$ ，时滞 h 满足 $0 \le h \le \bar{h}$ ，若存在非奇异矩阵 P ，矩阵 Y, W ，矩阵 $R > 0$ ， $Q > 0$ ，满足下面线性矩阵不等式，即

$$EP = P^{\mathrm{T}}E^{\mathrm{T}} \ge 0 \tag{3.3.28a}$$

$$\begin{bmatrix} R & Y^{\mathrm{T}} \\ Y & \rho P \end{bmatrix} > 0 \tag{3.3.28b}$$

$$\begin{bmatrix} \varGamma & P^{\mathrm{T}}A_d^{\mathrm{T}} - Y^{\mathrm{T}}E^{\mathrm{T}} & \bar{h}\rho AP + \bar{h}\rho BW \\ A_dP - EY & -Q & \bar{h}\rho A_dP \\ \bar{h}\rho PA^{\mathrm{T}} + \bar{h}\rho W^{\mathrm{T}}B^{\mathrm{T}} & \bar{h}\rho PA_d^{\mathrm{T}} & -\bar{h}\rho P \end{bmatrix} < 0 \tag{3.3.28c}$$

其中，参数 $\rho > 0$ 是给定的。

$$\varGamma = P^{\mathrm{T}}A^{\mathrm{T}} + AP + Q + \bar{h}R + Y^{\mathrm{T}}E^{\mathrm{T}} + EY + W^{\mathrm{T}}B^{\mathrm{T}} + BW$$

$$P = \mathrm{diag}(P_1, P_2),\ P_i > 0,\ i = 1,2$$

则闭环系统 (3.3.27) 是容许的，状态反馈增益矩阵为 $K = WP^{-1}$。

　　证明　利用推论 3.3.1 的结论，将式 (3.3.34c) 中的 A 用 $A + BK$ 代替，得到下面线性矩阵不等式：

$$\begin{bmatrix} \tilde{\Phi} & P^{\mathrm{T}}A_d^{\mathrm{T}} - Y^{\mathrm{T}}E^{\mathrm{T}} & \bar{h}AT + \bar{h}BKT \\ A_d P - EY & -Q & \bar{h}A_d T \\ \bar{h}TA^{\mathrm{T}} + \bar{h}TK^{\mathrm{T}}B^{\mathrm{T}} & \bar{h}TA_d^{\mathrm{T}} & -\bar{h}T \end{bmatrix} < 0 \qquad (3.3.29)$$

其中，$\tilde{\Phi} = AP + P^{\mathrm{T}}A^{\mathrm{T}} + BKP + P^{\mathrm{T}}K^{\mathrm{T}}B^{\mathrm{T}} + Q + \bar{h}R + Y^{\mathrm{T}}E^{\mathrm{T}} + EY$。

　　取 $P = \mathrm{diag}(P_1, P_2)$，$P_i > 0$，$i = 1,2$，令 $T = \rho P$，$\rho > 0$，$W = KP$，由式 (3.3.29)，得式 (3.3.28c) 成立，证毕。

3.3.3　鲁棒控制器设计

　　现在考虑带有不确定性的广义时滞系统 (3.2.1) 的状态反馈控制器设计问题，将式 (3.3.26) 代入系统 (3.2.1) 中，闭环系统为

$$\begin{cases} E\dot{x}(t) = \big[(A + \Delta A) + (B + \Delta B)K\big]x(t) + (A_d + \Delta A_d)x(t - h) \\ x(t) = \phi(t), \quad t \in [-h, 0] \end{cases} \qquad (3.3.30)$$

　　下面求矩阵 K，使得闭环系统 (3.3.30) 是容许的，基于定理 3.3.2，有如下结论。

　　定理 3.3.3　考虑闭环系统 (3.3.30)，对于给定的参数 $\bar{h} > 0$，时滞 h 满足 $0 \leqslant h \leqslant \bar{h}$，若存在参数 $\varepsilon > 0$，非奇异矩阵 P，矩阵 Y, W，矩阵 $R > 0$，$Q > 0$，满足下面线性矩阵不等式，即

$$EP = P^{\mathrm{T}}E^{\mathrm{T}} \geqslant 0 \qquad (3.3.31a)$$

$$\begin{bmatrix} R & Y^{\mathrm{T}} \\ Y & \rho P \end{bmatrix} > 0 \qquad (3.3.31b)$$

$$\begin{bmatrix} \Theta_{11} + \varepsilon MM^{\mathrm{T}} & \Theta_{21}^{\mathrm{T}} & \Theta_{31}^{\mathrm{T}} & N_{11}^{\mathrm{T}} & N_{21}^{\mathrm{T}} \\ \Theta_{21} & \Theta_{22} + \varepsilon MM^{\mathrm{T}} & \Theta_{32}^{\mathrm{T}} & 0 & 0 \\ \Theta_{31} & \Theta_{32} & \Theta_{33} & N_{13}^{\mathrm{T}} & N_{23}^{\mathrm{T}} \\ N_{11} & 0 & N_{13} & -\varepsilon I & 0 \\ N_{21} & 0 & N_{23} & 0 & -\varepsilon I \end{bmatrix} < 0 \qquad (3.3.31c)$$

其中，参数 $\rho > 0$ 是给定的。

$$P = \mathrm{diag}(P_1, P_2), \quad P_i > 0, \quad i = 1,2$$

$$\Theta_{11} = AP + P^{\mathrm{T}}A^{\mathrm{T}} + BW + W^{\mathrm{T}}B^{\mathrm{T}} + EY + Y^{\mathrm{T}}E^{\mathrm{T}} + Q + \bar{h}R$$

$$\Theta_{21} = A_d P - EY$$

$$\Theta_{22} = -Q$$

$$\Theta_{31} = \bar{h}\rho(PA^{\mathrm{T}} + W^{\mathrm{T}}B^{\mathrm{T}})$$

$$\Theta_{32} = \bar{h}\rho PA_d^{\mathrm{T}}$$

$$\Theta_{33} = -\bar{h}\rho P$$

$$N_{11} = N_1 P + N_3 W$$

$$N_{21} = N_2 P$$

$$N_{13} = \bar{h}\rho(N_1 P + N_3 W)$$

$$N_{23} = \bar{h}\rho N_2 P$$

则闭环系统(3.3.30)是容许的,状态反馈增益矩阵为 $K = WP^{-1}$。

证明　对式(3.3.31c)运用 Schur 补引理,有

$$\Theta + \varepsilon MM^{\mathrm{T}} + \varepsilon^{-1}N^{\mathrm{T}}N < 0 \tag{3.3.32}$$

其中

$$\Theta = \begin{bmatrix} \Theta_{11} & \Theta_{21}^{\mathrm{T}} & \Theta_{31}^{\mathrm{T}} \\ \Theta_{21} & \Theta_{22} & \Theta_{32}^{\mathrm{T}} \\ \Theta_{31} & \Theta_{32} & \Theta_{33} \end{bmatrix} \tag{3.3.33}$$

$$M = \begin{bmatrix} M^{\mathrm{T}} & 0 & 0 \\ 0 & M^{\mathrm{T}} & 0 \end{bmatrix}^{\mathrm{T}}, \qquad N = \begin{bmatrix} N_{11} & 0 & N_{13} \\ N_{21} & 0 & N_{23} \end{bmatrix} \tag{3.3.34}$$

根据引理 2.3.2,由式(3.3.32)~式(3.3.34)和式(3.2.2),可得

$$\begin{bmatrix} \bar{\Gamma} & P^{\mathrm{T}}\bar{A}_d^{\mathrm{T}} - Y^{\mathrm{T}}E^{\mathrm{T}} & \bar{h}\rho(\bar{A}P + \bar{B}W) \\ \bar{A}_d P - EY & -Q & \bar{h}\rho\bar{A}_d P \\ \bar{h}\rho(P\bar{A}^{\mathrm{T}} + W^{\mathrm{T}}\bar{B}^{\mathrm{T}}) & \bar{h}\rho P\bar{A}_d^{\mathrm{T}} & -\bar{h}\rho P \end{bmatrix} < 0 \tag{3.3.35}$$

其中

$$\bar{\Gamma} = \bar{A}P + P^{\mathrm{T}}\bar{A}^{\mathrm{T}} + \bar{B}W + W^{\mathrm{T}}\bar{B}^{\mathrm{T}} + Q + \bar{h}R + EY + Y^{\mathrm{T}}E^{\mathrm{T}}$$

$$\bar{A} = A + \Delta A, \quad \bar{A}_d = A_d + \Delta A_d, \quad \bar{B} = B + \Delta B$$

根据定理 3.3.2 的结论,可知闭环系统(3.3.30)是容许的,证毕。

3.3.4　数值算例

本节将以三个数值例子来说明本章所用方法的有效性和优越性。

例 3.3.1　考虑如下广义时滞系统,即

$$E\dot{x}(t) = Ax(t) + A_d x(t - h)$$

其中

$$E = \begin{bmatrix} 1 & 0 \\ 0 & 0 \end{bmatrix}, \quad A = \begin{bmatrix} 0.6213 & 0.5321 \\ -0.5746 & -0.9983 \end{bmatrix}, \quad A_d = \begin{bmatrix} -0.4c & 0 \\ 0 & -0.1c \end{bmatrix}$$

其中，c 为参数。当 c 的值给定后，利用定理 3.3.1，并用注释 3.3.3 中提到的方法，求得最大允许时滞 $\bar{h}^*$。表 3.3.1 分别列出文献[1]、文献[18]和文献[29]算出的 $\bar{h}^*$ 值。其中，符号"—"表示无解，可以看出，本章所用的方法具有较小的保守性。

表 3.3.1　比较 $\bar{h}^*$ 的值

c	2	2.2	2.4	2.6	2.8	3
文献[18]	—	—	—	—	—	—
文献[1]	1.2396	1.1278	1.0344	0.9552	0.8872	0.8282
文献[29]	1.3781	1.2705	1.1784	1.0987	1.0291	0.9677
定理 3.3.1	1.5340	1.4324	1.3227	1.2344	1.1518	1.0672

例 3.3.2　考虑如下广义时滞系统，本例选自文献[18]，即

$$E\dot{x}(t) = Ax(t) + A_d x(t-h) + Bu(t)$$

其中

$$A = \begin{bmatrix} 1 & 1.5 & 1 \\ -0.2 & 1 & 2 \\ 0 & 0 & 0 \end{bmatrix}, \quad A_d = \begin{bmatrix} -1.5 & 1 & 0 \\ 0.2 & 0 & 0.5 \\ 1.3 & 0.5 & -1.6 \end{bmatrix}, \quad B = \begin{bmatrix} 1.5 & 0 & 0 \\ 1 & -1 & 0 \\ -1 & 0 & -2 \end{bmatrix}$$

奇异矩阵 E 形式为

$$E = \begin{bmatrix} 1 & 0 & 0 \\ 0 & 1 & 0 \\ 0 & 0 & 0 \end{bmatrix}$$

此系统在开环时，即控制输入为 0 时，由矩阵对 (E, A) 可以看出：开环系统不是正则的，同时有脉冲，故有必要对其进行控制使闭环系统为容许的。在文献[18]中，算得 $\bar{h}^* = 1$，而利用定理 3.3.2，当 $\rho = 0.1$ 时，$\bar{h}^* = 5.3079$。当 $\rho = 0.1$，$\bar{h} = 5.2$ 时，算出的矩阵变量为

$$P = \begin{bmatrix} 0.3819 & 0.1625 & 0 \\ 0.1625 & 0.7017 & 0 \\ 0 & 0 & 1.4407 \end{bmatrix}, \quad Q = \begin{bmatrix} 0.6050 & 0.0745 & -0.1036 \\ 0.0745 & 0.5844 & -0.3629 \\ -0.1036 & -0.3629 & 2.5473 \end{bmatrix}$$

$$W = \begin{bmatrix} -0.8633 & -0.9471 & -0.9109 \\ -0.6543 & 0.7472 & 1.7417 \\ 0.3917 & 0.3974 & 1.7879 \end{bmatrix}, \quad Y = \begin{bmatrix} -0.0065 & -0.0007 & 0.0013 \\ -0.0017 & -0.0089 & 0.0022 \\ 0 & 0 & 0 \end{bmatrix}$$

$$R = \begin{bmatrix} 0.0137 & 0.0222 & 0.0094 \\ 0.0222 & 0.0734 & 0.0343 \\ 0.0094 & 0.0343 & 0.0211 \end{bmatrix}$$

相应的状态反馈增益矩阵为

$$K = \begin{bmatrix} -1.8708 & -0.9166 & -0.6323 \\ -2.4035 & 1.6214 & 1.2089 \\ 0.8705 & 0.3648 & 1.2410 \end{bmatrix}$$

例 3.3.3 考虑形如式(3.2.1)的带有不确定性的广义时滞系统，系数如下：

$$E = \begin{bmatrix} 1 & 1 & 0 \\ 1 & -1 & 1 \\ 2 & 0 & 1 \end{bmatrix}, \quad A = \begin{bmatrix} 2 & 1 & 1 \\ -1 & 0 & 1 \\ 1 & 1 & 2 \end{bmatrix}, \quad A_d = \begin{bmatrix} -1.25 & 0.3 & -0.575 \\ 0.75 & 0.8 & 0.475 \\ 0.6 & 0.1 & 1.15 \end{bmatrix}, \quad B = \begin{bmatrix} 0.75 & 2 \\ 1.75 & 0 \\ 0.5 & 1 \end{bmatrix}$$

$$M = \begin{bmatrix} 0.4 & 0.3 & 0.2 \end{bmatrix}^T, \quad N_1 = \begin{bmatrix} 0.2 & 0.4 & 0.5 \end{bmatrix}, \quad N_2 = \begin{bmatrix} 0.3 & 0.4 & 0.5 \end{bmatrix}$$

$$N_3 = \begin{bmatrix} 0.4 & 0.5 \end{bmatrix}, \quad F(\sigma) = \sin(\sigma)$$

一定存在两个非奇异的矩阵 $\hat{P}$、$\hat{Q}$，使得

$$\hat{E} = \hat{P}E\hat{Q} = \begin{bmatrix} 1 & 0 & 0 \\ 0 & 1 & 0 \\ 0 & 0 & 0 \end{bmatrix}, \quad \hat{A} = \hat{P}A\hat{Q} = \begin{bmatrix} 0.5 & 0.5 & 1 \\ 1.5 & 0.5 & -0.5 \\ 0 & 0 & 0 \end{bmatrix}$$

$$\hat{P} = \begin{bmatrix} 0.5 & 0.5 & 0 \\ 0.5 & -0.5 & 0 \\ 0.5 & 0.5 & -0.5 \end{bmatrix}, \quad \hat{Q} = \begin{bmatrix} 1 & 0 & -0.5 \\ 0 & 1 & 0.5 \\ 0 & 0 & 1 \end{bmatrix}$$

从上面的受限等价变换可以看出，矩阵对 $(\hat{E}, \hat{A})$ 不是正则的，同时有脉冲，这意味着矩阵对 (E, A) 不是正则的，有脉冲，所以有必要对开环系统进行控制，使得闭环系统是容许的。

相应地，

$$\hat{A}_d = \hat{P}A_d\hat{Q} = \begin{bmatrix} -0.25 & 0.55 & 0.35 \\ -1 & -0.25 & -0.15 \\ -0.55 & 0.5 & -0.1 \end{bmatrix}, \quad \hat{B} = \hat{P}B = \begin{bmatrix} 1.25 & 1 \\ -0.5 & 1 \\ 1 & 0.5 \end{bmatrix}$$

$$\hat{M} = \hat{P}M = \begin{bmatrix} 0.35 \\ 0.05 \\ 0.25 \end{bmatrix}, \quad \hat{N}_1 = N_1\hat{Q} = \begin{bmatrix} 0.2 & 0.4 & 0.6 \end{bmatrix}, \quad \hat{N}_2 = N_2\hat{Q} = \begin{bmatrix} 0.3 & 0.4 & 0.55 \end{bmatrix}$$

当 $\rho = 0.1$，$\bar{h} = 7.115$ 时，由定理 3.3.3 计算出状态反馈增益矩阵为

$$K = \begin{bmatrix} -0.1945 & 0.7958 & -1.3796 \\ -1.3457 & -1.5067 & -0.0046 \end{bmatrix}$$

当 $\rho = 0.5$，$\bar{h} = 1.6217$ 时，由定理 3.3.3 计算出状态反馈增益矩阵为

$$K = \begin{bmatrix} -0.1724 & 0.5974 & -1.3058 \\ -1.1640 & -1.2778 & -0.0357 \end{bmatrix}$$

3.4　基于 Jensen 不等式方法时滞依赖容许性分析及鲁棒控制

有关连续广义时滞系统的容许性分析的研究成果有很多，其中比较有代表性的是文献[16]和文献[19]。与其他文献相比，文献[16]和文献[19]给出的时滞依赖连续广义时滞系统容许性条件的保守性较小，本节将利用 Jensen 不等式给出一个新的时滞依赖连续广义时滞系统容许性条件，并将所得结论与上面提到的文献从保守性和计算复杂性[30]（与决策变量的个数、待解线性矩阵不等式的行数有关）两方面进行比较。

引理 3.4.1[16]　对于给定的 $h_M > 0$，定常时滞 h 满足 $0 < h \leqslant h_M$，若存在矩阵 $Q > 0$，$Z > 0$，矩阵 P，Y，W 满足下面线性矩阵不等式，即

$$EP = P^{\mathrm{T}} E^{\mathrm{T}} \geqslant 0 \tag{3.4.1a}$$

$$\begin{bmatrix} \Omega_1 & \Omega_2 & h_M Y^{\mathrm{T}} & h_M A^{\mathrm{T}} Z \\ \Omega_2^{\mathrm{T}} & \Omega_3 & h_M W^{\mathrm{T}} & h_M A_d^{\mathrm{T}} Z \\ h_M Y & h_M W & -h_M Z & 0 \\ h_M Z A & h_M Z A_d & 0 & -h_M Z \end{bmatrix} < 0 \tag{3.4.1b}$$

其中

$$\Omega_1 = P^{\mathrm{T}} A + A^{\mathrm{T}} P + Q - Y^{\mathrm{T}} E - E^{\mathrm{T}} Y$$
$$\Omega_2 = P^{\mathrm{T}} A_d + Y^{\mathrm{T}} E - E^{\mathrm{T}} W$$
$$\Omega_3 = W^{\mathrm{T}} E + E^{\mathrm{T}} W - Q$$

则广义时滞系统 (3.2.4) 是容许的。

引理 3.4.2[19]　对于给定的 $h_M > 0$，定常时滞 h 满足 $0 < h \leqslant h_M$，若存在下面适维矩阵，即

$$P = \begin{bmatrix} P_{11} & P_{12} \\ 0 & P_{22} \end{bmatrix}, \qquad P_{11} > 0, \qquad Q > 0, \qquad Z = \begin{bmatrix} Z_{11} & Z_{12} \\ * & Z_{22} \end{bmatrix} > 0$$

$$Y = \begin{bmatrix} Y_{11} & 0 \\ Y_{21} & 0 \end{bmatrix}, \qquad W = \begin{bmatrix} W_{11} & 0 \\ W_{21} & 0 \end{bmatrix}, \qquad Y_1 = \begin{bmatrix} Y_{11} \\ Y_{21} \end{bmatrix}, \qquad W_1 = \begin{bmatrix} W_{11} \\ W_{21} \end{bmatrix} \tag{3.4.2a}$$

其中，$P_{11} \in \mathbb{R}^{r \times r}$；$Z_{11} \in \mathbb{R}^{r \times r}$；$Y_{11} \in \mathbb{R}^{r \times r}$；$W_{11} \in \mathbb{R}^{r \times r}$，满足下面线性矩阵不等式，即

$$\begin{bmatrix} \Pi & PA_d - Y + W^{\mathrm{T}} + h_M A^{\mathrm{T}} Z A_d & -h_M Y_1 \\ * & -Q - W - W^{\mathrm{T}} + h_M A_d^{\mathrm{T}} Z A_d & -h_M W_1 \\ * & * & -h_M Z_{11} \end{bmatrix} < 0 \qquad (3.4.2b)$$

其中，$\Pi = PA + A^{\mathrm{T}} P^{\mathrm{T}} + Y + Y^{\mathrm{T}} + Q + h_M A^{\mathrm{T}} Z A$，则广义时滞系统 (3.2.4) 是容许的。

3.4.1　时滞依赖容许性分析

定理 3.4.1　对于给定的参数 $h_M > 0$，定常时滞 h 满足 $0 < h \leqslant h_M$，若存在非奇异矩阵 P，正定矩阵 $Q > 0$，$T > 0$，满足下面线性矩阵不等式，即

$$E^{\mathrm{T}} P = P^{\mathrm{T}} E^{\mathrm{T}} \geqslant 0 \qquad (3.4.3)$$

$$\begin{bmatrix} P^{\mathrm{T}} A + A^{\mathrm{T}} P + Q - \dfrac{E^{\mathrm{T}} T E}{h_M} & * & * \\ A_d^{\mathrm{T}} P + \dfrac{E^{\mathrm{T}} T E}{h_M} & -Q - \dfrac{E^{\mathrm{T}} T E}{h_M} & * \\ h_M T A & h_M T A_d & -h_M T \end{bmatrix} < 0 \qquad (3.4.4)$$

则广义时滞系统 (3.2.4) 是容许的。

证明　证明分为两部分：先证明正则性、无脉冲性；再证明稳定性。

一定存在两个非奇异矩阵 $\hat{M}$、$\hat{N}$，使得

$$\hat{M} E \hat{N} = \begin{bmatrix} I_r & 0 \\ 0 & 0 \end{bmatrix}, \qquad \hat{M} A \hat{N} = \begin{bmatrix} \hat{A}_1 & \hat{A}_2 \\ \hat{A}_3 & \hat{A}_4 \end{bmatrix} \qquad (3.4.5)$$

又有

$$\hat{M}^{-\mathrm{T}} P \hat{N} = \begin{bmatrix} \hat{P}_1 & \hat{P}_2 \\ \hat{P}_3 & \hat{P}_4 \end{bmatrix} \qquad (3.4.6)$$

$$\hat{N}^{\mathrm{T}} Q \hat{N} = \begin{bmatrix} \hat{Q}_1 & \hat{Q}_2 \\ \hat{Q}_2^{\mathrm{T}} & \hat{Q}_3 \end{bmatrix}, \qquad \hat{M}^{-\mathrm{T}} T \hat{M}^{-1} = \begin{bmatrix} \hat{T}_1 & \hat{T}_2 \\ \hat{T}_2^{\mathrm{T}} & \hat{T}_3 \end{bmatrix} \qquad (3.4.7)$$

式 (3.4.6) 和式 (3.4.7) 中矩阵的分块方式与式 (3.4.5) 的分块方式相一致。由式 (3.4.3)、式 (3.4.5) 和式 (3.4.6)，可得到 $\hat{P}_2 = 0$。由式 (3.4.4)，可知

$$P^{\mathrm{T}} A + A^{\mathrm{T}} P + Q - \frac{E^{\mathrm{T}} T E}{h_M} < 0 \qquad (3.4.8)$$

在式 (3.4.8) 的左、右两边分别乘以 $\hat{N}^T$、$\hat{N}$，并利用式 (3.4.5)～式 (3.4.7) 可得

$$
\begin{bmatrix} * & * \\ * & \hat{P}_4^T \hat{A}_4 + \hat{A}_4^T \hat{P}_4 + \hat{Q}_3 \end{bmatrix} < 0 \tag{3.4.9}
$$

符号 "*" 代表与下面讨论无关的矩阵元素。由式 (3.4.9)，可知 $\hat{A}_4$ 是非奇异的，因此，系统 (3.2.4) 是正则、无脉冲的。

接下来证明稳定性，由于系统 (3.2.4) 是正则、无脉冲的，一定存在两个非奇异矩阵 $\tilde{M}$、$\tilde{N}$ 使得

$$
\tilde{E} = \tilde{M} E \tilde{N} = \begin{bmatrix} I_r & 0 \\ 0 & 0 \end{bmatrix}, \qquad \tilde{A} = \tilde{M} A \tilde{N} = \begin{bmatrix} \tilde{A}_1 & 0 \\ 0 & I_{n-r} \end{bmatrix} \tag{3.4.10}
$$

定义

$$
\tilde{P} \triangleq \tilde{M}^{-T} P \tilde{N} = \begin{bmatrix} \tilde{P}_1 & \tilde{P}_2 \\ \tilde{P}_3 & \tilde{P}_4 \end{bmatrix} \tag{3.4.11}
$$

$$
\tilde{Q} \triangleq \tilde{N}^T Q \tilde{N} = \begin{bmatrix} \tilde{Q}_1 & \tilde{Q}_2 \\ \tilde{Q}_2^T & \tilde{Q}_3 \end{bmatrix}, \qquad \tilde{T} \triangleq \tilde{M}^{-T} T \tilde{M}^{-1} = \begin{bmatrix} \tilde{T}_1 & \tilde{T}_2 \\ \tilde{T}_2^T & \tilde{T}_3 \end{bmatrix} \tag{3.4.12}
$$

又

$$
\tilde{A}_d = \tilde{M} A_d \tilde{N} = \begin{bmatrix} \tilde{A}_{d1} & \tilde{A}_{d2} \\ \tilde{A}_{d3} & \tilde{A}_{d4} \end{bmatrix} \tag{3.4.13}
$$

式 (3.4.11)～式 (3.4.13) 与式 (3.4.10) 中矩阵分块的方式相一致。由式 (3.4.3)、式 (3.4.10) 和式 (3.4.11)，可以证明 $\tilde{P}_1 = \tilde{P}_1^T \geq 0$，$\tilde{P}_2 = 0$，由矩阵 P 是非奇异的，可以断定 $\tilde{P}_1 = \tilde{P}_1^T > 0$，则矩阵 $\tilde{P}$ 有如下形式，即

$$
\tilde{P} = \begin{bmatrix} \tilde{P}_1 & 0 \\ \tilde{P}_3 & \tilde{P}_4 \end{bmatrix}, \quad \tilde{P}_1 > 0 \tag{3.4.14}
$$

由式 (3.4.4) 可以得到

$$
\begin{bmatrix} P^T A + A^T P + Q - \dfrac{E^T T E}{h_M} & * \\ A_d^T P + \dfrac{E^T T E}{h_M} & -Q - \dfrac{E^T T E}{h_M} \end{bmatrix} < 0 \tag{3.4.15}
$$

在式 (3.4.15) 的左、右两边分别乘以 $\mathrm{diag}\{\tilde{N}^T, \tilde{N}^T\}$ 及其转置矩阵，并利用式 (3.4.10)～式 (3.4.13)，则有

$$\begin{bmatrix} \tilde{P}_1\tilde{A}_1 + \tilde{A}_1^{\mathrm{T}}\tilde{P}_1 + \tilde{Q}_1 - \dfrac{\tilde{T}_1}{h_M} & * & * & * \\ \tilde{P}_3 + \tilde{Q}_2^{\mathrm{T}} & \tilde{P}_4 + \tilde{P}_4^{\mathrm{T}} + \tilde{Q}_3 & * & * \\ \tilde{A}_{d1}^{\mathrm{T}}\tilde{P}_1 + \tilde{A}_{d3}^{\mathrm{T}}\tilde{P}_3 + \dfrac{\tilde{T}_1}{h_M} & \tilde{A}_{d3}^{\mathrm{T}}\tilde{P}_4 & -\tilde{Q}_1 - \dfrac{\tilde{T}_1}{h_M} & * \\ \tilde{A}_{d2}^{\mathrm{T}}\tilde{P}_1 + \tilde{A}_{d4}^{\mathrm{T}}\tilde{P}_3 & \tilde{A}_{d4}^{\mathrm{T}}\tilde{P}_4 & -\tilde{Q}_2^{\mathrm{T}} & -\tilde{Q}_3 \end{bmatrix} < 0 \tag{3.4.16}$$

在式 (3.4.16) 的左、右两边分别乘以 $\begin{bmatrix} 0 & I & 0 & 0 \\ 0 & 0 & 0 & I \end{bmatrix}$ 及其转置矩阵，则有

$$\begin{bmatrix} \tilde{P}_4 + \tilde{P}_4^{\mathrm{T}} + \tilde{Q}_3 & * \\ \tilde{A}_{d4}^{\mathrm{T}}\tilde{P}_4 & -\tilde{Q}_3 \end{bmatrix} < 0 \tag{3.4.17}$$

在式 (3.4.17) 的两边分别乘以 $\begin{bmatrix} -\tilde{A}_{d4}^{\mathrm{T}} & I \end{bmatrix}$ 及其转置矩阵，则有

$$\tilde{A}_{d4}^{\mathrm{T}}\tilde{Q}_3\tilde{A}_{d4} - \tilde{Q}_3 < 0 \tag{3.4.18}$$

因此，可得

$$\rho(\tilde{A}_{d4}) < 1 \tag{3.4.19}$$

其中，$\rho(\tilde{A}_{d4})$ 表示矩阵 $\tilde{A}_{d4}$ 的谱半径。

利用式 (3.4.10) 和式 (3.4.13)，系统 (3.2.4) 可写成如下形式，即

$$\tilde{E}\dot{\zeta}(t) = \tilde{A}\zeta(t) + \tilde{A}_d\zeta(t-h) \tag{3.4.20}$$

其中

$$\zeta(t) = \begin{bmatrix} \zeta_1(t) \\ \zeta_2(t) \end{bmatrix} = \tilde{N}^{-1}x(t) \tag{3.4.21}$$

即

$$\begin{aligned} \dot{\zeta}_1(t) &= \tilde{A}_1\zeta_1(t) + \tilde{A}_{d1}\zeta_1(t-h) + \tilde{A}_{d2}\zeta_2(t-h) \\ 0 &= \zeta_2(t) + \tilde{A}_{d3}\zeta_1(t-h) + \tilde{A}_{d4}\zeta_2(t-h) \end{aligned} \tag{3.4.22}$$

由广义系统受限等价变换可知：系统 (3.2.4) 与系统 (3.4.20) 在稳定性上是等价的。

选择如下形式的 Lyapunov-Krasovskii 泛函，即

$$V(\zeta_t) = V_1(\zeta_t) + V_2(\zeta_t) + V_3(\zeta_t)$$

其中

$$V_1(\zeta_t) = \zeta^{\mathrm{T}}(t)\tilde{E}^{\mathrm{T}}\tilde{P}\zeta(t), \qquad V_2(\zeta_t) = \int_{t-h}^{t} \zeta^{\mathrm{T}}(\alpha)\tilde{Q}\zeta(\alpha)\mathrm{d}\alpha$$

$$V_3(\zeta_t) = \int_{-h}^{0}\int_{t+\beta}^{t} (\tilde{E}\dot{\zeta}(\alpha))^{\mathrm{T}}\tilde{T}\tilde{E}\dot{\zeta}(\alpha)\mathrm{d}\alpha\mathrm{d}\beta$$

对 $V(\zeta_t)$ 关于 t 求导数，即

$$\dot{V}_1(\zeta_t) = 2\zeta^\mathrm{T}(t)\tilde{P}^\mathrm{T}\tilde{E}\dot{\zeta}(t) = 2\zeta^\mathrm{T}(t)\tilde{P}^\mathrm{T}\left[\tilde{A}\zeta(t) + \tilde{A}_d\zeta(t-h)\right]$$

$$\dot{V}_2(\zeta_t) = \zeta^\mathrm{T}(t)\tilde{Q}\zeta(t) - \zeta^\mathrm{T}(t-h)\tilde{Q}\zeta(t-h)$$

$$\dot{V}_3(\zeta_t) = h(\tilde{E}\dot{\zeta}(t))^\mathrm{T}\tilde{T}\tilde{E}\dot{\zeta}(t) - \int_{t-h}^{t}(\tilde{E}\dot{\zeta}(\alpha))^\mathrm{T}\tilde{T}\tilde{E}\dot{\zeta}(\alpha)\mathrm{d}\alpha$$

根据引理 2.3.5，可得

$$-\int_{t-h}^{t}(\tilde{E}\dot{\zeta}(\alpha))^\mathrm{T}\tilde{T}\tilde{E}\dot{\zeta}(\alpha)\mathrm{d}\alpha \leqslant \frac{1}{h}((\tilde{E}\zeta(t))^\mathrm{T}\ (\tilde{E}\zeta(t-h))^\mathrm{T})\begin{pmatrix}-\tilde{T} & \tilde{T}\\ \tilde{T} & -\tilde{T}\end{pmatrix}\begin{pmatrix}\tilde{E}\zeta(t)\\ \tilde{E}\zeta(t-h)\end{pmatrix}$$

$$\leqslant -\left[\zeta^\mathrm{T}(t) - \zeta^\mathrm{T}(t-h)\right]\frac{\tilde{E}^\mathrm{T}\tilde{T}\tilde{E}}{h_M}\left[\zeta(t) - \zeta(t-h)\right]$$

则

$$\dot{V}(\zeta_t) \leqslant \chi^\mathrm{T}(t)\left[\Psi + h_M\begin{pmatrix}\tilde{A}^\mathrm{T}\\ \tilde{A}_d^\mathrm{T}\end{pmatrix}\tilde{T}(\tilde{A}\ \ \tilde{A}_d)\right]\chi(t)$$

其中

$$\chi(t) = \begin{bmatrix}\zeta^\mathrm{T}(t) & \zeta^\mathrm{T}(t-h)\end{bmatrix}^\mathrm{T}$$

$$\Psi = \begin{bmatrix}\tilde{P}^\mathrm{T}\tilde{A} + \tilde{A}^\mathrm{T}\tilde{P} + \tilde{Q} - \dfrac{\tilde{E}^\mathrm{T}\tilde{T}\tilde{E}}{h_M} & * \\[4mm] \tilde{A}_d^\mathrm{T}\tilde{P} + \dfrac{\tilde{E}^\mathrm{T}\tilde{T}\tilde{E}}{h_M} & -\tilde{Q} - \dfrac{\tilde{E}^\mathrm{T}\tilde{T}\tilde{E}}{h_M}\end{bmatrix}$$

在式 (3.4.4) 的左、右两边乘以 $\mathrm{diag}\{\tilde{N}^\mathrm{T}, \tilde{N}^\mathrm{T}, \tilde{M}^{-\mathrm{T}}\}$ 及其转置矩阵，则有

$$\begin{bmatrix}\tilde{P}^\mathrm{T}\tilde{A} + \tilde{A}^\mathrm{T}\tilde{P} + \tilde{Q} - \dfrac{\tilde{E}^\mathrm{T}\tilde{T}\tilde{E}}{h_M} & * & * \\[4mm] \tilde{A}_d^\mathrm{T}\tilde{P} + \dfrac{\tilde{E}^\mathrm{T}\tilde{T}\tilde{E}}{h_M} & -\tilde{Q} - \dfrac{\tilde{E}^\mathrm{T}\tilde{T}\tilde{E}}{h_M} & * \\[4mm] h_M\tilde{T}\tilde{A} & h_M\tilde{T}\tilde{A}_d & -h_M\tilde{T}\end{bmatrix} < 0$$

对上面的不等式使用 Schur 补引理，可得 $\dot{V}(\zeta_t) < 0$，再结合式 (3.4.19)，可得出系统 (3.4.20) 是稳定的，因此，系统 (3.2.4) 是稳定的，证毕。

注释 3.4.1　定理 3.4.1 利用 Jensen 不等式给出了一个新的时滞依赖广义系统容许性标准，与其他文献相比，由于没有引入多余的自由变量，所以定理包含的决策

变量个数较少，这会降低计算复杂性；而从保守性上看，在数值例子中将看到，定理具有较小的保守性。

注释 3.4.2　为了分析问题简单，在下面的讨论中，不妨设奇异矩阵 $E=\begin{bmatrix} I_r & 0 \\ 0 & 0 \end{bmatrix}$，若不是这种标准型，则可利用定理 3.4.1 中的方法，将 E 化成标准型。这样，满足式(3.4.3)的 P 具有形式：$P=\begin{bmatrix} P_1 & 0 \\ P_2 & P_3 \end{bmatrix}$，$P_1>0$。因此，式(3.4.3)和式(3.4.4)合起来就可以写成一个严格的线性矩阵不等式。

推论 3.4.1　对于给定的参数 $h_M>0$，定常时滞 h 满足 $0<h\le h_M$。若存在非奇异矩阵 P，正定矩阵 $Q>0$，$T>0$，满足下面线性矩阵不等式，即

$$\begin{bmatrix} P^{\mathrm{T}}A+A^{\mathrm{T}}P+Q-\dfrac{E^{\mathrm{T}}TE}{h_M} & * & * \\ A_d^{\mathrm{T}}P+\dfrac{E^{\mathrm{T}}TE}{h_M} & -Q-\dfrac{E^{\mathrm{T}}TE}{h_M} & * \\ h_MTA & h_MTA_d & -h_MT \end{bmatrix}<0 \qquad (3.4.23)$$

其中，$P=\begin{bmatrix} P_1 & 0 \\ P_2 & P_3 \end{bmatrix}$，$P_1>0$，则广义时滞系统(3.2.4)是容许的。

3.4.2　与已有结果进行比较

本节首先证明引理 3.4.1 和引理 3.4.2 是等价的；然后再将定理 3.4.1 与引理 3.4.1 在保守性和计算复杂性方面进行比较。

命题 3.4.1　考虑系统(3.2.4)，对于给定的 $h_M>0$，定常时滞 h 满足 $0<h\le h_M$，若存在矩阵 $Q>0$，$Z>0$，P，Y，W 满足式(3.4.1a)和式(3.4.1b)当且仅当存在矩阵 $Q>0$，$Z>0$，P，Y，W，Y_1，W_1 满足式(3.4.2a)和式(3.4.2b)。

证明　（必要性）不妨设 $E=\begin{bmatrix} I_r & 0 \\ 0 & 0 \end{bmatrix}$，由式(3.4.1a)和式(3.4.1b)，可得

$$P=\begin{bmatrix} P_{11} & 0 \\ P_{21} & P_{22} \end{bmatrix}, \quad P_{11}\ge 0$$

$$E^{\mathrm{T}}Y=\begin{bmatrix} Y_{11} & Y_{12} \\ 0 & 0 \end{bmatrix}, \quad Y^{\mathrm{T}}E=\begin{bmatrix} Y_{11}^{\mathrm{T}} & 0 \\ Y_{12}^{\mathrm{T}} & 0 \end{bmatrix}$$

$$E^{\mathrm{T}}W=\begin{bmatrix} W_{11} & W_{12} \\ 0 & 0 \end{bmatrix}, \quad W^{\mathrm{T}}E=\begin{bmatrix} W_{11}^{\mathrm{T}} & 0 \\ W_{12}^{\mathrm{T}} & 0 \end{bmatrix}$$

对式(3.4.1b)运用 Schur 补引理，可得

$$
\begin{bmatrix}
\Omega_1 + h_M A^{\mathrm{T}} Z A & \Omega_2 + h_M A^{\mathrm{T}} Z A_d & h_M Y^{\mathrm{T}} \\
\Omega_2^{\mathrm{T}} + h_M A_d^{\mathrm{T}} Z A & \Omega_3 + h_M A_d^{\mathrm{T}} Z A_d & h_M W^{\mathrm{T}} \\
h_M Y & h_M W & -h_M Z
\end{bmatrix} < 0
\tag{3.4.24}
$$

其中

$$
\Omega_1 = P^{\mathrm{T}} A + A^{\mathrm{T}} P + Q - Y^{\mathrm{T}} E - E^{\mathrm{T}} Y
$$

$$
\Omega_2 = P^{\mathrm{T}} A_d + Y^{\mathrm{T}} E - E^{\mathrm{T}} W
$$

$$
\Omega_3 = W^{\mathrm{T}} E + E^{\mathrm{T}} W - Q
$$

可见，式(3.4.24)等价于式(3.4.2b)。

（充分性）若存在矩阵 $Q > 0$，$Z > 0$，P，Y，W，Y_1，W_1 满足式(3.4.2a)和式(3.4.2b)。

对式(3.4.2b)运用 Schur 补引理，可得

$$
\begin{bmatrix}
\Lambda & P A_d - Y + W^{\mathrm{T}} & -h_M Y & h_M A^{\mathrm{T}} Z \\
* & -Q - W - W^{\mathrm{T}} & -h_M W & h_M A_d^{\mathrm{T}} Z \\
* & * & -h_M Z & 0 \\
* & * & * & -h_M Z
\end{bmatrix} < 0
\tag{3.4.25}
$$

其中

$$
\Lambda = P A + A^{\mathrm{T}} P^{\mathrm{T}} + Y + Y^{\mathrm{T}} + Q
$$

若 $E = \begin{bmatrix} I_r & 0 \\ 0 & 0 \end{bmatrix}$，式(3.4.25)等价于式(3.4.1b)，证毕。

命题 3.4.2 考虑系统(3.2.4)，对于给定的 $h_M > 0$，定常时滞 h 满足 $0 < h \leqslant h_M$，若存在非奇异矩阵 $P, Q > 0, T > 0$ 满足式(3.4.3)、式(3.4.4)当且仅当存在矩阵 $Q > 0$，$Z > 0$，P，Y，W 满足式(3.4.1a)和式(3.4.1b)。

证明 （充分性）在式(3.4.1b)的两边分别乘以 $\begin{bmatrix} I & 0 & \dfrac{E^{\mathrm{T}}}{h_M} & 0 \\ 0 & I & -\dfrac{E^{\mathrm{T}}}{h_M} & 0 \\ 0 & 0 & 0 & I \\ 0 & 0 & \dfrac{I}{h_M} & 0 \end{bmatrix}$ 及其转置矩阵，

于是有

$$
\begin{bmatrix}
\Xi & * \\
\Pi & -\dfrac{Z}{h_M}
\end{bmatrix} < 0
\tag{3.4.26}
$$

其中

$$\Xi = \begin{bmatrix} \Xi_{11} & * & * \\ A_d^{\mathrm{T}}P + \dfrac{E^{\mathrm{T}}ZE}{h_M} & -Q - \dfrac{E^{\mathrm{T}}ZE}{h_M} & * \\ h_M ZA & h_M ZA_d & -h_M Z \end{bmatrix}$$

$$\Xi_{11} = P^{\mathrm{T}}A + A^{\mathrm{T}}P + Q - \frac{E^{\mathrm{T}}ZE}{h_M}$$

$$\Pi = \begin{bmatrix} Y - \dfrac{ZE}{h_M} & W + \dfrac{ZE}{h_M} & 0 \end{bmatrix}$$

从式(3.4.26)，可得 $\Xi<0$，即式(3.4.4)成立。

（必要性）若 $\Xi<0$，令

$$Y = \frac{ZE}{h_M}, \quad W = -\frac{ZE}{h_M}$$

则式(3.4.26)也成立，证毕。

注释 3.4.3 由上述两个命题可知，引理 3.4.1 与引理 3.4.2 是等价的，而定理 3.4.1 与引理 3.4.1 是等价的，即两者的保守性一样，但是定理 3.4.1 所含决策变量的个数和待解线性矩阵不等式的行数都要少一些，所以计算复杂性比引理 3.4.1 要小。表 3.4.1 列出了决策变量个数与待解线性矩阵不等式的行数比较。

采用文献[30]的方法，引入复杂性比例(complexity proportional)计算公式：$C = D^3 L$，其中，D 表示决策变量的个数，L 表示待解线性矩阵不等式的行数。若用 $(D^3 L)_1$ 表示引理 3.4.1 的复杂性比例；用 $(D^3 L)_2$ 表示定理 3.4.1 的复杂性比例，两者的比值定义为 $R = \dfrac{(D^3 L)_1}{(D^3 L)_2}$。图 3.4.1 显示了系统维数 n 从 2 增加到 10，奇异矩阵 E 的秩 $r = n-1$，$r = n-2$，$r = n-3$，$r = n-4$，比值 R 的变化曲线，从这四条曲线可以看出，定理 3.4.1 的计算复杂性小于引理 3.4.1 的计算复杂性，充分说明了本章所采用方法的简单性。

表 3.4.1 决策变量个数与待解线性矩阵不等式的行数比较

方法	决策变量个数(D)	行数(L)
引理 3.4.1	$4n^2 + n - nr + \dfrac{1}{2}(r^2+r)$	$4n$
定理 3.4.1	$2n^2 + n - nr + \dfrac{1}{2}(r^2+r)$	$3n$

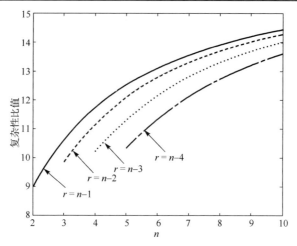

图 3.4.1   引理 3.4.1 与定理 3.4.1 计算复杂性比值变化曲线

3.4.3   鲁棒控制器设计

将状态反馈控制器 $u(t) = Kx(t)$ 代入系统：

$$\begin{cases} E\dot{x}(t) = Ax(t) + A_d x(t-h) + Bu(t) \\ x(t) = \phi(t), \quad t \in [-h, 0] \end{cases}$$

闭环系统为

$$\begin{cases} E\dot{x}(t) = (A+BK)x(t) + A_d x(t-h) \\ x(t) = \phi(t), \quad t \in [-h, 0] \end{cases} \tag{3.4.27}$$

设计目标是求出反馈增益矩阵 K，保证闭环系统 (3.4.27) 是容许的。

定理 3.4.2   对于给定的参数 $h_M > 0$，定常时滞 h 满足 $0 < h \le h_M$，若存在非奇异矩阵 X，矩阵 W，正定矩阵 $R > 0$，$Z > 0$，满足下面线性矩阵不等式，即

$$\begin{bmatrix} \varPhi & * & * \\ X^{\mathrm{T}} A_d^{\mathrm{T}} & -Z & * \\ h_M AX + h_M BW & h_M A_d X & -h_M R \end{bmatrix} < 0 \tag{3.4.28}$$

其中

$$\varPhi = AX + X^{\mathrm{T}} A^{\mathrm{T}} + BW + W^{\mathrm{T}} B^{\mathrm{T}} + Z$$

$$X = \begin{bmatrix} X_1 & 0 \\ X_2 & X_3 \end{bmatrix}, \quad X_1 > 0$$

则闭环系统式 (3.4.27) 是容许的，状态反馈控制器为 $u(t) = WX^{-1}x(t)$。

证明　利用推论 3.4.1 的结论，将式(3.4.23)中的 A 用 $A+BK$ 代替，可得

$$
\begin{bmatrix}
\Psi & * & * \\
A_d^{\mathrm{T}}P+\dfrac{E^{\mathrm{T}}TE}{h_M} & -Q-\dfrac{E^{\mathrm{T}}TE}{h_M} & * \\
h_M(TA+TBK) & h_MTA_d & -h_MT
\end{bmatrix}<0 \qquad (3.4.29)
$$

其中

$$
\Psi = P^{\mathrm{T}}A+A^{\mathrm{T}}P+P^{\mathrm{T}}BK+K^{\mathrm{T}}B^{\mathrm{T}}P+Q-\dfrac{E^{\mathrm{T}}ZE}{h_M}
$$

$$
P=\begin{bmatrix} P_1 & 0 \\ P_2 & P_3 \end{bmatrix},\quad P_1>0
$$

由式(3.4.29)，可知

$$
J+\begin{bmatrix}
-\dfrac{E^{\mathrm{T}}TE}{h_M} & * & * \\
\dfrac{E^{\mathrm{T}}TE}{h_M} & -\dfrac{E^{\mathrm{T}}TE}{h_M} & * \\
0 & 0 & 0
\end{bmatrix}<0 \qquad (3.4.30)
$$

其中

$$
J=\begin{bmatrix}
J_{11} & * & * \\
A_d^{\mathrm{T}}P & -Q & * \\
h_M(TA+TBK) & h_MTA_d & -h_MT
\end{bmatrix}
$$

$$
J_{11}=P^{\mathrm{T}}A+A^{\mathrm{T}}P+P^{\mathrm{T}}BK+K^{\mathrm{T}}B^{\mathrm{T}}P+Q
$$

显然，$\begin{bmatrix} -\dfrac{E^{\mathrm{T}}TE}{h_M} & * & * \\ \dfrac{E^{\mathrm{T}}TE}{h_M} & -\dfrac{E^{\mathrm{T}}TE}{h_M} & * \\ 0 & 0 & 0 \end{bmatrix}\leqslant 0$，理由如下：在其左、右两边分别乘以 $\begin{bmatrix} I & 0 & 0 \\ I & I & 0 \\ 0 & 0 & I \end{bmatrix}$ 及

其转置矩阵，于是有 $\begin{bmatrix} -\dfrac{E^{\mathrm{T}}TE}{h_M} & 0 & 0 \\ 0 & 0 & 0 \\ 0 & 0 & 0 \end{bmatrix}\leqslant 0$。因此，$J<0$ 是式(3.4.30)成立的充分条件。

在 $J<0$ 的两边分别乘以 $\mathrm{diag}\{P^{-\mathrm{T}},P^{-\mathrm{T}},T^{-1}\}$ 及其转置矩阵，可得

$$\begin{bmatrix} H & * & * \\ P^{-T}A_d^T & -P^{-T}QP^{-1} & * \\ h_M AP^{-1} + h_M BKP^{-1} & h_M A_d P^{-1} & -h_M T^{-1} \end{bmatrix} < 0 \qquad (3.4.31)$$

其中

$$H = AP^{-1} + P^{-T}A^T + BKP^{-1} + P^{-T}K^T B^T + P^{-T}QP^{-1}$$

令 $X = P^{-1}$, $W = KX$, $Z = X^T QX$, $R = T^{-1}$，由式 (3.4.31)，可得

$$\begin{bmatrix} \Phi & * & * \\ X^T A_d^T & -Z & * \\ h_M AX + h_M BW & h_M A_d X & -h_M R \end{bmatrix} < 0 \qquad (3.4.32)$$

其中

$$\Phi = AX + X^T A^T + BW + W^T B^T + Z$$

证毕。

将状态反馈控制器 $u(t) = Kx(t)$ 代入系统 (3.2.1) 中，闭环系统为

$$\begin{cases} E\dot{x}(t) = \big[(A + \Delta A) + (B + \Delta B)K\big]x(t) + (A_d + \Delta A_d)x(t-h) \\ x(t) = \phi(t), \quad t \in [-h, 0] \end{cases} \qquad (3.4.33)$$

下面来求矩阵 K，使得闭环系统 (3.4.33) 是容许的，基于定理 3.4.2，有如下结论。

定理 3.4.3　考虑闭环系统 (3.4.33)，对于给定的参数 $h_M > 0$，定常时滞 h 满足 $0 < h \leqslant h_M$。若存在参数 $\varepsilon > 0$，非奇异矩阵 X，矩阵 W，矩阵 $R > 0$，$Z > 0$，满足下面线性矩阵不等式，即

$$\begin{bmatrix} \Theta_{11} + 2\varepsilon MM^T & * & * & * & * \\ \Theta_{21} & \Theta_{22} & * & * & * \\ \Theta_{31} + 2\varepsilon h_M MM^T & \Theta_{32} & \Theta_{33} + 2\varepsilon h_M^2 MM^T & * & * \\ N_1 X & N_2 X & 0 & -\varepsilon I & * \\ N_3 W & 0 & 0 & 0 & -\varepsilon I \end{bmatrix} < 0 \qquad (3.4.34)$$

其中

$$X = \begin{bmatrix} X_1 & 0 \\ X_2 & X_3 \end{bmatrix}, \quad X_1 > 0$$

$$\Theta_{11} = AX + X^T A^T + BW + W^T B^T + Z$$

$$\Theta_{21} = X^T A_d^T$$

$$\Theta_{22} = -Z$$

$$\Theta_{31} = h_M(AX + BW)$$

$$\Theta_{32} = h_M A_d X$$
$$\Theta_{33} = -h_M R$$

则闭环系统(3.4.33)是容许的，状态反馈控制器为 $u(t) = WX^{-1}x(t)$。

证明　对式(3.4.34)运用 Schur 补引理，得

$$\Theta + \varepsilon MM^{\mathrm{T}} + \varepsilon^{-1}N^{\mathrm{T}}N < 0 \qquad (3.4.35)$$

其中

$$\Theta = \begin{bmatrix} \Theta_{11} & * & * \\ \Theta_{21} & \Theta_{22} & * \\ \Theta_{31} & \Theta_{32} & \Theta_{33} \end{bmatrix}$$

$$M = \begin{bmatrix} M & M \\ 0 & 0 \\ h_M M & h_M M \end{bmatrix}, \qquad N = \begin{bmatrix} N_1 X & N_2 X & 0 \\ N_3 W & 0 & 0 \end{bmatrix}$$

根据引理 2.3.2，由式(3.4.35)和式(3.2.2)，可得

$$\begin{bmatrix} \overline{\varPhi} & * & * \\ X^{\mathrm{T}}\overline{A}_d^{\mathrm{T}} & -Z & * \\ h_M(\overline{A}X + \overline{B}W) & h_M \overline{A}_d X & -h_M R \end{bmatrix} < 0 \qquad (3.4.36)$$

其中

$$\overline{\varPhi} = \overline{A}X + X^{\mathrm{T}}\overline{A}^{\mathrm{T}} + \overline{B}W + W^{\mathrm{T}}\overline{B}^{\mathrm{T}} + Z$$

$$\overline{A} = A + \Delta A, \qquad \overline{A}_d = A_d + \Delta A_d, \qquad \overline{B} = B + \Delta B$$

利用定理 3.4.2 的结论，证毕。

3.4.4　数值算例

本节中，用三个数值例子说明本章所用方法的有效性和优越性。

例 3.4.1　考虑如下广义时滞系统[16]，即

$$E\dot{x}(t) = Ax(t) + A_d x(t - h)$$

其中

$$E = \begin{bmatrix} 1 & 0 \\ 0 & 0 \end{bmatrix}, \qquad A = \begin{bmatrix} 0.6353 & 0.5512 \\ -0.6014 & -1.0998 \end{bmatrix}, \qquad A_d = \begin{bmatrix} -0.5c & 0 \\ 0 & -0.1c \end{bmatrix}$$

其中，c 为参数。表 3.4.2 分别列出几个文献及定理 3.4.1 算出的 h_M。其中，符号"—"表示无解。可以看出，本章所用的方法具有较小的保守性。

表 3.4.2　比较 h_M 的值

c	1	1.2	1.4	1.6	1.8	2
文献[18]	—	—	—	—	—	—
文献[26]	1.2785	1.2878	1.2338	1.1649	1.0979	1.0370
文献[1]	1.9729	1.6539	1.4206	1.2443	1.1067	0.9964
文献[29]	2.0264	1.7691	1.5619	1.3977	1.2647	1.1548
文献[20]	2.2552	1.9579	1.7107	1.5313	1.3619	1.2505
文献[10]和文献[22]	2.2734	1.9609	1.7246	1.5392	1.3895	1.2660
定理 3.4.1	2.2750	1.9635	1.7282	1.5438	1.3952	1.2729

例 3.4.2　考虑如下广义时滞系统，即

$$E\dot{x}(t) = Ax(t) + A_d x(t-h) + Bu(t)$$

其中

$$E = \begin{bmatrix} 1 & 0 & 0 \\ 0 & 1 & 0 \\ 0 & 0 & 0 \end{bmatrix}, \qquad A = \begin{bmatrix} 0.5 & 0.5 & 1 \\ 1.5 & 0.5 & -0.5 \\ 0 & 0 & 0 \end{bmatrix}$$

$$A_d = \begin{bmatrix} -0.25 & 0.75 & 0.35 \\ -1.25 & -0.25 & -0.15 \\ -0.6 & 0.5 & -0.1 \end{bmatrix}, \qquad B = \begin{bmatrix} 1.25 & 1 \\ -0.25 & 1 \\ 1.25 & 0.5 \end{bmatrix}$$

此系统在开环时，即控制输入为 0 时，由矩阵对 (E,A) 可以看出，开环系统不是正则的，同时有脉冲，因此有必要对其进行控制，使闭环系统为容许的。利用定理 3.4.2，当 $h=2$ 时，各个矩阵变量为

$$X = \begin{bmatrix} 0.9535 & 0.1859 & 0 \\ 0.1859 & 1.5183 & 0 \\ -1.9188 & 0.1521 & 1.7070 \end{bmatrix}, \qquad Z = \begin{bmatrix} 2.3676 & 0.0072 & 0.0639 \\ 0.0072 & 2.3186 & -0.0150 \\ 0.0639 & -0.0150 & 2.0892 \end{bmatrix}$$

$$W = \begin{bmatrix} 0.7912 & 1.4576 & -1.9503 \\ -2.2877 & -3.0580 & 0.4643 \end{bmatrix}$$

相应的状态反馈增益矩阵为

$$K = \begin{bmatrix} -1.7200 & 1.2851 & -1.1426 \\ -1.4895 & -1.8590 & 0.2720 \end{bmatrix}$$

例 3.4.3　考虑形如式(3.2.1)的带有不确定性的广义时滞系统，系数为

$$E = \begin{bmatrix} 1 & 1 & 0 \\ 1 & -1 & 1 \\ 2 & 0 & 1 \end{bmatrix}, \qquad A = \begin{bmatrix} 2 & 1 & 1 \\ -1 & 0 & 1 \\ 1 & 1 & 2 \end{bmatrix}, \qquad A_d = \begin{bmatrix} -1.5 & 0.5 & -0.8 \\ 1 & 1 & 0.5 \\ 0.7 & 0.5 & 1 \end{bmatrix}, \qquad B = \begin{bmatrix} 1 & 2 \\ 1.5 & 0 \\ 0 & 1 \end{bmatrix}$$

$$M = \begin{bmatrix} 0.4 & 0.3 & 0.1 \end{bmatrix}^{\mathrm{T}}, \quad N_1 = \begin{bmatrix} 0.2 & 0.4 & 0.5 \end{bmatrix}, \quad N_2 = \begin{bmatrix} 0.3 & 0.4 & 0.5 \end{bmatrix}, \quad N_3 = \begin{bmatrix} 0.4 & 0.5 \end{bmatrix}$$

$$F(\sigma) = \sin(\sigma)$$

本例中，矩阵 E 不是标准型 $\begin{bmatrix} I_r & 0 \\ 0 & 0 \end{bmatrix}$，经计算，有

$$\bar{E} = PEQ = \begin{bmatrix} 1 & 0 & 0 \\ 0 & 1 & 0 \\ 0 & 0 & 0 \end{bmatrix}$$

其中

$$P = \begin{bmatrix} 0.5 & 0.5 & 0 \\ 0.5 & -0.5 & 0 \\ 0.5 & 0.5 & -0.5 \end{bmatrix}, \quad Q = \begin{bmatrix} 1 & 0 & -0.5 \\ 0 & 1 & 0.5 \\ 0 & 0 & 1 \end{bmatrix}$$

相应地，

$$\bar{A} = PAQ = \begin{bmatrix} 0.5 & 0.5 & 1 \\ 1.5 & 0.5 & -0.5 \\ 0 & 0 & 0 \end{bmatrix}, \quad \bar{A}_d = PA_dQ = \begin{bmatrix} -0.25 & 0.75 & 0.35 \\ -1.25 & -0.25 & -0.15 \\ -0.6 & 0.5 & -0.1 \end{bmatrix}$$

$$\bar{B} = PB = \begin{bmatrix} 1.25 & 1 \\ -0.25 & 1 \\ 1.25 & 0.5 \end{bmatrix}, \quad \bar{M} = PM = \begin{bmatrix} 0.35 & 0.05 & 0.3 \end{bmatrix}^{\mathrm{T}}$$

$$\bar{N}_1 = N_1Q = \begin{bmatrix} 0.2 & 0.4 & 0.6 \end{bmatrix}, \quad \bar{N}_2 = N_2Q = \begin{bmatrix} 0.3 & 0.7 & 0.7 \end{bmatrix}$$

由上面的受限等价变换可知：矩阵对 $(\bar{E}, \bar{A})$ 不是正则的、同时有脉冲，这意味着矩阵对 (E, A) 也不是正则的、有脉冲，因此，有必要对此系统进行控制，使得闭环系统是容许的。利用定理 3.4.3，当 $h = 3$ 时，状态反馈增益矩阵为

$$\bar{K} = \begin{bmatrix} -4.6936 & 3.0277 & -2.1208 \\ -2.2993 & -2.4610 & -0.0745 \end{bmatrix}$$

则

$$K = \bar{K}Q^{-1} = \begin{bmatrix} -4.6936 & 3.0277 & -5.9815 \\ -2.2993 & -2.4610 & 0.0063 \end{bmatrix}$$

3.5 本 章 小 结

本章主要用两种方法讨论了带有范数有界不确定性的连续广义时滞系统的容许性分析和控制问题。第一种方法改进了文献[18]的研究成果，通过选取形式更一般

的 Lyapunov-Krasovskii 泛函，使得时滞依赖的容许性条件具有更小的保守性。第二种方法利用 Jensen 不等式，给出一种新的时滞依赖容许性条件，并从理论上证明了保守性和文献[16]及文献[19]相同，但计算复杂性要小，说明第二种方法在计算上更简单、易行。通过数值例子的比较，第二种方法的保守性比第一种方法小，说明第二种方法优于第一种方法。两种方法都设计出状态反馈控制器，使得闭环系统是鲁棒容许的。

参 考 文 献

[1] Fridman E. Stability of linear descriptor systems with delay: A Lyapunov-based approach. Journal of Mathematical Analysis and Applications, 2002, 273(1): 24-44.

[2] Fridman E. A Lyapunov-based approach to stability of descriptor systems with delay. Proceedings of the 40th IEEE Conference on Decision and Control, Orlando, Florida, USA, 2001: 2850-2855.

[3] Du Z P, Zhang Q L, Liu L L. Delay-dependent robust stabilization for uncertain singular systems with multiple state delays. Acta Automatica Sinica, 2009, 35(2): 162-167.

[4] Xu S Y, Lam J, Zou Y, et al. Robust admissibility of time-varying singular systems with commensurate time delays. Automatica, 2009, 45(11): 2714-2717.

[5] Boukas E K, Xu S, Lam J. On stability and stabilizability of singular stochastic systems with delays. Journal of Optimization Theory and Applications, 2005, 127(2): 249-262.

[6] Zhu S Q, Li Z B, Cheng Z L, et al. Delay-dependent robust stabilization for uncertain singular time-delay systems: Dynamic output feedback case. Proceedings of the 44th IEEE Conference on Decision and Control, and the European Control Conference, Seville, Spain, 2005: 5065-5070.

[7] Lu G P, Daniel W C. Solution existence and stabilization for bilinear descriptor systems with time-delay. Control, Automation, Robotics and Vision, 2006. ICARCV'06, 9th International Conference on, 2006: 1-5.

[8] Sun Y J. Stability criterion for a class of descriptor systems with discrete and distributed time delays. Chaos, Solitons and Fractals, 2007, 33(3): 986-993.

[9] Li H, Li H B, Zhong S M. Stability of neutral type descriptor system with mixed delays. Chaos, Solitons and Fractals, 2007, 33(5): 1796-1800.

[10] Zhong R, Yang Z. Delay-dependent robust control of descriptor systems with time delay. Asian Journal of Control, 2006, 8(1): 36-44.

[11] Wu Z, Zhou W. Delay-dependent robust stabilization of uncertain singular systems with state delay.Innovative Computing, Information and Control Express Letters, 2007, 1(2): 169-176.

[12] Wu Z G, Zhou W N. Delay-dependent robust stabilization for uncertain singular systems with

state delay. Acta Automatica Sinica, 2007, 33(7): 714-718.

[13] Xu S Y, Dooren P V, Stefan R, et al.Robust stability and stabilization for singular systems with state delay and parameter uncertainty.IEEE Transactions on Automatic Control, 2002, 47(7): 1122-1128.

[14] Debeljkovic D L, Stojanovic S B, Jovanovic M B, et al. Further results on descriptor time delayed system stability theory in the sense of Lyapunov: Pandolfi based approach.International Journal of Information and Systems Sciences, 2006, 2(1): 1-11.

[15] Feng J, Zhu S, Cheng Z. Guaranteed cost control of linear uncertain singular time-delay systems. Proceedings of the 41th IEEE Conference on Decision and Control, Las Vegas, Nevada, 2002: 1802-1807.

[16] Xu S, Lam J, Zou Y. An improved characterization of bounded realness for singular delay systems and its applications.International Journal of Robust and Nonlinear Control, 2008, 18(3): 263-277.

[17] Boukas E K, Liu Z K. Delay-dependent stability analysis of singular linear continuous-time system.IEEE Proceedings of Control Theory Applications, 2003, 150(4): 325-330.

[18] Boukas E K. Delay-dependent stabilization of singular linear systems with delays.International Journal of Innovative Computing, Information and Control, 2006, 2(2): 283-291.

[19] Zhu S, Zhang C, Cheng Z, et al. Delay-dependent robust stability criteria for two classes of uncertain singular time-delay systems. IEEE Transactions on Automatic Control, 2007, 52(5): 880-885.

[20] Sun X, Zhang Q L. Delay-dependent robust stabilization for a class of uncertain singular delay systems. International Journal of Innovative Computing, Information and Control, 2009, 5(5): 1231-1242.

[21] Boukas E K. Singular linear systems with delay: H_∞ stabilization.Optimal Control Applications and Methods, 2007, 28(4): 259-274.

[22] Zhu S, Cheng Z, Feng J. Delay-dependent robust stability criterion and robust stabilization for uncertain singular time-delay systems. Proceedings of American Control Conference, Portland, USA, 2005: 2839-2844.

[23] Xie S Y F, Gui W H, Jiang Z H. Delay-dependent stabilization of singular Systems with multiple internal and external incommensurate constant point delays. International Journal of Control, Automation, and Systems, 2008, 6(4): 515-525.

[24] Wu Z, Zhou W. Delay-dependent robust H_∞ control for uncertain singular time-delay systems. IET Control Theory and Applications, 2007, 1(5): 1234-1241.

[25] Yang F, Zhang Q. Delay-dependent H_∞ control for linear descriptor systems with delay in state. Journal of Control Theory and Applications, 2005, 1: 76-84.

[26] Gao H, Zhu S, Cheng Z, et al. Delay-dependent state feedback guaranteed cost control for uncertain singular time-delay systems. Proceedings of the IEEE Conference on Decision and Control, and European Control Conference, 2005: 4354-4359.

[27] Dai L Y. Singular Control Systems. Berlin: Springer-Verlag, 1989.

[28] Lewis F L. A survey of linear singular systems. Circuits, Systems and Signal Processing, 1986, 5: 3-36.

[29] Fridman E, Shaked U. H_∞ control of linear state-delay descriptor systems: An LMI approach. Linear Algebra and Its Applications, 2002, 351(1): 271-302.

[30] Eugenio B C, Sophie T, Isabelle Q. Control design for a class of nonlinear continuous-time systems. Automatica, 2008, 44(8): 2034-2039.

第4章　离散广义时滞系统容许性分析与控制

4.1　引　　言

近年来，众多学者对离散广义时滞系统容许性(即系统是正则的、因果的、稳定的)分析与控制进行了大量的研究，成果丰富[1-7]，根据系统的容许性是否依赖于时滞，将离散广义时滞系统的研究分成两类：时滞独立型[1,2,6]、时滞依赖型[3-5,7]。一般地，当时滞的上界较小时，时滞依赖结果的保守性比时滞独立结果的保守性要小。如果时滞的上界较大或时滞的存在对系统的影响不大，时滞独立的结果比时滞依赖的结果更实用些。文献[8]通过引入奇异矩阵 E 的零化矩阵 $E^\perp$ 和一个对称矩阵 Φ 组成一项 $(E^\perp)^\mathrm{T}\Phi E^\perp$，得到一个利用严格线性矩阵不等式形式给出的离散广义系统容许的充要条件，在此基础上，给出一个离散广义系统有界实引理；利用类似的方法，文献[9]研究了一类离散混杂广义系统随机容许性问题。以上两篇文献涉及的离散广义系统都没有考虑到时滞的存在，本章在已有研究成果的基础上，考虑到时滞的存在，分两种情况研究了时滞独立、时滞依赖的离散广义时滞系统容许性分析和控制器设计问题。

4.2　问题形成与预备知识

考虑如下离散广义时滞系统，即

$$\begin{cases} Ex(k+1) = Ax(k) + A_d x(k-d) + Bu(k) \\ x(k) = \phi(k), \quad k = -d, -d+1, \cdots, 0 \end{cases} \tag{4.2.1}$$

其中，$x(k) \in \mathbb{R}^n$ 是系统状态；$u(k) \in \mathbb{R}^p$ 是控制输入；$E \in \mathbb{R}^{n \times n}$，$\mathrm{rank}(E) = r \leq n$；$A$，$A_d$，$B$ 是具有适当维数的常值矩阵；参数 $d > 0$，取整数，代表时滞；$\phi(k)$ 为可容的初始条件。

考虑如下离散广义系统，即

$$Ex(k+1) = Ax(k) \tag{4.2.2}$$

定义 4.2.1[10]　①若 $\det(zE-A) \neq 0$，则称矩阵对 (E,A) 是正则的；②若 $\deg(\det(zE-A)) = \mathrm{rank}(E)$，则称矩阵对 (E,A) 是因果的；③定义 $\rho(E,A) \triangleq$

$$\max_{\lambda \in \{z|\det(zE-A)=0\}} |\lambda|,$$ 若 $\rho(E,A)<1$，则称矩阵对 (E,A) 是稳定的；④若矩阵对 (E,A) 是正则、因果和稳定的，则是容许的。

当控制输入为 0 时，系统 (4.2.1) 成为如下系统，即

$$\begin{cases} Ex(k+1) = Ax(k) + A_d x(k-d) \\ x(k) = \phi(k), \quad k = -d, -d+1, \cdots, 0 \end{cases} \tag{4.2.3}$$

4.3　时滞独立容许性分析与控制器设计

4.3.1　预备知识

设

$$X(k) = \left[x^{\mathrm{T}}(k), x^{\mathrm{T}}(k-1), \cdots, x^{\mathrm{T}}(k-d) \right]^{\mathrm{T}} \tag{4.3.1}$$

则系统 (4.2.3) 可以写成

$$\hat{E}X(k+1) = \hat{A}X(k) \tag{4.3.2}$$

其中

$$\hat{E} = \left[\begin{array}{c|c} E & 0_{n \times dn} \\ \hline 0_{dn \times n} & I_{dn \times dn} \end{array} \right], \qquad \hat{A} = \left[\begin{array}{cc|c} A & 0_{n \times (d-1)n} & A_d \\ \hline I_{dn \times dn} & & 0_{dn \times n} \end{array} \right] \tag{4.3.3}$$

注释 4.3.1　通过引入增广向量，离散广义时滞系统 (4.2.3) 就转化为离散广义系统 (4.3.2)，这样，离散广义系统的许多研究成果就可以应用到离散广义时滞系统，这也是处理离散广义时滞系统的一种常用方法。那么，离散广义时滞系统 (4.2.3) 和离散广义系统 (4.3.2) 在容许性上是等价的吗?下面的结论肯定了这一点。

引理 4.3.1　离散广义时滞系统 (4.2.3) 是容许的等价于离散广义系统 (4.3.2) 是容许的。

证明　首先证明系统 (4.2.3) 和系统 (4.3.2) 在正则性和因果性上是等价的。

令

$$\hat{M} = \left[\begin{array}{c|c} 0_{dn \times n} & I_{dn \times dn} \\ \hline I_{n \times n} & 0_{n \times dn} \end{array} \right] \tag{4.3.4}$$

则有

$$\tilde{E} \triangleq \hat{M}\hat{E}\hat{M}^{\mathrm{T}} = \left[\begin{array}{c|c} I_{dn \times dn} & 0_{dn \times n} \\ \hline 0_{n \times dn} & E \end{array} \right]$$

$$\tilde{A} \triangleq \hat{M}\hat{A}\hat{M}^{\mathrm{T}} = \left[\begin{array}{cc|c} 0_{n\times dn} & & I_{n\times n} \\ I_{(d-1)n\times(d-1)n} & 0_{(d-1)n\times n} & 0_{(d-1)n\times n} \\ 0_{n\times(d-1)n} & A_d & A \end{array} \right] \tag{4.3.5}$$

令

$$\tilde{M} = \left[\begin{array}{c|c} I_{dn\times dn} & 0_{dn\times n} \\ \hline 0_{n\times dn} & M \end{array} \right], \quad \tilde{N} = \left[\begin{array}{c|c} I_{dn\times dn} & 0_{dn\times n} \\ \hline 0_{n\times dn} & N \end{array} \right] \tag{4.3.6}$$

其中，$M, N \in \mathbb{R}^{n\times n}$ 是非奇异矩阵，使得

$$MEN = \left[\begin{array}{cc} I_r & 0 \\ 0 & 0 \end{array} \right], \qquad MAN = \left[\begin{array}{cc} A_1 & A_2 \\ A_3 & A_4 \end{array} \right] \tag{4.3.7}$$

于是有

$$\overline{E} \triangleq \overline{M}\hat{E}\overline{N} = \left[\begin{array}{c|c} I_{dn\times dn} & 0_{dn\times n} \\ \hline 0_{n\times dn} & MEN \end{array} \right], \quad \overline{A} \triangleq \overline{M}\hat{A}\overline{N} = \left[\begin{array}{cc|c} 0_{n\times dn} & & N \\ I_{(d-1)n\times(d-1)n} & 0_{(d-1)n\times n} & 0_{(d-1)n\times n} \\ 0_{n\times(d-1)n} & MA_d & MAN \end{array} \right] \tag{4.3.8}$$

其中，$\overline{M} = \tilde{M}\hat{M}$，$\overline{N} = \hat{M}^{\mathrm{T}}\tilde{N}$。

由上面可知，矩阵 $\overline{M}, \overline{N}$ 是非奇异的，由于矩阵对 $(\hat{E}, \hat{A})$ 和矩阵对 $(\overline{E}, \overline{A})$ 之间进行的是受限等价变换，所以不改变正则性和因果性。由式 (4.3.7) 和式 (4.3.8) 可知，矩阵对 $(\overline{E}, \overline{A})$ 和矩阵对 (E, A) 在正则性和因果性上是等价的。因此，矩阵对 $(\hat{E}, \hat{A})$ 和矩阵对 (E, A) 在正则性和因果性上是等价的。故系统 (4.2.3) 和系统 (4.3.2) 在正则性和因果性上是等价的。

接着证明系统 (4.2.3) 和系统 (4.3.2) 在稳定性上是等价的。经计算，$\det(z\hat{E} - \hat{A}) = z^{dn}\det(zE - A - z^{-d}A_d) = \det(z^{d+1}E - z^d A - A_d)$，由定义 2.2.1 的第三条可知，系统 (4.2.3) 和系统 (4.3.2) 在稳定性上是等价的，证毕。

下面的引理给出离散广义系统 (4.2.2) 是容许的一个充要条件。

引理 4.3.2　离散广义系统 (4.2.2) 是容许的当且仅当存在正定矩阵 $P > 0$，$P \in \mathbb{R}^{n\times n}$，对称矩阵 $\Phi \in \mathbb{R}^{(n-r)\times(n-r)}$，满足下面线性矩阵不等式，即

$$A^{\mathrm{T}}(P - S^{\mathrm{T}}\Phi S)A - E^{\mathrm{T}}PE < 0 \tag{4.3.9}$$

其中，$SE = 0$，$S \in \mathbb{R}^{(n-r)\times n}$，$S$ 为行满秩矩阵。

4.3.2　时滞独立容许性分析

定理 4.3.1　若存在正定矩阵 $P > 0$，$Q > 0$，P，$Q \in \mathbb{R}^{n\times n}$，对称矩阵 $\Phi \in \mathbb{R}^{(n-r)\times(n-r)}$，满足下面线性矩阵不等式，即

$$\begin{bmatrix} \Psi_{11} & \Psi_{21}^{\mathrm{T}} \\ \Psi_{21} & \Psi_{22} \end{bmatrix} < 0 \tag{4.3.10}$$

其中

$$\Psi_{11} = A^{\mathrm{T}}(P - S^{\mathrm{T}}\Phi S)A - E^{\mathrm{T}}PE + Q$$
$$\Psi_{21} = A_d^{\mathrm{T}}(P - S^{\mathrm{T}}\Phi S)A \tag{4.3.11}$$
$$\Psi_{22} = A_d^{\mathrm{T}}(P - S^{\mathrm{T}}\Phi S)A_d - Q$$

$SE = 0$，$S \in \mathbb{R}^{(n-r)\times n}$，$S$ 为行满秩矩阵，则离散广义时滞系统 (4.2.3) 是容许的。

证明 由式 (4.3.10) 和式 (4.3.11)，易知

$$\Psi_{22} = A_d^{\mathrm{T}}(P - S^{\mathrm{T}}\Phi S)A_d - Q < 0 \tag{4.3.12}$$

对式 (4.3.10) 运用 Schur 补引理，有

$$\Psi_{11} - \Psi_{21}^{\mathrm{T}}\Psi_{22}^{-1}\Psi_{21} < 0 \tag{4.3.13}$$

由式 (4.3.12) 和式 (4.3.13)，存在一个参数 ε，$0 < \varepsilon < 1$，满足

$$\Psi_{11} - \Psi_{21}^{\mathrm{T}}\tilde{\Psi}_{22}^{-1}\Psi_{21} < 0 \tag{4.3.14}$$

其中

$$\tilde{\Psi}_{22} = A_d^{\mathrm{T}}(P - S^{\mathrm{T}}\Phi S)A_d - (1-\varepsilon)Q < 0 \tag{4.3.15}$$

定义块矩阵为

$$\hat{P} = \mathrm{diag}(P, Q, Q_1, \cdots, Q_{d-1})$$
$$\hat{S} = \mathrm{diag}(S, \underbrace{0_{n\times n}, \cdots, 0_{n\times n}}_{d\text{块矩阵}})$$
$$\hat{\Phi} = \mathrm{diag}(\Phi, \underbrace{I_{n\times n}, \cdots, I_{n\times n}}_{d\text{块矩阵}}) \tag{4.3.16}$$

其中，$Q_i = \left(1 - \dfrac{i\varepsilon}{d-1}\right)Q,\ i = 1, 2, \cdots, d-1$。

由式 (4.3.3) 和式 (4.4.16)，可得

$$\hat{A}^{\mathrm{T}}(\hat{P} - \hat{S}^{\mathrm{T}}\hat{\Phi}\hat{S})\hat{A} - \hat{E}^{\mathrm{T}}\hat{P}\hat{E} = \left[\begin{array}{c|c|c} \Psi_{11} & 0_{n\times(d-1)n} & \Psi_{21}^{\mathrm{T}} \\ \hline 0_{(d-1)n\times n} & \Omega & 0_{(d-1)n\times n} \\ \hline \Psi_{21} & 0_{n\times(d-1)n} & \tilde{\Psi}_{22} \end{array}\right] \tag{4.3.17}$$

其中，$\Omega = \mathrm{diag}\underbrace{\left(-\dfrac{\varepsilon}{d-1}Q, \cdots, -\dfrac{\varepsilon}{d-1}Q\right)}_{(d-1)\text{块矩阵}}$。

分别用 T、T^{T} 左乘、右乘式 (4.3.17) 的两边，则有

$$T(\hat{A}^{\mathrm{T}}(\hat{P}-\hat{S}^{\mathrm{T}}\hat{\Phi}\hat{S})\hat{A}-\hat{E}^{\mathrm{T}}\hat{P}\hat{E})T^{\mathrm{T}} = \left[\begin{array}{cc|c} \Psi_{11} & \Psi_{21}^{\mathrm{T}} & 0_{2n\times(d-1)n} \\ \Psi_{21} & \tilde{\Psi}_{22} & \\ \hline 0_{(d-1)n\times 2n} & & \Omega \end{array}\right] \qquad (4.3.18)$$

其中

$$T = \left[\begin{array}{c|c|c} I_{n\times n} & 0_{n\times(d-1)n} & 0_{n\times n} \\ \hline 0_{n\times n} & 0_{n\times(d-1)n} & I_{n\times n} \\ \hline 0_{(d-1)n\times n} & I_{(d-1)n\times(d-1)n} & 0_{(d-1)n\times n} \end{array}\right]$$

由式 (4.3.14)，得

$$\left[\begin{array}{cc} \Psi_{11} & \Psi_{21}^{\mathrm{T}} \\ \Psi_{21} & \tilde{\Psi}_{22} \end{array}\right] < 0 \qquad (4.3.19)$$

由式 (4.3.19)，得

$$\left[\begin{array}{cc|c} \Psi_{11} & \Psi_{21}^{\mathrm{T}} & 0_{2n\times(d-1)n} \\ \Psi_{21} & \tilde{\Psi}_{22} & \\ \hline 0_{(d-1)n\times 2n} & & Q \end{array}\right] < 0 \qquad (4.3.20)$$

由 T 的可逆性知，$\hat{A}^{\mathrm{T}}(\hat{P}-\hat{S}^{\mathrm{T}}\hat{\Phi}\hat{S})\hat{A}-\hat{E}^{\mathrm{T}}\hat{P}\hat{E}<0$。根据引理 4.3.2，离散广义系统 (4.3.2) 是容许的。根据引理 4.3.1，离散广义时滞系统 (4.2.3) 是容许的，证毕。

注释 4.3.2 ①定理 4.3.1 给出了时滞独立的离散广义时滞系统 (4.2.3) 容许的一个充分条件，与文献 [10] 中的定理 9.3 相比，定理 4.3.1 中的式 (4.3.10) 是严格线性矩阵不等式，这种形式方便求解；②定理 4.3.1 通过引入对称矩阵 Φ 和 E 的零化矩阵 S，组成一项 $S^{\mathrm{T}}\Phi S$，再组成项 $P-S^{\mathrm{T}}\Phi S$，这就增加了正定矩阵 P 取值的自由度，从而减小了定理的保守性。

若把系统 (4.2.3) 中 E、A、A_d 替换成 E^{T}、A^{T}、A_d^{T}，则有

$$\begin{cases} E^{\mathrm{T}}x(k+1)=A^{\mathrm{T}}x(k)+A_d^{\mathrm{T}}x(k-d) \\ x(k)=\phi(k), \quad k=-d,-d+1,\cdots,0 \end{cases} \qquad (4.3.21)$$

由 $\det(z^{d+1}E-z^dA-A_d)=\det(z^{d+1}E^{\mathrm{T}}-z^dA^{\mathrm{T}}-A_d^{\mathrm{T}})$，根据定义 2.2.1，可知系统 (4.3.21) 与系统 (4.2.3) 在可容性上是等价的，故定理 4.3.1 又可以写成另一种形式。

推论 4.3.1 若存在正定矩阵 $P>0$, $Q>0$, $P,Q\in\mathbb{R}^{n\times n}$，对称矩阵 $\Phi\in\mathbb{R}^{(n-r)\times(n-r)}$ 满足下面线性矩阵不等式，即

$$\left[\begin{array}{cc} \Delta_{11} & \Delta_{21}^{\mathrm{T}} \\ \Delta_{21} & \Delta_{22} \end{array}\right] < 0 \qquad (4.3.22)$$

其中

$$\begin{aligned}
\Delta_{11} &= A(P - L\Phi L^{\mathrm{T}})A^{\mathrm{T}} - EPE^{\mathrm{T}} + Q \\
\Delta_{21} &= A_d(P - L\Phi L^{\mathrm{T}})A^{\mathrm{T}} \\
\Delta_{22} &= A_d(P - L\Phi L^{\mathrm{T}})A_d^{\mathrm{T}} - Q
\end{aligned} \tag{4.3.23}$$

$EL = 0$, $L \in \mathbb{R}^{(n-r)\times n}$，$L$ 为列满秩矩阵，则离散广义时滞系统(4.2.3)是容许的。

4.3.3 时滞独立控制器设计

1. 预备定理

为了设计出状态反馈控制器，利用矩阵理论知识，基于推论 4.3.1 给出下面的结论。

定理 4.3.2 若存在正定矩阵 $P > 0$, $Q > 0$，$P,Q \in \mathbb{R}^{n\times n}$，对称矩阵 $\Phi \in \mathbb{R}^{(n-r)\times(n-r)}$，矩阵 Y_i, $i = 1,2,\cdots,8$, $Y_i \in \mathbb{R}^{n\times n}$，满足下面线性矩阵不等式，即

$$\Sigma = \begin{bmatrix}
\Sigma_{11} & * & * & * \\
\Sigma_{21} & \Sigma_{22} & * & * \\
\Sigma_{31} & \Sigma_{32} & \Sigma_{33} & * \\
\Sigma_{41} & \Sigma_{42} & \Sigma_{43} & \Sigma_{44}
\end{bmatrix} < 0 \tag{4.3.24}$$

其中

$$\begin{aligned}
\Sigma_{11} &= AY_1 + Y_1^{\mathrm{T}}A^{\mathrm{T}} - EPE^{\mathrm{T}} + Q \\
\Sigma_{21} &= Y_2^{\mathrm{T}}A^{\mathrm{T}} + A_d Y_5 \\
\Sigma_{22} &= -Q + A_d Y_6 + Y_6^{\mathrm{T}}A_d^{\mathrm{T}} \\
\Sigma_{31} &= Y_3^{\mathrm{T}}A^{\mathrm{T}} - Y_1 \\
\Sigma_{32} &= Y_7^{\mathrm{T}}A_d^{\mathrm{T}} - Y_2 \\
\Sigma_{33} &= X - Y_3 - Y_3^{\mathrm{T}} \\
\Sigma_{41} &= Y_4^{\mathrm{T}}A^{\mathrm{T}} - Y_5 \\
\Sigma_{42} &= Y_8^{\mathrm{T}}A_d^{\mathrm{T}} - Y_6 \\
\Sigma_{43} &= X - Y_7 - Y_4^{\mathrm{T}} \\
\Sigma_{44} &= X - Y_8 - Y_8^{\mathrm{T}} \\
X &= P - L\Phi L^{\mathrm{T}}
\end{aligned} \tag{4.3.25}$$

则离散广义时滞系统(4.2.3)是容许的。

证明 由式(4.3.24)和式(4.3.25)，经计算可得

$$\Sigma = \Omega + A\Upsilon + \Upsilon^{\mathrm{T}}A^{\mathrm{T}} \tag{4.3.26}$$

其中

$$\Omega = \begin{bmatrix} Q-EPE^{\mathrm{T}} & 0 & 0 & 0 \\ 0 & -Q & 0 & 0 \\ 0 & 0 & X & X \\ 0 & 0 & X & X \end{bmatrix}$$

$$A = \begin{bmatrix} A^{\mathrm{T}} & 0 & -I_n & 0 \\ 0 & A_d^{\mathrm{T}} & 0 & -I_n \end{bmatrix}^{\mathrm{T}}, \qquad Y = \begin{bmatrix} Y_1 & Y_2 & Y_3 & Y_4 \\ Y_5 & Y_6 & Y_7 & Y_8 \end{bmatrix}$$

令

$$H = \begin{bmatrix} I_n & 0 & A & 0 \\ 0 & I_n & 0 & A_d \end{bmatrix}$$

根据矩阵理论可知：H 是行满秩矩阵。容易看出，$HA=0$，分别在式(4.3.26)的左、右两边乘以 H、H^{T}，可得

$$H\Sigma H^{\mathrm{T}} = H\Omega H^{\mathrm{T}} \qquad\qquad (4.3.27)$$

由式(4.3.24)可知：$H\Sigma H^{\mathrm{T}}<0$，即 $H\Omega H^{\mathrm{T}}<0$，经计算

$$H\Omega H^{\mathrm{T}} = \begin{bmatrix} \Delta_{11} & \Delta_{21}^{\mathrm{T}} \\ \Delta_{21} & \Delta_{22} \end{bmatrix} \qquad\qquad (4.3.28)$$

其中，Δ_{11}、Δ_{21}、Δ_{22} 如式(4.3.23)所定义，由推论 4.3.1，离散广义时滞系统(4.2.3)是容许的，证毕。

注释 4.3.3　利用推论 4.3.1 和矩阵理论知识，定理 4.3.2 给出了离散广义时滞系统(4.2.3)一个新的容许性条件，它是推论 4.3.1 成立的充分条件，此定理的引入主要是为下面设计状态反馈控制器做准备。

2. 状态反馈控制器设计

考虑离散广义时滞系统(4.2.1)，若采用状态反馈控制器，即

$$u(k) = Kx(k) \qquad\qquad (4.3.29)$$

将式(4.3.29)代入系统(4.2.1)中，则闭环系统为

$$Ex(k+1) = (A+BK)x(k) + A_d x(k-d) \qquad\qquad (4.3.30)$$

下面求状态反馈增益矩阵 K，使得闭环系统(4.3.30)是容许的。

定理 4.3.3　如果存在正定矩阵 $P>0$，$Q>0$，$P,Q\in\mathbb{R}^{n\times n}$，对称矩阵 $\Phi\in\mathbb{R}^{(n-r)\times(n-r)}$，矩阵 Y_i，$i=5,\cdots,8$，可逆矩阵 Y，$Y_i,Y\in\mathbb{R}^{n\times n}$，矩阵 W，$W\in\mathbb{R}^{p\times n}$，满足下面线性矩阵不等式，即

$$\begin{bmatrix} \hat{\Sigma}_{11} & * & * & * \\ \hat{\Sigma}_{21} & \Sigma_{22} & * & * \\ \hat{\Sigma}_{31} & \hat{\Sigma}_{32} & \hat{\Sigma}_{33} & * \\ \hat{\Sigma}_{41} & \Sigma_{42} & \hat{\Sigma}_{43} & \Sigma_{44} \end{bmatrix} < 0 \qquad (4.3.31)$$

则闭环系统(4.3.30)是容许的, 状态反馈增益矩阵 $K = WY^{-1}$。其中, Σ_{22}、Σ_{42}、Σ_{44} 如式(4.3.25)中所定义, ρ_i, $i = 1,2,3,4$ 是一些给定的参数。

$$\hat{\Sigma}_{11} = -EPE^{\mathrm{T}} + Q + \rho_1 AY + \rho_1 Y^{\mathrm{T}} A^{\mathrm{T}} + \rho_1 BW + \rho_1 W^{\mathrm{T}} B^{\mathrm{T}}$$
$$\hat{\Sigma}_{21} = \rho_2 Y^{\mathrm{T}} A^{\mathrm{T}} + A_d Y_5 + \rho_2 W^{\mathrm{T}} B^{\mathrm{T}}$$
$$\hat{\Sigma}_{31} = \rho_3 Y^{\mathrm{T}} A^{\mathrm{T}} - \rho_1 Y + \rho_3 W^{\mathrm{T}} B^{\mathrm{T}}$$
$$\hat{\Sigma}_{32} = Y_7^{\mathrm{T}} A_d^{\mathrm{T}} - \rho_2 Y \qquad (4.3.32)$$
$$\hat{\Sigma}_{33} = X - \rho_3 Y - \rho_3 Y^{\mathrm{T}}$$
$$\hat{\Sigma}_{41} = \rho_4 Y^{\mathrm{T}} A^{\mathrm{T}} - Y_5 + \rho_4 W^{\mathrm{T}} B^{\mathrm{T}}$$
$$\hat{\Sigma}_{43} = X - Y_7 - \rho_4 Y^{\mathrm{T}}$$
$$X = P - L\Phi L^{\mathrm{T}}$$

证明　基于定理 4.3.2 的结论, 式(4.3.24)中的 A 用 $A + BK$ 代替, 于是有

$$\begin{bmatrix} \bar{\Sigma}_{11} & * & * & * \\ \bar{\Sigma}_{21} & \Sigma_{22} & * & * \\ \bar{\Sigma}_{31} & \Sigma_{32} & \Sigma_{33} & * \\ \bar{\Sigma}_{41} & \Sigma_{42} & \Sigma_{43} & \Sigma_{44} \end{bmatrix} < 0 \qquad (4.3.33)$$

其中, Σ_{ij} $(i, j = 2,3,4)$ 如式(4.3.25)中所定义:

$$\bar{\Sigma}_{11} = -EPE^{\mathrm{T}} + Q + AY_1 + Y_1^{\mathrm{T}} A^{\mathrm{T}} + BKY_1 + Y_1^{\mathrm{T}} K^{\mathrm{T}} B^{\mathrm{T}}$$
$$\bar{\Sigma}_{21} = Y_2^{\mathrm{T}} A^{\mathrm{T}} + A_d Y_5 + Y_2^{\mathrm{T}} K^{\mathrm{T}} B^{\mathrm{T}}$$
$$\bar{\Sigma}_{31} = Y_3^{\mathrm{T}} A^{\mathrm{T}} - Y_1 + Y_3^{\mathrm{T}} K^{\mathrm{T}} B^{\mathrm{T}} \qquad (4.3.34)$$
$$\bar{\Sigma}_{41} = Y_4^{\mathrm{T}} A^{\mathrm{T}} - Y_5 + Y_4^{\mathrm{T}} K^{\mathrm{T}} B^{\mathrm{T}}$$

令 $Y_i = \rho_i Y$, $i = 1, \cdots, 4$, ρ_i 是给定的一些参数, 令 $W = KY$, 则有式(4.3.31)成立, 证毕。

　　注释 4.3.4　定理 4.3.3 以严格线性矩阵不等式的形式设计出状态反馈控制器, 使得闭环系统(4.3.30)是容许的, 对于参数 ρ_i, $i = 1, \cdots, 4$ 解的选择方法可参考文献[11]中的注释 5。

4.3.4　数值算例

　　例 4.3.1　考虑如下离散广义时滞系统, 本例选自文献[7], 即

$$Ex(k+1) = Ax(k) + A_d x(k-d)$$

其中

$$E = \begin{bmatrix} 1 & 0 \\ 0 & 0 \end{bmatrix}, \quad A = \begin{bmatrix} 0.5 & 0 \\ 0.35 & 0.7 \end{bmatrix}, \quad A_d = \begin{bmatrix} 0.2 & 0 \\ 0.2 & 0.1 \end{bmatrix}$$

若取 $S = [0\ \ 1]$，利用定理 4.3.1，求解线性矩阵不等式，即式(4.3.10)，有可行解，解得

$$P = \begin{bmatrix} 1.3599 & 0.1048 \\ 0.1048 & 1.0085 \end{bmatrix}, \quad Q = \begin{bmatrix} 0.7529 & 0.1741 \\ 0.1741 & 0.7321 \end{bmatrix}, \quad \Phi = 3.4832$$

此例说明对于所有的时滞 d，此离散广义时滞系统都是容许的。而文献[7]得出的结论是：当 $1 \leqslant d \leqslant 7$ 时，系统是容许的。本例说明：如果时滞很大，时滞独立的结论有时比时滞依赖的结论更实用、有效。

例 4.3.2　考虑如下离散广义时滞系统，即

$$Ex(k+1) = Ax(k) + A_d x(k-d) + Bu(k)$$

其中

$$E = \begin{bmatrix} 1 & 0 \\ 0 & 0 \end{bmatrix}, \quad A = \begin{bmatrix} 0.5 & 0.2 \\ -0.1 & 0.1 \end{bmatrix}, \quad A_d = \begin{bmatrix} -0.3 & 0.2 \\ -0.3 & -0.5 \end{bmatrix}, \quad B = \begin{bmatrix} 0.04 & 0.8 \end{bmatrix}^{\mathrm{T}}$$

采样周期为 0.1s，若 $d=4$，先考虑开环系统，根据定义 2.2.1，经计算，$\rho(E, A, A_d) = 1.6 > 1$，这说明开环系统不稳定，开环系统状态响应如图 4.3.1 所示。现在利用定理 4.3.3，

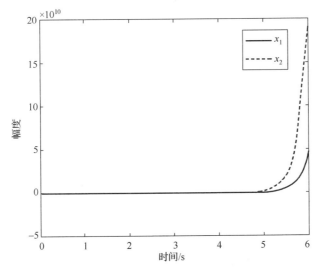

图 4.3.1　开环系统状态响应

若取初值 $x_1(0) = 3$, $x_2(0) = 5.689$, $L = [0 \quad 1]^T$, $\rho_i = 0.1, 0.1, -0.5, -0.4$ ($i = 1,2,3,4$)，解式 (4.3.31)，可得状态反馈增益矩阵为

$$K = \begin{bmatrix} -0.6175 & -1.3393 \end{bmatrix}$$

经计算，$\rho(E,(A+BK),A_d) = 0.9 < 1$，因此，闭环系统是稳定的，也是容许的。闭环系统状态响应如图 4.3.2 所示，说明本章所用方法的有效性。

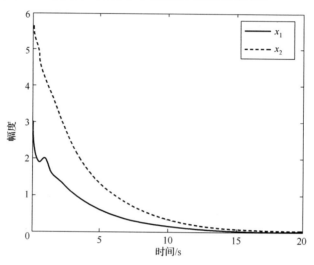

图 4.3.2　闭环系统状态响应

例 4.3.3　考虑如下离散广义时滞系统，即

$$Ex(k+1) = Ax(k) + A_d x(k-d) + Bu(k)$$

其中

$$E = \begin{bmatrix} 1 & 1 & 0 \\ 1 & -1 & 1 \\ 2 & 0 & 1 \end{bmatrix}, \qquad A = \begin{bmatrix} -0.4 & 0.04 & -0.32 \\ -0.8 & -0.06 & 0.53 \\ -0.2 & -0.22 & 0.81 \end{bmatrix}$$

$$A_d = \begin{bmatrix} 0 & 0.2 & 0.3 \\ 0.2 & 0.8 & -0.1 \\ 0.4 & 1.2 & -1.2 \end{bmatrix}, \qquad B = \begin{bmatrix} -0.03 & 0.1 \\ -0.01 & -0.7 \\ 0.36 & 0.6 \end{bmatrix}$$

首先考虑开环系统的容许性。

令

$$M = \begin{bmatrix} 0.5 & 0.5 & 0 \\ 0.5 & -0.5 & 0 \\ 0.5 & 0.5 & -0.5 \end{bmatrix}, \qquad N = \begin{bmatrix} 1 & 0 & -0.5 \\ 0 & 1 & 0.5 \\ 0 & 0 & 1 \end{bmatrix}$$

则有

$$\hat{E} \triangleq MEN = \begin{bmatrix} 1 & 0 & 0 \\ 0 & 1 & 0 \\ 0 & 0 & 0 \end{bmatrix}, \quad \hat{A} \triangleq MAN = \begin{bmatrix} -0.6 & -0.01 & 0.4 \\ 0.2 & 0.05 & -0.5 \\ -0.5 & 0.1 & 0 \end{bmatrix}$$

显然，$\hat{A}_{22} = 0$。由广义系统受限等价变换可知：矩阵对 (E, A) 不是因果的，则开环系统不是因果的。若 $d=4$，经计算，$\rho(E, A, A_d) = 1.5 > 1$，说明开环系统是不稳定的，即开环系统不是因果的、稳定的，当然不是容许的。因此，对此系统进行控制器设计保证闭环系统是正则、因果、稳定的是非常有必要的。利用定理 4.3.3，若取初值 $x_1(0) = 2.17$，$x_2(0) = -0.2$，$x_3(0) = 0$，$L = [-0.5 \quad 0.5 \quad 1]^T$，$\rho_i = 0.6, 0.03, -0.78, -0.9$ $(i = 1, 2, 3, 4)$，解线性矩阵不等式 (4.3.31)，可得状态反馈增益矩阵为

$$K = \begin{bmatrix} -0.4179 & -0.0786 & -18.8940 \\ -0.2580 & -0.0743 & 0.4434 \end{bmatrix}$$

经计算，$\rho(E, (A + BK), A_d) = 0.71 < 1$，因此，闭环系统是稳定的。闭环系统状态响应如图 4.3.3 所示，说明闭环系统是容许的。

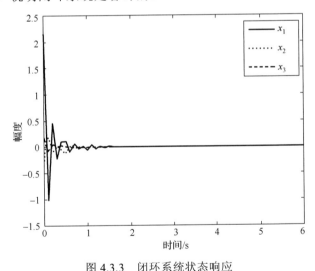

图 4.3.3　闭环系统状态响应

4.4　时滞依赖容许性分析与控制器设计

4.3 节研究了时滞独立的离散广义时滞系统容许性分析与控制器设计，本节研究时滞依赖的离散广义时滞系统容许性分析与控制器设计。

考虑如下离散时滞广义系统，即

$$\begin{cases} Ex(k+1) = Ax(k) + A_d x(k-d) + Bu(k) \\ x(k) = \phi(k), \quad k = -d, -d+1, \cdots, 0 \end{cases} \tag{4.4.1}$$

其中，$x(k) \in \mathbb{R}^n$ 是系统状态；$u(k) \in \mathbb{R}^p$ 为控制输入；$E \in \mathbb{R}^{n \times n}$，$\mathrm{rank}(E) = r \leq n$；$A$、$A_d$、$B$ 是具有适当维数的常值矩阵；参数 d 代表系统时滞，满足 $0 < d \leq d_M$，d, d_M 为正整数，d_M 为时滞的上界；$\phi(k)$ 为可容的初始条件。当控制输入为 0 时，有如下系统，即

$$\begin{cases} Ex(k+1) = Ax(k) + A_d x(k-d) \\ x(k) = \phi(k), \quad k = -d, -d+1, \cdots, 0 \end{cases} \tag{4.4.2}$$

引理 4.4.1[3]　若系统 (4.4.2) 中矩阵 E 是非奇异的，常数时滞 d 满足 $0 < d \leq d_M$，对于给定的 d_M，如果存在矩阵 $X > 0$, $Z > 0$, $U > 0$, N_1, N_2，满足下面线性矩阵不等式，即

$$\begin{bmatrix} \Lambda_{11} & \Lambda_{21}^{\mathrm{T}} & d_M N_1 \\ \Lambda_{21} & \Lambda_{22} & d_M N_2 \\ d_M N_1^{\mathrm{T}} & d_M N_2^{\mathrm{T}} & -d_M Z \end{bmatrix} < 0 \tag{4.4.3}$$

则离散广义时滞系统 (4.4.2) 是稳定的，其中，

$$\begin{aligned} \Lambda_{11} &= A^{\mathrm{T}} X A - E^{\mathrm{T}} X E + U + N_1 E + E^{\mathrm{T}} N_1^{\mathrm{T}} + d_M (A-E)^{\mathrm{T}} Z (A-E) \\ \Lambda_{21} &= A_d^{\mathrm{T}} X A + d_M A_d^{\mathrm{T}} Z (A-E) - E^{\mathrm{T}} N_1^{\mathrm{T}} + N_2 E \\ \Lambda_{22} &= A_d^{\mathrm{T}} X A_d + d_M A_d^{\mathrm{T}} Z A_d - U - N_2 E - E^{\mathrm{T}} N_2^{\mathrm{T}} \end{aligned} \tag{4.4.4}$$

引理 4.4.2[4]　对于给定的时滞上界 d_M，时滞 d 满足 $0 \leq d \leq d_M$，如果存在正定矩阵 P_1, Q, Z，矩阵 S, S_e, S_d, P_2, P_3, P_4, Y_1, Y_2, T_1，满足下面线性矩阵不等式，即

$$\begin{bmatrix} \Gamma_{11} & \Gamma_{12} & \Gamma_{13} & d_M Y_1 \\ * & \Gamma_{22} & \Gamma_{23} & d_M Y_2 \\ * & * & \Gamma_{33} & d_M T_1 \\ * & * & * & -d_M Z \end{bmatrix} < 0 \tag{4.4.5}$$

则离散广义时滞系统 (4.4.2) 是容许的。其中，矩阵 $R \in \mathbb{R}^{n \times (n-r)}$ 是列满秩的，且满足 $E^{\mathrm{T}} R = 0$，其中，

$$\begin{aligned} \Gamma_{11} &= P_2^{\mathrm{T}} (A-E) + (A-E)^{\mathrm{T}} P_2 + Y_1 E + E^{\mathrm{T}} Y_1^{\mathrm{T}} + Q \\ \Gamma_{12} &= E^{\mathrm{T}} P_1 + S R^{\mathrm{T}} - P_2^{\mathrm{T}} + (A-E)^{\mathrm{T}} P_3 + E^{\mathrm{T}} Y_2^{\mathrm{T}} \\ \Gamma_{13} &= -Y_1 E + P_2^{\mathrm{T}} A_d + E^{\mathrm{T}} T_1^{\mathrm{T}} + (A-E)^{\mathrm{T}} P_4 \\ \Gamma_{22} &= S_e R^{\mathrm{T}} + R S_e^{\mathrm{T}} - P_3 - P_3^{\mathrm{T}} + P_1 + d_M Z \end{aligned}$$

$$\Gamma_{23} = -Y_2 E + P_3^{\mathrm{T}} A_d - P_4 + R S_d^{\mathrm{T}}$$

$$\Gamma_{33} = -Q - T_1 E - E^{\mathrm{T}} T_1^{\mathrm{T}} + P_4^{\mathrm{T}} A_d + A_d^{\mathrm{T}} P_4$$

4.4.1　时滞依赖容许性分析

定理 4.4.1　对于给定的 $d_M > 0$，定常时滞 d 满足 $0 < d \leq d_M$。若存在矩阵 $P > 0$，$Q > 0$，$R > 0$，$P, Q, R \in \mathbb{R}^{n \times n}$，对称矩阵 $\Phi \in \mathbb{R}^{(n-r) \times (n-r)}$，满足下面线性矩阵不等式，即

$$\begin{bmatrix} \Psi_{11} & \Psi_{21}^{\mathrm{T}} \\ \Psi_{21} & \Psi_{22} \end{bmatrix} < 0 \tag{4.4.6}$$

则离散广义时滞系统 (4.4.2) 是容许的，其中，

$$\Psi_{11} = A^{\mathrm{T}} X A - E^{\mathrm{T}} P E + Q - \frac{E^{\mathrm{T}} R E}{d_M} + d_M (A - E)^{\mathrm{T}} R (A - E)$$

$$\Psi_{21} = A_d^{\mathrm{T}} X A + d_M A_d^{\mathrm{T}} R (A - E) + \frac{E^{\mathrm{T}} R E}{d_M} \tag{4.4.7}$$

$$\Psi_{22} = A_d^{\mathrm{T}} X A_d - Q + d_M A_d^{\mathrm{T}} R A_d - \frac{E^{\mathrm{T}} R E}{d_M}$$

$$X = P - S^{\mathrm{T}} \Phi S$$

矩阵 $S \in \mathbb{R}^{(n-r) \times n}$ 是行满秩的，且满足 $SE = 0$。

证明　证明分两步，先证系统 (4.4.2) 是正则、因果的，再证是稳定的。

首先证明系统 (4.4.2) 是正则、因果的。根据广义系统受限等价变换，存在两个非奇异矩阵 $\hat{M}, \hat{N}$，有下式成立：

$$\hat{M} E \hat{N} = \begin{bmatrix} I_r & 0 \\ 0 & 0 \end{bmatrix}, \quad \hat{M} A \hat{N} = \begin{bmatrix} \hat{A}_1 & \hat{A}_2 \\ \hat{A}_3 & \hat{A}_4 \end{bmatrix} \tag{4.4.8}$$

相应有

$$\hat{M} A_d \hat{N} = \begin{bmatrix} \hat{A}_{d1} & \hat{A}_{d2} \\ \hat{A}_{d3} & \hat{A}_{d4} \end{bmatrix} \tag{4.4.9}$$

令

$$\hat{M}^{-\mathrm{T}} P \hat{M}^{-1} = \begin{bmatrix} \hat{P}_1 & \hat{P}_2 \\ \hat{P}_2^{\mathrm{T}} & \hat{P}_3 \end{bmatrix}, \quad \hat{M}^{-\mathrm{T}} R \hat{M}^{-1} = \begin{bmatrix} \hat{R}_1 & \hat{R}_2 \\ \hat{R}_2^{\mathrm{T}} & \hat{R}_3 \end{bmatrix}$$

$$\hat{M}^{-\mathrm{T}} X \hat{M}^{-1} = \begin{bmatrix} \hat{X}_1 & \hat{X}_2 \\ \hat{X}_2^{\mathrm{T}} & \hat{X}_3 \end{bmatrix}, \quad \hat{N}^{\mathrm{T}} Q \hat{N} = \begin{bmatrix} \hat{Q}_1 & \hat{Q}_2 \\ \hat{Q}_2^{\mathrm{T}} & \hat{Q}_3 \end{bmatrix} \tag{4.4.10}$$

式(4.4.9)和式(4.4.10)中矩阵分块方式与式(4.4.8)中相同，由式(4.4.6)可知

$$\Psi_{11} < 0 \tag{4.4.11}$$

分别在式(4.4.11)左、右两边乘以 $\hat{N}^{\mathrm{T}}, \hat{N}$，由式(4.4.7)～式(4.4.10)，可得

$$\begin{bmatrix} * & * \\ * & \Psi_{11}^{22} \end{bmatrix} < 0 \tag{4.4.12}$$

其中，"$*$"表示与下面讨论无关的矩阵。Ψ_{11}^{22} 表示 Ψ_{11} 的(2，2)块矩阵，即

$$\Psi_{11}^{22} = \hat{A}_2^{\mathrm{T}} \hat{X}_2 \hat{A}_4 + \hat{A}_4^{\mathrm{T}} \hat{X}_2^{\mathrm{T}} \hat{A}_2 + \hat{A}_4^{\mathrm{T}} \hat{X}_3 \hat{A}_4 + \hat{A}_2^{\mathrm{T}} \hat{X}_1 \hat{A}_2 + \hat{Q}_3 + J$$

$$J = d_M \begin{bmatrix} \hat{A}_2^{\mathrm{T}} & \hat{A}_4^{\mathrm{T}} \end{bmatrix} \begin{bmatrix} \hat{R}_1 & \hat{R}_2 \\ \hat{R}_2^{\mathrm{T}} & \hat{R}_3 \end{bmatrix} \begin{bmatrix} \hat{A}_2 \\ \hat{A}_4 \end{bmatrix}$$

由式(4.4.12)，有

$$\Psi_{11}^{22} < 0 \tag{4.4.13}$$

注意到

$$E^{\mathrm{T}} X E = E^{\mathrm{T}} (P - S^{\mathrm{T}} \Phi S) E = E^{\mathrm{T}} P E \geqslant 0 \tag{4.4.14}$$

在式(4.4.14)的左、右两边分别乘以 $\hat{N}^{\mathrm{T}}, \hat{N}$，利用式(4.4.8)和式(4.4.10)，有

$$\begin{bmatrix} \hat{X}_1 & 0 \\ 0 & 0 \end{bmatrix} \geqslant 0 \tag{4.4.15}$$

于是有 $\hat{X}_1 \geqslant 0$，即 $\hat{A}_2^{\mathrm{T}} \hat{X}_1 \hat{A}_2 \geqslant 0$。由 $R > 0$，$Q > 0$，利用式(4.4.8)式(4.4.10)，可得 $J \geqslant 0$，$\hat{Q}_3 > 0$，因此

$$\hat{A}_2^{\mathrm{T}} \hat{X}_1 \hat{A}_2 + \hat{Q}_3 + J > 0 \tag{4.4.16}$$

由式(4.4.13)，可得

$$\hat{A}_4^{\mathrm{T}} \hat{X}_2^{\mathrm{T}} \hat{A}_2 + \hat{A}_4^{\mathrm{T}} \hat{X}_3 \hat{A}_4 + \hat{A}_2^{\mathrm{T}} \hat{X}_2 \hat{A}_4 < 0 \tag{4.4.17}$$

即

$$\hat{A}_4^{\mathrm{T}} \left(\hat{X}_2^{\mathrm{T}} \hat{A}_2 + \frac{1}{2} \hat{X}_3 \hat{A}_4 \right) + \left(\hat{X}_2^{\mathrm{T}} \hat{A}_2 + \frac{1}{2} \hat{X}_3 \hat{A}_4 \right)^{\mathrm{T}} \hat{A}_4 < 0 \tag{4.4.18}$$

从式(4.4.18)可以看出，$\hat{A}_4$ 是非奇异的，因此，矩阵对 (E, A) 是正则、因果的。根据命题 2.2.1 可知，系统(4.4.2)是正则、因果的。下面来证明稳定性。

选择如下的 Lyapunov 泛函：

$$V(k) = \sum_{i=1}^{3} V_i(k) \tag{4.4.19}$$

其中

$$V_1(k) = x^{\mathrm{T}}(k)E^{\mathrm{T}}XEx(k) = x^{\mathrm{T}}(k)E^{\mathrm{T}}(P - S^{\mathrm{T}}\Phi S)Ex(k) = x^{\mathrm{T}}(k)E^{\mathrm{T}}PEx(k)$$

$$V_2(k) = \sum_{i=k-d}^{k-1} x^{\mathrm{T}}(i)Qx(i)$$

$$V_3(k) = \sum_{i=-d}^{-1} \sum_{j=k+i}^{k-1} y^{\mathrm{T}}(j)E^{\mathrm{T}}REy(j)$$

其中

$$y(j) = x(j+1) - x(j)$$

定义

$$\Delta V(k) = V(k+1) - V(k)$$

则有

$$
\begin{aligned}
\Delta V_1(k) &= x^{\mathrm{T}}(k+1)E^{\mathrm{T}}XEx(k+1) - x^{\mathrm{T}}(k)E^{\mathrm{T}}PEx(k) \\
&= x^{\mathrm{T}}(k)(A^{\mathrm{T}}XA - E^{\mathrm{T}}PE)x(k) \\
&\quad + 2x^{\mathrm{T}}(k)A^{\mathrm{T}}XA_d x(k-d) + x^{\mathrm{T}}(k-d)A_d^{\mathrm{T}}XA_d x(k-d)
\end{aligned}
\tag{4.4.20}
$$

$$\Delta V_2(k) = x^{\mathrm{T}}(k)Qx(k) - x^{\mathrm{T}}(k-d)Qx(k-d) \tag{4.4.21}$$

$$
\begin{aligned}
\Delta V_3(k) &= \sum_{i=-d}^{-1}(y^{\mathrm{T}}(k)E^{\mathrm{T}}REy(k) - y^{\mathrm{T}}(k+i)E^{\mathrm{T}}REy(k+i)) \\
&= dy^{\mathrm{T}}(k)E^{\mathrm{T}}REy(k) - \sum_{i=-d}^{-1} y^{\mathrm{T}}(k+i)E^{\mathrm{T}}REy(k+i)
\end{aligned}
\tag{4.4.22a}
$$

$$
\begin{aligned}
dy^{\mathrm{T}}(k)E^{\mathrm{T}}REy(k) &\leqslant d_M y^{\mathrm{T}}(k)E^{\mathrm{T}}REy(k) \\
&= d_M(Ex(k+1) - Ex(k))^{\mathrm{T}}R(Ex(k+1) - Ex(k)) \\
&= d_M((A-E)x(k) + A_d x(k-d))^{\mathrm{T}}R((A-E)x(k) + A_d x(k-d))
\end{aligned}
\tag{4.4.22b}
$$

根据引理 2.3.6，有

$$
\begin{aligned}
-\sum_{i=-d}^{-1} y^{\mathrm{T}}(k+i)E^{\mathrm{T}}REy(k+i) &\leqslant -\left(\sum_{j=k-d}^{k-1} y(j)\right)^{\mathrm{T}} \frac{E^{\mathrm{T}}RE}{d}\left(\sum_{j=k-d}^{k-1} y(j)\right) \\
&\leqslant -\left(\sum_{j=k-d}^{k-1} y(j)\right)^{\mathrm{T}} \frac{E^{\mathrm{T}}RE}{d_M}\left(\sum_{j=k-d}^{k-1} y(j)\right) \\
&= -(x(k) - x(k-d))^{\mathrm{T}} \frac{E^{\mathrm{T}}RE}{d_M}(x(k) - x(k-d))
\end{aligned}
\tag{4.4.22c}
$$

由式(4.4.22a)~式(4.4.22c)，可得

$$
\begin{aligned}
\Delta V_3(k) \leqslant &\ x^{\mathrm{T}}(k)\left(d_M (A-E)^{\mathrm{T}} R(A-E) - \frac{E^{\mathrm{T}} RE}{d_M}\right) x(k) \\
&+ 2x^{\mathrm{T}}(k)\left(d_M (A-E)^{\mathrm{T}} R A_d + \frac{E^{\mathrm{T}} RE}{d_M}\right) x(k-d) \\
&+ x^{\mathrm{T}}(k-d)\left(d_M A_d^{\mathrm{T}} R A_d - \frac{E^{\mathrm{T}} RE}{d_M}\right) x(k-d)
\end{aligned}
\tag{4.4.22d}
$$

由式(4.4.20)、式(4.4.21)和式(4.4.22a)~式(4.4.22d)，可得

$$
\Delta V(k) \leqslant \zeta^{\mathrm{T}}(k)\begin{bmatrix} \Psi_{11} & \Psi_{21}^{\mathrm{T}} \\ \Psi_{21} & \Psi_{22} \end{bmatrix}\zeta(k)
\tag{4.4.23}
$$

其中

$$
\zeta(k) = \begin{bmatrix} x^{\mathrm{T}}(k) & x^{\mathrm{T}}(k-d) \end{bmatrix}^{\mathrm{T}}
$$

由式(4.4.6)，可知 $\Delta V(k) < 0$，因此，系统(4.4.2)是稳定的，证毕。

注释 4.4.1　(1)定理 4.4.1 给出了一个新的时滞依赖离散广义时滞系统(4.4.2)容许的充分条件。从定理的形式看，式(4.4.6)为严格线性矩阵不等式，因此，求解很方便。

(2)定理 4.4.1 的另一个特点是在建立 Lyapunov 泛函时，通过引入一个对称矩阵 Φ 和矩阵 E 的零化矩阵 S，组成一项 $X = P - S^{\mathrm{T}}\Phi S$，这使得正定矩阵 P 的取值自由度大大增加了，从而减小了定理的保守程度，这点体现在后面的数值算例中，与引理 4.4.2 相比，定理 4.4.1 的保守性要小。

注释 4.4.2　由于定理 4.4.1 没有引入冗余的自由变量，所以计算复杂性很小。计算复杂性与决策变量的个数(the number of decision variables)和待解的线性矩阵不等式的行数(the number of lines in the LMI to be solved)有关[12]。表 4.4.1 列出了定理 4.4.1 和引理 4.4.2 决策变量个数与待解线性矩阵不等式行数的比较。采用文献[12]的方法，引入复杂性比例(complexity proportional)计算公式：$C = D^3 L$。若用 $(D^3 L)_1$ 表示引理 4.4.2 的复杂性比例；用 $(D^3 L)_2$ 表示定理 4.4.1 的复杂性比例，两者的比值定义为 $R = \dfrac{(D^3 L)_1}{(D^3 L)_2}$。图 4.4.1 显示了系统维数 n 从 2 增加到 10，奇异矩阵 E 的秩 $r = n-1$，$r = n-2$，$r = n-3$，$r = n-4$，比值 R 的变化曲线，从这四条曲线来看，定理 4.4.1 的计算复杂性远远小于引理 4.4.2 的计算复杂性，充分说明了本章所采用方法的简单性。

表 4.4.1　决策变量个数与行数比较

方法	决策变量个数(D)	行数(L)
引理 4.4.2	$10.5n^2 + (1.5 - 3r)n$	$4n$
定理 4.4.1	$2n^2 + (2 - r)n + 0.5(r^2 - r)$	$2n$

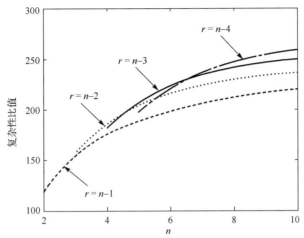

图 4.4.1　引理 4.4.2 与定理 4.4.1 复杂性比值变化曲线

若系统(4.4.2)中的矩阵 E 是非奇异的，则 E 的零化矩阵 $S=0$，由定理 4.4.1 可以得到一个推论。

推论 4.4.1　若系统(4.4.2)中的矩阵 E 是非奇异的，对于给定的 $d_M > 0$，定常时滞 d 满足 $0 < d \leq d_M$，若存在矩阵 $P > 0$，$Q > 0$，$R > 0$，$P, Q, R \in \mathbb{R}^{n \times n}$，满足下面线性矩阵不等式，即

$$\begin{bmatrix} \tilde{\Psi}_{11} & \tilde{\Psi}_{21}^{\mathrm{T}} \\ \tilde{\Psi}_{21} & \tilde{\Psi}_{22} \end{bmatrix} < 0 \tag{4.4.24}$$

则系统(4.4.2)是稳定的，其中

$$\tilde{\Psi}_{11} = A^{\mathrm{T}}PA - E^{\mathrm{T}}PE + Q - \frac{E^{\mathrm{T}}RE}{d_M} + d_M(A - E)^{\mathrm{T}}R(A - E)$$

$$\tilde{\Psi}_{21} = A_d^{\mathrm{T}}PA + d_M A_d^{\mathrm{T}}R(A - E) + \frac{E^{\mathrm{T}}RE}{d_M}$$

$$\tilde{\Psi}_{22} = A_d^{\mathrm{T}}PA_d - Q + d_M A_d^{\mathrm{T}}RA_d - \frac{E^{\mathrm{T}}RE}{d_M}$$

事实上，推论 4.4.1 与引理 4.4.1 是等价的。

命题 4.4.1　若系统(4.4.2)中的矩阵 E 是非奇异的，对于给定的 $d_M > 0$，存在矩阵

$P>0$, $Q>0$, $R>0$, 满足线性矩阵不等式(4.4.24)等价于存在矩阵 $X>0$, $U>0$, $Z>0$, N_1, N_2, 满足线性矩阵不等式(4.4.3)。

证明 (充分性)分别在式(4.4.3)的左、右两边乘以 $\begin{bmatrix} I_n & 0 & -\dfrac{E^T}{d_M} \\ 0 & I_n & \dfrac{E^T}{d_M} \\ 0 & 0 & I_n \end{bmatrix}$ 和它的转置

矩阵，则有

$$\begin{bmatrix} \varXi & \varPi^T \\ \varPi & -d_M Z \end{bmatrix} < 0 \tag{4.4.25}$$

其中

$$\varXi = \begin{bmatrix} \varXi_{11} & \varXi_{21}^T \\ \varXi_{21} & \varXi_{22} \end{bmatrix}$$

$$\varXi_{11} = A^T X A - E^T X E + U - \frac{E^T Z E}{d_M} + d_M (A-E)^T Z (A-E)$$

$$\varXi_{21} = A_d^T X A + d_M A_d^T Z (A-E) + \frac{E^T Z E}{d_M} \tag{4.4.26}$$

$$\varXi_{22} = A_d^T X A_d + d_M A_d^T Z A_d - U - \frac{E^T Z E}{d_M}$$

$$\varPi = \begin{bmatrix} d_M N_1^T + ZE & d_M N_2^T - ZE \end{bmatrix}$$

由式(4.4.25)可知，$\varXi < 0$，即式(4.4.24)成立。

(必要性)若 $\varXi < 0$ 成立，取

$$N_1 = -\frac{E^T Z}{d_M}, \quad N_2 = \frac{E^T Z}{d_M}$$

则式(4.4.25)也成立，证毕。

注释 4.4.3 若矩阵 E 是奇异的，可以证明引理 4.4.1 不能直接用于离散广义时滞系统(4.4.2)容许性的判定，因此，在文献[3]中，将原广义系统状态增广，使其成为正常系统形式，再利用引理4.4.1的结论。一般地，将系统状态增广会扩大系统维数，这将会增加计算的复杂性。相比之下，无论 E 是否为奇异矩阵，定理4.4.1及其推论 4.4.1 都不必增广原系统，从而简化了计算。

注释 4.4.4 若用 E^T、A^T、A_d^T 代替系统(4.4.2)中的 E、A、A_d，则有如下系统，即

$$\begin{cases} E^{\mathrm{T}}\eta(k+1) = A^{\mathrm{T}}\eta(k) + A_d^{\mathrm{T}}\eta(k-d) \\ \eta(k) = \phi(k), \quad k = -d, -d+1, \cdots, 0 \end{cases} \tag{4.4.27}$$

其中，$\eta(k) \in \mathbb{R}^n$。系统 (4.4.2) 和系统 (4.4.27) 在正则性和因果性上是等价的；它们的特征方程分别为 $\det(z^{d+1}E - z^d A - A_d) = 0$，$\det(z^{d+1}E^{\mathrm{T}} - z^d A^{\mathrm{T}} - A_d^{\mathrm{T}}) = 0$，容易看出，两个特征方程的解相同，因此，两个系统在稳定性上是等价的，故这两个系统在容许性上是等价的。所以，若用 E^{T}、A^{T}、A_d^{T} 代替式 (4.4.6) 和式 (4.4.7) 中的 E、A、A_d，则定理 4.4.1 可以写成另一种形式。

推论 4.4.2　对于给定的 $d_M > 0$，定常时滞 d 满足 $0 < d \leq d_M$。若存在矩阵 $P > 0$，$Q > 0$，$R > 0$，$P, Q, R \in \mathbb{R}^{n \times n}$，对称矩阵 $\Phi \in \mathbb{R}^{(n-r) \times (n-r)}$，满足下面线性矩阵不等式，即

$$\begin{bmatrix} \Delta_{11} & \Delta_{21}^{\mathrm{T}} \\ \Delta_{21} & \Delta_{22} \end{bmatrix} < 0 \tag{4.4.28}$$

则离散广义时滞系统 (4.4.2) 是容许的，其中

$$\Delta_{11} = A\overline{X}A^{\mathrm{T}} - EPE^{\mathrm{T}} + Q - \frac{ERE^{\mathrm{T}}}{d_M} + d_M(A-E)R(A-E)^{\mathrm{T}}$$

$$\Delta_{21} = A_d\overline{X}A^{\mathrm{T}} + d_M A_d R(A-E)^{\mathrm{T}} + \frac{ERE^{\mathrm{T}}}{d_M} \tag{4.4.29}$$

$$\Delta_{22} = A_d\overline{X}A_d^{\mathrm{T}} - Q + d_M A_d R A_d^{\mathrm{T}} - \frac{ERE^{\mathrm{T}}}{d_M}$$

$$\overline{X} = P - L\Phi L^{\mathrm{T}}$$

矩阵 $L \in \mathbb{R}^{n \times (n-r)}$ 是列满秩的，且满足 $EL = 0$。

4.4.2　时滞依赖控制器设计

1. 预备定理

定理 4.4.2　对于给定的 $d_M > 0$，定常时滞 d 满足 $0 < d \leq d_M$。若存在矩阵 $P > 0$，$Q > 0$，$R > 0$，$P, Q, R \in \mathbb{R}^{n \times n}$，对称矩阵 $\Phi \in \mathbb{R}^{(n-r) \times (n-r)}$，矩阵 Y_i，$i = 1, \cdots, 8$，$Y_i \in \mathbb{R}^{n \times n}$，满足下面线性矩阵不等式，即

$$\Sigma = \begin{bmatrix} \Sigma_{11} & * & * & * \\ \Sigma_{21} & \Sigma_{22} & * & * \\ \Sigma_{31} & \Sigma_{32} & \Sigma_{33} & * \\ \Sigma_{41} & \Sigma_{42} & \Sigma_{43} & \Sigma_{44} \end{bmatrix} < 0 \tag{4.4.30}$$

则离散广义时滞系统 (4.4.2) 是容许的，其中

$$\Sigma_{11} = -EPE^{\mathrm{T}} + Q + \left(d_M - \frac{1}{d_M}\right)ERE^{\mathrm{T}} + AY_1 + Y_1^{\mathrm{T}}A^{\mathrm{T}}$$

$$\Sigma_{21} = \frac{ERE^{\mathrm{T}}}{d_M} + Y_2^{\mathrm{T}}A^{\mathrm{T}} + A_dY_5$$

$$\Sigma_{22} = -Q - \frac{ERE^{\mathrm{T}}}{d_M} + A_dY_6 + Y_6^{\mathrm{T}}A_d^{\mathrm{T}}$$

$$\Sigma_{31} = -d_M RE^{\mathrm{T}} + Y_3^{\mathrm{T}}A^{\mathrm{T}} - Y_1$$

$$\Sigma_{32} = Y_7^{\mathrm{T}}A_d^{\mathrm{T}} - Y_2$$

$$\Sigma_{33} = \bar{X} + d_M R - Y_3 - Y_3^{\mathrm{T}} \tag{4.4.31}$$

$$\Sigma_{41} = -d_M RE^{\mathrm{T}} + Y_4^{\mathrm{T}}A^{\mathrm{T}} - Y_5$$

$$\Sigma_{42} = Y_8^{\mathrm{T}}A_d^{\mathrm{T}} - Y_6$$

$$\Sigma_{43} = \bar{X} + d_M R - Y_7 - Y_4^{\mathrm{T}}$$

$$\Sigma_{44} = \bar{X} + d_M R - Y_8 - Y_8^{\mathrm{T}}$$

$$\bar{X} = P - L\Phi L^{\mathrm{T}}$$

证明 由式(4.4.30)和式(4.4.31)，经过简单计算，可以看出

$$\Sigma = \Omega + \Lambda\Upsilon + \Upsilon^{\mathrm{T}}\Lambda^{\mathrm{T}} \tag{4.4.32}$$

其中

$$\Omega = \begin{bmatrix} \Omega_{11} & \dfrac{ERE^{\mathrm{T}}}{d_M} & -d_M ER & -d_M ER \\[2mm] \dfrac{ERE^{\mathrm{T}}}{d_M} & -Q - \dfrac{ERE^{\mathrm{T}}}{d_M} & 0 & 0 \\[2mm] -d_M RE^{\mathrm{T}} & 0 & \bar{X} + d_M R & \bar{X} + d_M R \\[2mm] -d_M RE^{\mathrm{T}} & 0 & \bar{X} + d_M R & \bar{X} + d_M R \end{bmatrix}$$

$$\Omega_{11} = Q + \left(d_M - \frac{1}{d_M}\right)ERE^{\mathrm{T}} - EPE^{\mathrm{T}}$$

$$\Lambda = \begin{bmatrix} A^{\mathrm{T}} & 0 & -I_n & 0 \\ 0 & A_d^{\mathrm{T}} & 0 & -I_n \end{bmatrix}^{\mathrm{T}}$$

$$\Upsilon = \begin{bmatrix} Y_1 & Y_2 & Y_3 & Y_4 \\ Y_5 & Y_6 & Y_7 & Y_8 \end{bmatrix}$$

令

$$H = \begin{bmatrix} I_n & 0 & A & 0 \\ 0 & I_n & 0 & A_d \end{bmatrix}$$

易知，H 是一个行满秩矩阵。同时，$H\Lambda=0$。在式 (4.4.32) 左、右两边分别乘以 H、H^{T}，得

$$H\Sigma H^{\mathrm{T}} = H\Omega H^{\mathrm{T}} < 0 \tag{4.4.33}$$

由式 (4.4.30)，$\Sigma<0$，于是 $H\Sigma H^{\mathrm{T}}<0$，即 $H\Omega H^{\mathrm{T}}<0$，经过计算，有

$$H\Omega H^{\mathrm{T}} = \begin{bmatrix} \Delta_{11} & \Delta_{21}^{\mathrm{T}} \\ \Delta_{21} & \Delta_{22} \end{bmatrix}$$

这里的 Δ_{11}、Δ_{21}、Δ_{22} 如式 (4.4.29) 中所定义，根据推论 4.4.2，系统 (4.4.2) 是容许的，证毕。

注释 4.4.5　基于推论 4.4.2 并运用矩阵理论相关知识，定理 4.4.2 给出了一个时滞依赖的离散广义时滞系统 (4.4.2) 容许的充分条件，它是推论 4.4.2 成立的充分条件，此定理的引入主要是为设计状态反馈控制器做准备。

2. 状态反馈控制器设计

本节设计的状态反馈控制器有如下形式：

$$u(k) = Gx(k) \tag{4.4.34}$$

其中，$G\in\mathbb{R}^{p\times n}$。将式 (4.4.34) 代入系统 (4.4.1) 中，则闭环系统为

$$Ex(k+1) = (A+BG)x(k) + A_d x(k-d) \tag{4.4.35}$$

下面，求反馈增益矩阵 G，使得闭环系统 (4.4.35) 是容许的。

定理 4.4.3　对于给定的 $d_M>0$，时滞 d 满足 $0<d\leqslant d_M$。若存在矩阵 $P>0$，$Q>0$，$R>0$，$P,Q,R\in\mathbb{R}^{n\times n}$，对称矩阵 $\Phi\in\mathbb{R}^{(n-r)\times(n-r)}$，矩阵 $W,W\in\mathbb{R}^{p\times n}$，矩阵 Y_i，$i=5,\cdots,8$，及可逆矩阵 $Y,Y_i,Y\in\mathbb{R}^{n\times n}$，满足下面线性矩阵不等式，即

$$\begin{bmatrix} \hat{\Sigma}_{11} & * & * & * \\ \hat{\Sigma}_{21} & \Sigma_{22} & * & * \\ \hat{\Sigma}_{31} & \hat{\Sigma}_{32} & \hat{\Sigma}_{33} & * \\ \hat{\Sigma}_{41} & \Sigma_{42} & \hat{\Sigma}_{43} & \Sigma_{44} \end{bmatrix} < 0 \tag{4.4.36}$$

则闭环系统 (4.4.35) 是容许的，反馈增益矩阵 $G=WY^{-1}$。其中，Σ_{22}、Σ_{42}、Σ_{44} 如式 (4.4.31) 所定义，ρ_i $(i=1,2,3,4)$ 是一些给定的参数。

$$\hat{\Sigma}_{11} = -EPE^{\mathrm{T}} + Q + \left(d_M - \frac{1}{d_M}\right)ERE^{\mathrm{T}} + \rho_1 AY + \rho_1 Y^{\mathrm{T}}A^{\mathrm{T}} + \rho_1 BW + \rho_1 W^{\mathrm{T}}B^{\mathrm{T}}$$

$$\hat{\Sigma}_{21} = \frac{ERE^{\mathrm{T}}}{d_M} + \rho_2 Y^{\mathrm{T}}A^{\mathrm{T}} + A_d Y_5 + \rho_2 W^{\mathrm{T}}B^{\mathrm{T}}$$

$$\hat{\Sigma}_{31} = -d_M RE^{\mathrm{T}} + \rho_3 Y^{\mathrm{T}}A^{\mathrm{T}} - \rho_1 Y + \rho_3 W^{\mathrm{T}}B^{\mathrm{T}}$$

$$\hat{\Sigma}_{32} = Y_7^T A_d^T - \rho_2 Y \tag{4.4.37}$$

$$\hat{\Sigma}_{33} = \bar{X} + d_M R - \rho_3 Y - \rho_3 Y^T$$

$$\hat{\Sigma}_{41} = -d_M R E^T + \rho_4 Y^T A^T - Y_5 + \rho_4 W^T B^T$$

$$\hat{\Sigma}_{43} = \bar{X} + d_M R - Y_7 - \rho_4 Y^T$$

$$\bar{X} = P - L\Phi L^T$$

证明　利用定理 4.4.2 的结论，将式(4.4.30)中的 A 替换成 $A+BG$，则有

$$\begin{bmatrix} \bar{\Sigma}_{11} & * & * & * \\ \bar{\Sigma}_{21} & \Sigma_{22} & * & * \\ \bar{\Sigma}_{31} & \Sigma_{32} & \Sigma_{33} & * \\ \bar{\Sigma}_{41} & \Sigma_{42} & \Sigma_{43} & \Sigma_{44} \end{bmatrix} < 0 \tag{4.4.38}$$

其中，$\Sigma_{ij}\,(i,j=2,3,4)$ 如式(4.4.31)中所定义。

$$\bar{\Sigma}_{11} = -EPE^T + Q + \left(d_M - \frac{1}{d_M}\right)ERE^T + AY_1 + Y_1^T A^T + BGY_1 + Y_1^T G^T B^T$$

$$\bar{\Sigma}_{21} = \frac{ERE^T}{d_M} + Y_2^T A^T + A_d Y_5 + Y_2^T G^T B^T \tag{4.4.39}$$

$$\bar{\Sigma}_{31} = -d_M R E^T + Y_3^T A^T - Y_1 + Y_3^T G^T B^T$$

$$\bar{\Sigma}_{41} = -d_M R E^T + Y_4^T A^T - Y_5 + Y_4^T G^T B^T$$

令 $Y_i = \rho_i Y(i=1,\cdots,4)$，$W = GY$，式(4.4.39)中，用 $\rho_i Y$ 替换 Y_i，用 W 替换 GY，则有式(4.4.36)成立，证毕。

注释 4.4.6　定理 4.4.3 给出状态反馈控制器的设计方法，使得闭环离散广义时滞系统(4.4.35)是容许的。

4.4.3　数值算例

本节中用两个数值例子来说明本章所用方法的有效性和优越性。

例 4.4.1　考虑如下离散广义时滞系统，本例选自文献[4]，即

$$Ex(k+1) = Ax(k) + A_d x(k-d)$$

其中

$$E = \begin{bmatrix} 2 & 0 \\ 0 & 0 \end{bmatrix}, \qquad A = \begin{bmatrix} 0.9977+0.1\alpha & 1.1972 \\ 0.1001 & -1.9 \end{bmatrix}, \qquad A_d = \begin{bmatrix} -1.1972 & 1.5772 \\ 0 & 0.9754+0.1\alpha \end{bmatrix}$$

α 是一个参数。当 α 取不同值时，矩阵 A，A_d 也随之变化，从表 4.4.2 中可以看出：当 $\alpha = -0.5$ 时，引理 4.4.2 计算的时滞上界 $d_M = 5$；而定理 4.4.1 计算的 $d_M = 6$，当 α 取其他值时，两种方法计算的 d_M 如表 4.4.2 所示，说明本章所采用的方法求得的时

滞上界更大，保守性更小。

例 4.4.2　考虑如下离散广义时滞系统，即

$$Ex(k+1) = Ax(k) + A_d x(k-d) + Bu(k)$$

表 4.4.2　对于不同的 α 比较 d_M

α	0.5	−0.1	−0.5	−1.0	−1.5
引理 4.4.2 计算的 d_M	3	4	5	6	10
定理 4.4.1 计算的 d_M	3	5	6	8	14

其中

$$E = \begin{bmatrix} 1 & 0 & 0 \\ 0 & 1 & 0 \\ 0 & 0 & 0 \end{bmatrix}, \quad A = \begin{bmatrix} -0.13 & 0.05 & -0.25 \\ -0.59 & -0.02 & 0.12 \\ 0.12 & -1.12 & 0.18 \end{bmatrix}$$

$$A_d = \begin{bmatrix} 0.09 & 0.17 & 0.3 \\ -0.02 & -0.07 & -0.04 \\ -0.8 & 0.24 & 0.16 \end{bmatrix}, \quad B = \begin{bmatrix} -0.2 & -0.5 \\ -0.2 & 0.12 \\ -0.2 & 0.6 \end{bmatrix}$$

首先考虑开环系统，若 $d=3$，由定义 2.2.1 计算得 $\rho(E, A, A_d) = 1.5 > 1$，这说明开环系统是不稳定的。现在利用定理 4.4.3，令 $L = [0 \quad 0 \quad 1]^{\mathrm{T}}$，$\rho_i = -0.1, 0.03, -0.26, -0.34$ $(i=1,2,3,4)$，通过求解线性矩阵不等式 (4.4.36)，可得状态反馈增益矩阵为

$$G = \begin{bmatrix} 1.1234 & -4.8451 & -2.3753 \\ -0.9723 & 1.7127 & 0.4890 \end{bmatrix}$$

经计算，$\rho(E, (A+BG), A_d) = 0.89 < 1$，说明闭环系统是稳定的。若采样周期为 0.1s，$d=3$，图 4.4.2 描述了闭环系统的状态响应，可以看出，闭环系统是稳定的，也是容许的，说明了本章所用方法的有效性。

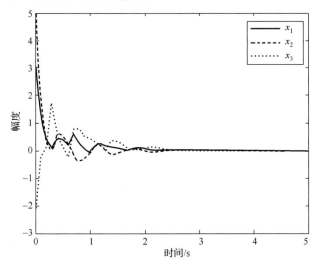

图 4.4.2　闭环系统状态响应

4.5　本　章　小　结

本章用时滞独立、时滞依赖两种方法研究了离散广义时滞系统的容许性分析和控制器设计问题。

(1)在文献[8]和文献[9]的研究基础上，本章考虑了时滞的存在，通过增广向量的方法将时滞系统转化成无时滞系统，提出时滞独立离散广义时滞系统容许性分析。

(2)本章提出一个新的时滞依赖离散广义时滞系统容许性标准，主要特点是在建立 Lyapunov 泛函时，通过引入奇异矩阵 E 的零化矩阵 $E^{\perp}$ 和一个对称矩阵 $\varPhi$ 组成项 $P-E^{\perp^{\mathrm{T}}}\varPhi E^{\perp}$，使得正定矩阵 P 的自由度增加，在定理证明中利用了 Jensen 不等式，可以证明，这种新标准具有较小的保守性和计算复杂性。

(3)一般地，当时滞上界不是很大时，时滞依赖结论的保守性要比时滞独立结论的保守性小；若时滞上界很大或时滞的存在对系统的影响不大，时滞独立的结论会更实用和有效。

(4)根据矩阵理论的知识，本章提出一种新的控制器设计方法，使得待解的矩阵不等式是严格线性矩阵不等式，方便求解。

参　考　文　献

[1]　Xu S Y, James L, Zhang L Q. Robust D-stability analysis for uncertain discrete singular systems with state delay. IEEE Transactions on Circuits and Systems I: Fundamental Theory and Applications, 2002, 49(4): 551-555.

[2]　Xu S Y, James L. Robust stability for uncertain discrete singular systems with state delay. Asian Journal of Control, 2003, 5(3): 399-405.

[3]　Ma S P, Zhang C H, Cheng Z L. Delay-dependent robust stability and stabilization for uncertain discrete singular systems with delays. Asian Journal of Control, 2009, 11(3): 309-318.

[4]　Wu Z G, Su H Y, Chu J. Robust stabilization for uncertain discrete singular systems with state delay. International Journal of Robust and Nonlinear Control, 2008, 18: 1532-1550.

[5]　Ji X F, Su H Y, Chu J. An LMI approach to robust stability of uncertain discrete singular time-delay systems. Asian Journal of Control, 2006, 8(1): 56-62.

[6]　Chen S J, Lin J L. Robust stability of discrete time-delay uncertain singular systems. IEEE Proceedings-Control Theory and Applications, 2004, 151(1): 45-52.

[7]　Du Z P, Qiu Z Z, Zhang Q L, et al. New delay-dependent robust stability of discrete singular systems with time-varying delay. IEEE Proceedings of the 7th World Congress on Intelligent Control and Automation, Chongqing, China, 2008: 6359-6364.

[8] Zhang G M, Xia Y Q, Shi P. New bounded real lemma for discrete-time singular systems. Automatica, 2008, 44 (3): 886-890.

[9] Xia Y Q, Zhang J H, Boukas E K. Control for discrete singular hybrid systems. Automatica, 2008, 44 (10): 2635-2641.

[10] Xu S Y, James L. Robust Control and Filtering of Singular Systems. Berlin: Springer, 2006.

[11] Fridman E, Shaked U. An improved stabilization method for linear time-delay systems. IEEE Transactions on Automatic Control, 2002, 47 (11): 1931-1937.

[12] Eugenio B C, Sophie T, Isabelle Q. Control design for a class of nonlinear continuous-time systems. Automatica, 2008, 44 (8): 2034-2039.

第 5 章　离散广义时滞系统 H_∞ 控制

5.1　引　　言

随着对广义时滞系统容许性分析和控制的深入研究，人们开始考虑外部扰动输入对系统性能的影响。在此基础上，需要设计控制器，使得闭环广义时滞系统不仅是容许的，而且对外部扰动输入还要有一定的抑制作用，这就需要对广义时滞系统进行 H_∞ 控制。这方面的研究已经取得了丰硕的成果，可参考文献[1]～文献[24]。其中，文献[17]～文献[24]为离散广义时滞系统 H_∞ 控制问题。本章研究时滞独立与时滞依赖离散广义时滞系统 H_∞ 控制两个问题，设计出状态反馈控制器使闭环系统实现了给定的 H_∞ 性能指标。通过与现有文献进行比较，说明本章提出的方法的有效性与优越性。

5.2　时滞独立 H_∞ 控制

5.2.1　问题的形成与预备知识

考虑如下带有外部扰动输入的离散广义时滞系统，即

$$\begin{cases} Ex(k+1) = Ax(k) + A_d x(k-d) + B_1 u(k) + B_2 \omega(k) \\ z(k) = Cx(k) \\ x(k) = \phi(k), \quad k = -d, -d+1, \cdots, 0 \end{cases} \tag{5.2.1}$$

其中，$x(k) \in \mathbb{R}^n$ 是系统状态；$u(k) \in \mathbb{R}^p$ 为控制输入；$\omega(k) \in \mathbb{R}^m$ 是外部扰动输入；$z(k) \in \mathbb{R}^q$ 是被调输出；$E \in \mathbb{R}^{n \times n}$，$\mathrm{rank}(E) = r < n$；$A$、$A_d$、$B_1$、$B_2$、$C$ 是具有适当维数的常值矩阵；参数 d 代表系统时滞，取值为正整数；$\phi(k)$ 为可容初始条件。

当 $u(k) = 0$ 时，系统 $(5.2.1)$ 成为如下系统：

$$\begin{cases} Ex(k+1) = Ax(k) + A_d x(k-d) + B_2 \omega(k) \\ z(k) = Cx(k) \\ x(k) = \phi(k), \quad k = -d, -d+1, \cdots, 0 \end{cases} \tag{5.2.2}$$

定义 5.2.1　离散广义时滞系统 $(5.2.2)$ 从外部扰动 $\omega(k)$ 到被调输出 $z(k)$ 的传递

函数为 $G(z) = C(zE - A - z^{-d} A_d)^{-1} B_2$ ，$\left\| G(z) \right\|_\infty = \sup\limits_{\omega \in [0, 2\pi]} \sigma_{\max}[G(\mathrm{e}^{\mathrm{j}\omega})]$ ，$\sigma_{\max}(\bullet)$ 表示矩阵 $(\bullet)$ 的最大奇异值。

考虑如下带有外部扰动输入的离散广义系统，即

$$\begin{cases} Ex(k+1) = Ax(k) + B_2\omega(k) \\ z(k) = Cx(k) \end{cases} \tag{5.2.3}$$

引理 5.2.1[25]　对于给定的 $\gamma > 0$ ，离散广义系统 (5.2.3) 是容许的，且 $\left\| G(z) \right\|_\infty < \gamma$ ，当且仅当存在矩阵 $P > 0$ ，$P \in \mathbb{R}^{n \times n}$ ，对称矩阵 $\Phi \in \mathbb{R}^{(n-r) \times (n-r)}$ ，满足下面线性矩阵不等式，即

$$\begin{bmatrix} \Gamma_{11} & \Gamma_{21}^{\mathrm{T}} \\ \Gamma_{21} & \Gamma_{22} \end{bmatrix} < 0 \tag{5.2.4}$$

其中

$$\begin{aligned} \Gamma_{11} &= A^{\mathrm{T}}(P - R^{\mathrm{T}}\Phi R)A - E^{\mathrm{T}}PE + C^{\mathrm{T}}C \\ \Gamma_{21} &= B_2^{\mathrm{T}}(P - R^{\mathrm{T}}\Phi R)A \\ \Gamma_{22} &= -\gamma^2 I_m + B_2^{\mathrm{T}}(P - R^{\mathrm{T}}\Phi R)B_2 \end{aligned} \tag{5.2.5}$$

其中，$RE = 0$ ，$R \in \mathbb{R}^{(n-r) \times n}$ ，R 为行满秩矩阵。

当 $\omega(k) = 0$ 时，系统 (5.2.2) 成为如下离散广义时滞系统，即

$$\begin{cases} Ex(k+1) = Ax(k) + A_d x(k-d) \\ x(k) = \phi(k), \quad k = -d, -d+1, \cdots, 0 \end{cases} \tag{5.2.6}$$

在 4.3.2 节中已经得出此系统时滞独立的容许性条件，结论如下。

引理 5.2.2　若存在正定矩阵 $P > 0$ ，$Q > 0$ ，$P, Q \in \mathbb{R}^{n \times n}$ ，对称矩阵 $\Phi \in \mathbb{R}^{(n-r) \times (n-r)}$ ，满足下面线性矩阵不等式，即

$$\begin{bmatrix} A^{\mathrm{T}}(P - S^{\mathrm{T}}\Phi S)A - E^{\mathrm{T}}PE + Q & * \\ A_d^{\mathrm{T}}(P - S^{\mathrm{T}}\Phi S)A & A_d^{\mathrm{T}}(P - S^{\mathrm{T}}\Phi S)A_d - Q \end{bmatrix} < 0 \tag{5.2.7}$$

其中，$SE = 0$ ，$S \in \mathbb{R}^{(n-r) \times n}$ ，S 为行满秩矩阵，则离散广义时滞系统 (5.2.6) 是容许的。

设

$$X(k) = \begin{bmatrix} x^{\mathrm{T}}(k), x^{\mathrm{T}}(k-1), \cdots, x^{\mathrm{T}}(k-d) \end{bmatrix}^{\mathrm{T}} \tag{5.2.8}$$

则系统 (5.2.2) 可以写成

$$\begin{cases} \hat{E}X(k+1) = \hat{A}X(k) + \hat{B}_2\omega(k) \\ z(k+1) = \hat{C}X(k) \end{cases} \tag{5.2.9}$$

其中

$$\hat{E} = \left[\begin{array}{c|c} E & 0_{n\times dn} \\ \hline 0_{dn\times n} & I_{dn\times dn} \end{array}\right], \qquad \hat{A} = \left[\begin{array}{cc|c} A & 0_{n\times(d-1)n} & A_d \\ \hline I_{dn\times dn} & & 0_{dn\times n} \end{array}\right]$$

$$\hat{B}_2 = \left[\begin{array}{c} B_2 \\ 0_{dn\times m} \end{array}\right], \qquad \hat{C} = \left[\begin{array}{c|c} C & 0_{q\times dn} \end{array}\right] \qquad (5.2.10)$$

于是，$\hat{G}(z) = \hat{C}(z\hat{E} - \hat{A})^{-1}\hat{B}_2$，$\left\|\hat{G}(z)\right\|_{\infty} = \sup\limits_{\omega\in[0,2\pi]} \sigma_{\max}\left[\hat{G}(\mathrm{e}^{\mathrm{j}\omega})\right]$。由引理 4.3.1 和式 (5.2.10)

中定义的块矩阵，可得如下结论。

引理 5.2.3　对于给定的 $\gamma > 0$，系统 (5.2.2) 是容许的，且 $\left\|G(z)\right\|_{\infty} < \gamma$，当且仅当

系统 (5.2.9) 是容许的，且 $\left\|\hat{G}(z)\right\|_{\infty} < \gamma$。

注释 5.2.1　通过引入增广向量，离散广义时滞系统 (5.2.2) H_{∞} 控制问题就转化为离散广义系统 (5.2.9) H_{∞} 控制问题，这样，离散广义系统的许多研究成果就可以应用到离散广义时滞系统，这也是处理离散广义时滞系统的一种常用方法。

5.2.2　时滞独立 H_{∞} 性能分析

定理 5.2.1　对于给定的 $\gamma > 0$，若存在正定矩阵 $P > 0, Q > 0$，$P, Q \in \mathbb{R}^{n\times n}$，对称

矩阵 $\Phi \in \mathbb{R}^{(n-r)\times(n-r)}$，满足下面线性矩阵不等式，即

$$\begin{bmatrix} \Psi_{11} + C^{\mathrm{T}}C & \Psi_{21}^{\mathrm{T}} & \Psi_{31}^{\mathrm{T}} \\ \Psi_{21} & \Psi_{22} & \Psi_{32}^{\mathrm{T}} \\ \Psi_{31} & \Psi_{32} & \Psi_{33} \end{bmatrix} < 0 \qquad (5.2.11)$$

其中

$$\begin{aligned}
\Psi_{11} &= A^{\mathrm{T}}(P - R^{\mathrm{T}}\Phi R)A - E^{\mathrm{T}}PE + Q \\
\Psi_{21} &= A_d^{\mathrm{T}}(P - R^{\mathrm{T}}\Phi R)A \\
\Psi_{22} &= A_d^{\mathrm{T}}(P - R^{\mathrm{T}}\Phi R)A_d - Q \\
\Psi_{31} &= B_2^{\mathrm{T}}(P - R^{\mathrm{T}}\Phi R)A \\
\Psi_{32} &= B_2^{\mathrm{T}}(P - R^{\mathrm{T}}\Phi R)A_d \\
\Psi_{33} &= -\gamma^2 I_m + B_2^{\mathrm{T}}(P - R^{\mathrm{T}}\Phi R)B_2
\end{aligned} \qquad (5.2.12)$$

$RE = 0, R \in \mathbb{R}^{(n-r)\times n}$，$R$ 为行满秩矩阵，则离散广义时滞系统 (5.2.2) 是容许的，且

$\left\|G(z)\right\|_{\infty} < \gamma$。

证明　首先考虑 $\omega(k) = 0$ 时，由式 (5.2.11)，可得

$$\begin{bmatrix} \Psi_{11} & \Psi_{21}^{\mathrm{T}} \\ \Psi_{21} & \Psi_{22} \end{bmatrix} < 0$$

根据引理 5.2.2，系统 (5.2.2) 是容许的。

当 $\omega(k) \neq 0$ 时，由式 (5.2.11) 得

$$\begin{bmatrix} \Psi_{11} + C^{\mathrm{T}}C & \Psi_{21}^{\mathrm{T}} & \Psi_{31}^{\mathrm{T}} \\ \Psi_{21} & \tilde{\Psi}_{22} & \Psi_{32}^{\mathrm{T}} \\ \Psi_{31} & \Psi_{32} & \Psi_{33} \end{bmatrix} < 0 \tag{5.2.13}$$

其中，$\tilde{\Psi}_{22} = A_d^{\mathrm{T}}(P - R^{\mathrm{T}}\Phi R)A_d - (1-\varepsilon)Q$，参数 ε 满足 $0 < \varepsilon < 1$。

定义块矩阵为

$$\hat{P} = \mathrm{diag}(P, Q, Q_1, \cdots, Q_{d-1})$$

$$\hat{R} = \mathrm{diag}(R, \underbrace{0_{n \times n}, \cdots, 0_{n \times n}}_{d \text{块矩阵}})$$

$$\hat{\Phi} = \mathrm{diag}(\Phi, \underbrace{I_{n \times n}, \cdots, I_{n \times n}}_{d \text{块矩阵}}) \tag{5.2.14}$$

其中，$Q_i = \left(1 - \dfrac{i\varepsilon}{d-1}\right)Q,\ i = 1, 2, \cdots, d-1$，由式 (5.2.10) 和式 (5.2.14)，定义

$$\hat{\Gamma}_{11} = \hat{A}^{\mathrm{T}}(\hat{P} - \hat{R}^{\mathrm{T}}\hat{\Phi}\hat{R})\hat{A} - \hat{E}^{\mathrm{T}}\hat{P}\hat{E} + \hat{C}^{\mathrm{T}}\hat{C}$$

$$\hat{\Gamma}_{21} = \hat{B}_2^{\mathrm{T}}(\hat{P} - \hat{R}^{\mathrm{T}}\hat{\Phi}\hat{R})\hat{A} \tag{5.2.15}$$

$$\hat{\Gamma}_{22} = -\gamma^2 I_m + \hat{B}_2^{\mathrm{T}}(\hat{P} - \hat{R}^{\mathrm{T}}\hat{\Phi}\hat{R})\hat{B}_2$$

经计算，得

$$\begin{bmatrix} \hat{\Gamma}_{11} & \hat{\Gamma}_{21}^{\mathrm{T}} \\ \hat{\Gamma}_{21} & \hat{\Gamma}_{22} \end{bmatrix} = \left[\begin{array}{c|c|cc} \Psi_{11} + C^{\mathrm{T}}C & 0_{n \times (d-1)n} & \Psi_{21}^{\mathrm{T}} & \Psi_{31}^{\mathrm{T}} \\ \hline 0_{(d-1)n \times n} & \Omega & & 0 \\ \hline \Psi_{21} & & \tilde{\Psi}_{22} & \Psi_{32}^{\mathrm{T}} \\ \Psi_{31} & 0_{(n+m) \times (d-1)n} & \Psi_{32} & \Psi_{33} \end{array}\right] \tag{5.2.16}$$

其中，$\Omega = \mathrm{diag}\underbrace{\left(-\dfrac{\varepsilon}{d-1}Q, \cdots, -\dfrac{\varepsilon}{d-1}Q\right)}_{(d-1)\text{块矩阵}}$。

分别用 S、S^{T} 左乘、右乘式 (5.2.16) 的两边，有

$$S\begin{bmatrix} \hat{\Gamma}_{11} & \hat{\Gamma}_{21}^{\mathrm{T}} \\ \hat{\Gamma}_{21} & \hat{\Gamma}_{22} \end{bmatrix}S^{\mathrm{T}} = \left[\begin{array}{ccc|c} \Psi_{11} + C^{\mathrm{T}}C & \Psi_{21}^{\mathrm{T}} & \Psi_{31}^{\mathrm{T}} & 0 \\ \Psi_{21} & \tilde{\Psi}_{22} & \Psi_{32}^{\mathrm{T}} & \\ \Psi_{31} & \Psi_{32} & \Psi_{33} & \\ \hline & 0_{(d-1)n \times (2n+m)} & & \Omega \end{array}\right] \tag{5.2.17}$$

其中，$S = \begin{bmatrix} I_n & 0 & 0 \\ \hline 0 & 0 & I_{n+m} \\ \hline 0 & I_{(d-1)n} & 0 \end{bmatrix}$。

由式 (5.2.13)，可知式 (5.2.17)<0，因为矩阵 S 是非奇异的，所以式 (5.2.16)<0。根据引理 5.2.1，系统 (5.2.9) 是容许的，且满足 $\left\| \hat{G}(z) \right\|_\infty < \gamma$，再根据引理 5.2.3，系统 (5.2.2) 是容许的，且满足 $\left\| G(z) \right\|_\infty < \gamma$，证毕。

注释 5.2.2　定理 5.2.1 给出一种新的时滞独立离散广义时滞系统有界实引理。

考虑如下离散广义时滞系统，即

$$\begin{cases} E^T \overline{x}(k+1) = A^T \overline{x}(k) + A_d^T \overline{x}(k-d) + C^T \overline{\omega}(k) \\ \overline{z}(k) = B_2^T \overline{x}(k) \\ \overline{x}(k) = \overline{\phi}(k), \quad k = -d, -d+1, \cdots, 0 \end{cases} \quad (5.2.18)$$

$\overline{x}(k) \in \mathbb{R}^n$ 是系统状态；$\overline{\omega}(k) \in \mathbb{R}^q$ 是外部扰动；$\overline{z}(k) \in \mathbb{R}^m$ 是被调输出。当系统 (5.2.2) 中 $\omega(k) = 0$，系统 (5.2.18) 中 $\overline{\omega}(k) = 0$ 时，系统 (5.2.2) 和系统 (5.2.18) 在容许性上是等价的。当外部扰动均不为零时，系统 (5.2.2) ω 到 z 的传递函数为 $G_1(z) = C(zE - A - z^{-d} A_d)^{-1} B_2$，系统 (5.2.18) $\overline{\omega}$ 到 $\overline{z}$ 的传递函数为 $G_2(z) = B_2^T(zE^T - A^T - z^{-d} A_d^T)^{-1} C^T$，根据定义 5.2.1 可知，$\left\| G_1(z) \right\|_\infty = \left\| G_2(z) \right\|_\infty$，因此有如下结论。

命题 5.2.1　对于给定的 $\gamma > 0$，系统 (5.2.18) 是容许的，且 $\left\| G_2(z) \right\|_\infty < \gamma$，当且仅当系统 (5.2.2) 是容许的，且 $\left\| G_1(z) \right\|_\infty < \gamma$。

若把 E、A、A_d、B_2、C 替换成 E^T、A^T、A_d^T、C^T、B_2^T，则定理 5.2.1 可以写成另一种形式。

推论 5.2.1　对于给定的 $\gamma > 0$，若存在正定矩阵 $P > 0$，$Q > 0$，$P, Q \in \mathbb{R}^{n \times n}$，对称矩阵 $\Phi \in \mathbb{R}^{(n-r) \times (n-r)}$，满足下面线性矩阵不等式，即

$$\begin{bmatrix} \Delta_{11} + B_2 B_2^T & * & * \\ \Delta_{21} & \Delta_{22} & * \\ \Delta_{31} & \Delta_{32} & \Delta_{33} \end{bmatrix} < 0 \quad (5.2.19)$$

其中

$$\begin{aligned} \Delta_{11} &= A(P - S\Phi S^T)A^T - EPE^T + Q \\ \Delta_{21} &= A_d(P - S\Phi S^T)A^T \\ \Delta_{22} &= A_d(P - S\Phi S^T)A_d^T - Q \\ \Delta_{31} &= C(P - S\Phi S^T)A^T \end{aligned} \quad (5.2.20)$$

$$\Delta_{32} = C(P - S\Phi S^T)A_d^T$$

$$\Delta_{33} = -\gamma^2 I_q + C(P - S\Phi S^T)C^T$$

$ES = 0$, $S \in \mathbb{R}^{n \times (n-r)}$, S 是列满秩矩阵，则离散广义时滞系统 (5.2.2) 是容许的，且 $\|G(z)\|_\infty < \gamma$。

5.2.3　时滞独立 H_∞ 控制器设计

1. 预备定理

定理 5.2.2　对于给定的 $\gamma > 0$，若存在正定矩阵 $P > 0$, $Q > 0$, $P,Q \in \mathbb{R}^{n \times n}$，对称矩阵 $\Phi \in \mathbb{R}^{(n-r) \times (n-r)}$，矩阵 Y_i, $i = 1, \cdots, 18$, $Y_i \in \mathbb{R}^{n \times n}$，满足下面线性矩阵不等式，即

$$\Theta = \begin{bmatrix} \Theta_{11} & * & * & * & * & * \\ \Theta_{21} & \Theta_{22} & * & * & * & * \\ \Theta_{31} & \Theta_{32} & \Theta_{33} & * & * & * \\ \Theta_{41} & \Theta_{42} & \Theta_{43} & \Theta_{44} & * & * \\ \Theta_{51} & \Theta_{52} & \Theta_{53} & \Theta_{54} & \Theta_{55} & * \\ \Theta_{61} & \Theta_{62} & \Theta_{63} & \Theta_{64} & \Theta_{65} & \Theta_{66} \end{bmatrix} < 0 \qquad (5.2.21)$$

其中

$$\Theta_{11} = AY_1 + Y_1^T A^T - EPE^T + Q + B_2 B_2^T$$

$$\Theta_{21} = Y_2^T A^T + A_d Y_7$$

$$\Theta_{22} = -Q + A_d Y_8 + Y_8^T A_d^T$$

$$\Theta_{31} = Y_3^T A^T + CY_{13}$$

$$\Theta_{32} = Y_9^T A_d^T + CY_{14}$$

$$\Theta_{33} = Y_{15}^T C^T + CY_{15} - \gamma^2 I_n$$

$$\Theta_{41} = Y_4^T A^T - Y_1$$

$$\Theta_{42} = Y_{10}^T A_d^T - Y_2$$

$$\Theta_{43} = Y_{16}^T C^T - Y_3$$

$$\Theta_{44} = X - Y_4 - Y_4^T$$

$$\Theta_{51} = Y_5^T A^T - Y_7$$

$$\Theta_{52} = Y_{11}^T A_d^T - Y_8 \qquad (5.2.22)$$

$$\Theta_{53} = Y_{17}^T C^T - Y_9$$

$$\Theta_{54} = X - Y_5^{\mathrm{T}} - Y_{10}$$

$$\Theta_{55} = X - Y_{11} - Y_{11}^{\mathrm{T}}$$

$$\Theta_{61} = Y_6^{\mathrm{T}} A^{\mathrm{T}} - Y_{13}$$

$$\Theta_{62} = Y_{12}^{\mathrm{T}} A_d^{\mathrm{T}} - Y_{14}$$

$$\Theta_{63} = Y_{18}^{\mathrm{T}} \mathrm{C}^{\mathrm{T}} - Y_{15}$$

$$\Theta_{64} = X - Y_6^{\mathrm{T}} - Y_{16}$$

$$\Theta_{65} = X - Y_{17} - Y_{12}^{\mathrm{T}}$$

$$\Theta_{66} = X - Y_{18} - Y_{18}^{\mathrm{T}}$$

$$\mathrm{C} = \begin{bmatrix} C \\ 0_{(n-q) \times n} \end{bmatrix}$$

$$X = P - S\Phi S^{\mathrm{T}}$$

$ES = 0,\ S \in \mathbb{R}^{n \times (n-r)}$, S 是列满秩矩阵，则离散广义时滞系统 $(5.2.2)$ 是容许的，且 $\|G(z)\|_\infty < \gamma$。

证明 由式 $(5.2.21)$ 和式 $(5.2.22)$，可得

$$\Theta = \Xi + \Lambda \Upsilon + \Upsilon^{\mathrm{T}} \Lambda^{\mathrm{T}} \tag{5.2.23}$$

其中

$$\Xi = \begin{bmatrix} Q - EPE^{\mathrm{T}} + B_2 B_2^{\mathrm{T}} & 0 & 0 & 0 & 0 & 0 \\ 0 & -Q & 0 & 0 & 0 & 0 \\ 0 & 0 & -\gamma^2 I_n & 0 & 0 & 0 \\ 0 & 0 & 0 & X & X & X \\ 0 & 0 & 0 & X & X & X \\ 0 & 0 & 0 & X & X & X \end{bmatrix}$$

$$\Lambda = \begin{bmatrix} A^{\mathrm{T}} & 0 & 0 & -I_n & 0 & 0 \\ 0 & A_d^{\mathrm{T}} & 0 & 0 & -I_n & 0 \\ 0 & 0 & \mathrm{C}^{\mathrm{T}} & 0 & 0 & -I_n \end{bmatrix}^{\mathrm{T}}$$

$$\Upsilon = \begin{bmatrix} Y_1 & Y_2 & Y_3 & Y_4 & Y_5 & Y_6 \\ Y_7 & Y_8 & Y_9 & Y_{10} & Y_{11} & Y_{12} \\ Y_{13} & Y_{14} & Y_{15} & Y_{16} & Y_{17} & Y_{18} \end{bmatrix}$$

分别在式 $(5.2.23)$ 的左、右两边乘以 Ω、Ω^{T}，其中，

$$\Omega = \begin{bmatrix} I_n & 0 & 0 & A & 0 & 0 \\ 0 & I_n & 0 & 0 & A_d & 0 \\ 0 & 0 & I_n & 0 & 0 & C \end{bmatrix}$$

容易看出，Ω 是行满秩矩阵，由 $\Omega\Lambda = 0$，$\Theta < 0$，可得

$$\Omega\Xi\Omega^{\mathrm{T}} = \Omega\Theta\Omega^{\mathrm{T}} < 0 \tag{5.2.24}$$

经计算，有

$$\Omega\Xi\Omega^{\mathrm{T}} = \begin{bmatrix} \Delta_{11} + B_2 B_2^{\mathrm{T}} & \Delta_{21}^{\mathrm{T}} & AXC^{\mathrm{T}} \\ \Delta_{21} & \Delta_{22} & A_d XC^{\mathrm{T}} \\ CXA^{\mathrm{T}} & CXA_d^{\mathrm{T}} & CXC^{\mathrm{T}} - \gamma^2 I_n \end{bmatrix} < 0$$

其中，Δ_{11}、Δ_{21}、Δ_{22} 如式 (5.2.20) 所定义。由 $C = \begin{bmatrix} C \\ 0_{(n-q)\times n} \end{bmatrix}$，对上式运用 Schur 补引理，可得

$$\begin{bmatrix} \Delta_{11} + B_2 B_2^{\mathrm{T}} & \Delta_{21}^{\mathrm{T}} & AXC^{\mathrm{T}} \\ \Delta_{21} & \Delta_{22} & A_d XC^{\mathrm{T}} \\ CXA^{\mathrm{T}} & CXA_d^{\mathrm{T}} & CXC^{\mathrm{T}} - \gamma^2 I_q \end{bmatrix} < 0 \tag{5.2.25}$$

根据推论 5.2.1，离散广义时滞系统 (5.2.2) 是容许的，且 $\|G(z)\|_\infty < \gamma$，证毕。

注释 5.2.3　利用推论 5.2.1 和矩阵理论知识，得出一个新的离散广义时滞系统 (5.2.2) 是容许的，且 $\|G(z)\|_\infty < \gamma$ 的充分条件，定理 5.2.2 的引入主要是为下面设计状态反馈控制器做准备。

2. 状态反馈控制器设计

状态反馈控制器设计为

$$u(k) = Gx(k) \tag{5.2.26}$$

其中，$G \in \mathbb{R}^{p\times n}$。将式 (5.2.26) 代入系统 (5.2.1) 中，则闭环系统为

$$\begin{cases} Ex(k+1) = (A + B_1 G)x(k) + A_d x(k-d) + B_2\omega(k) \\ z(k) = Cx(k) \end{cases} \tag{5.2.27}$$

定理 5.2.3　对于给定的 $\gamma > 0$，若存在正定矩阵 $P > 0$，$Q > 0$，$P, Q \in \mathbb{R}^{n\times n}$，对称矩阵 $\Phi \in \mathbb{R}^{(n-r)\times(n-r)}$，矩阵 $Y_i, i = 7, \cdots, 18$，可逆矩阵 $Y, Y_i, Y \in \mathbb{R}^{n\times n}$，矩阵 $T \in \mathbb{R}^{n\times n}$，满足下面线性矩阵不等式，即

$$\hat{\Theta} = \begin{bmatrix} \hat{\Theta}_{11} & * & * & * & * & * \\ \hat{\Theta}_{21} & \Theta_{22} & * & * & * & * \\ \hat{\Theta}_{31} & \Theta_{32} & \Theta_{33} & * & * & * \\ \hat{\Theta}_{41} & \hat{\Theta}_{42} & \hat{\Theta}_{43} & \hat{\Theta}_{44} & * & * \\ \hat{\Theta}_{51} & \Theta_{52} & \Theta_{53} & \hat{\Theta}_{54} & \Theta_{55} & * \\ \hat{\Theta}_{61} & \Theta_{62} & \Theta_{63} & \hat{\Theta}_{64} & \Theta_{65} & \Theta_{66} \end{bmatrix} < 0 \tag{5.2.28}$$

其中

$$\hat{\Theta}_{11} = \rho_1(AY + Y^{\mathrm{T}}A^{\mathrm{T}}) - EPE^{\mathrm{T}} + Q + B_2 B_2^{\mathrm{T}} + \rho_1(B_1 T + T^{\mathrm{T}} B_1^{\mathrm{T}})$$

$$\hat{\Theta}_{21} = \rho_2 Y^{\mathrm{T}} A^{\mathrm{T}} + A_d Y_7 + \rho_2 T^{\mathrm{T}} B_1^{\mathrm{T}}$$

$$\hat{\Theta}_{31} = \rho_3 Y^{\mathrm{T}} A^{\mathrm{T}} + C Y_{13} + \rho_3 T^{\mathrm{T}} B_1^{\mathrm{T}}$$

$$\hat{\Theta}_{41} = \rho_4 Y^{\mathrm{T}} A^{\mathrm{T}} - \rho_1 Y + \rho_4 T^{\mathrm{T}} B_1^{\mathrm{T}}$$

$$\hat{\Theta}_{42} = Y_{10}^{\mathrm{T}} A_d^{\mathrm{T}} - \rho_2 Y$$

$$\hat{\Theta}_{43} = Y_{16}^{\mathrm{T}} C^{\mathrm{T}} - \rho_3 Y$$

$$\hat{\Theta}_{44} = X - \rho_4 Y - \rho_4 Y^{\mathrm{T}} \tag{5.2.29}$$

$$\hat{\Theta}_{51} = \rho_5 Y^{\mathrm{T}} A^{\mathrm{T}} - Y_7 + \rho_5 T^{\mathrm{T}} B_1^{\mathrm{T}}$$

$$\hat{\Theta}_{54} = X - \rho_5 Y^{\mathrm{T}} - Y_{10}$$

$$\hat{\Theta}_{61} = \rho_6 Y^{\mathrm{T}} A^{\mathrm{T}} - Y_{13} + \rho_6 T^{\mathrm{T}} B_1^{\mathrm{T}}$$

$$\hat{\Theta}_{64} = X - \rho_6 Y^{\mathrm{T}} - Y_{16}$$

$$\mathbf{C} = \begin{bmatrix} C \\ 0_{(n-q) \times n} \end{bmatrix}$$

$$X = P - S \Phi S^{\mathrm{T}}$$

Θ_{ij} 如式 (5.2.22) 中所定义。ρ_i 是一些给定的参数，$i = 1, 2, \cdots, 6$，则闭环离散广义时滞系统 (5.2.27) 是容许的，且 $\|G(z)\|_\infty < \gamma$。状态反馈控制器为 $u(k) = TY^{-1} x(k)$。

　　证明　用定理 5.2.2，式 (5.2.21) 中的 A 用 $A + BG$ 代替，于是有

$$\bar{\Theta} = \begin{bmatrix} \bar{\Theta}_{11} & * & * & * & * & * \\ \bar{\Theta}_{21} & \Theta_{22} & * & * & * & * \\ \bar{\Theta}_{31} & \Theta_{32} & \Theta_{33} & * & * & * \\ \bar{\Theta}_{41} & \Theta_{42} & \Theta_{43} & \Theta_{44} & * & * \\ \bar{\Theta}_{51} & \Theta_{52} & \Theta_{53} & \Theta_{54} & \Theta_{55} & * \\ \bar{\Theta}_{61} & \Theta_{62} & \Theta_{63} & \Theta_{64} & \Theta_{65} & \Theta_{66} \end{bmatrix} < 0 \tag{5.2.30}$$

其中，Θ_{ij} $(i,\ j=2,\cdots,6)$ 如式 (5.2.22) 中所定义。

$$\overline{\Theta}_{11} = AY_1 + Y_1^\mathrm{T} A^\mathrm{T} - EPE^\mathrm{T} + Q + B_2 B_2^\mathrm{T} + B_1 GY_1 + Y_1^\mathrm{T} G^\mathrm{T} B_1^\mathrm{T}$$

$$\overline{\Theta}_{21} = Y_2^\mathrm{T} A^\mathrm{T} + A_d Y_7 + Y_2^\mathrm{T} G^\mathrm{T} B_1^\mathrm{T}$$

$$\overline{\Theta}_{31} = Y_3^\mathrm{T} A^\mathrm{T} + CY_{13} + Y_3^\mathrm{T} G^\mathrm{T} B_1^\mathrm{T}$$

$$\overline{\Theta}_{41} = Y_4^\mathrm{T} A^\mathrm{T} - Y_1 + Y_4^\mathrm{T} G^\mathrm{T} B_1^\mathrm{T}$$

$$\overline{\Theta}_{51} = Y_5^\mathrm{T} A^\mathrm{T} - Y_7 + Y_5^\mathrm{T} G^\mathrm{T} B_1^\mathrm{T}$$

$$\overline{\Theta}_{61} = Y_6^\mathrm{T} A^\mathrm{T} - Y_{13} + Y_6^\mathrm{T} G^\mathrm{T} B_1^\mathrm{T}$$

令 $Y_i = \rho_i Y$，$i = 1, \cdots, 6$，ρ_i 是给定的一些参数，令 $T = GY$，则有式 (5.2.28) 成立，证毕。

注释 5.2.4　定理 5.2.3 以线性矩阵不等式的方式给出状态反馈控制器设计，使得闭环系统 (5.2.27) 是容许的，且 $\|G(z)\|_\infty < \gamma$。

5.2.4　数值算例

例 5.2.1　考虑下面带有外部扰动输入的离散广义时滞系统，即

$$\begin{cases} Ex(k+1) = Ax(k) + A_d x(k-d) + B_1 u(k) + B_2 \omega(k) \\ z(k) = Cx(k) \end{cases}$$

其中

$$E = \begin{bmatrix} 1 & 0 \\ 0 & 0 \end{bmatrix}, \quad A = \begin{bmatrix} 0.02 & 0.3 \\ 0.2 & -0.01 \end{bmatrix}, \quad A_d = \begin{bmatrix} -0.3 & -0.1 \\ 0.08 & -0.2 \end{bmatrix}$$

$$B_1 = \begin{bmatrix} 0.1 & -0.5 \end{bmatrix}^\mathrm{T}, \quad B_2 = \begin{bmatrix} -0.04 & 0.3 \end{bmatrix}^\mathrm{T}, \quad C = \begin{bmatrix} 0.06 & 0.14 \end{bmatrix}$$

当 $\omega(k) = 0$ 时，考虑开环系统，令 $d=4$，经计算，$\rho(E,A,A_d) = 5.9 > 1$，说明开环系统是不稳定的。当 $\omega(k) \neq 0$ 时，外部扰动为正弦波，令 $\gamma = 1$，取 $S = [0 \ \ 1]^\mathrm{T}$，$\rho_i = 0.3,\ -0.04,\ -0.4,\ 0.7,\ 0,\ -0.1\ (i=1,\cdots,6)$，根据定理 5.2.3，求解线性矩阵不等式 (5.2.28)，解得

$$G = \begin{bmatrix} 3.5490 & 6.7587 \end{bmatrix}$$

当采样周期是 $0.1\mathrm{s}, d=4$ 时，外部扰动 $\omega(k)$ 与控制输出 $z(k)$ 曲线如图 5.2.1 所示，

$$\gamma^2(k) = \frac{\sum\limits_{i=1}^{k} \|z(i)\|^2}{\sum\limits_{i=1}^{k} \|\omega(i)\|^2} \ (k=1,2,\cdots,200)$$ 的变化曲线如图 5.2.2 所示。说明通过设计状态反馈控制器，使得控制输出 $z(k)$ 对扰动输入 $\omega(k)$ 有较好的抑制作用，这也正是控制所要达到的目的。

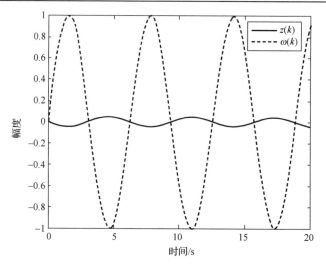

图 5.2.1　扰动输入 $\omega(k)$ 与控制输出 $z(k)$

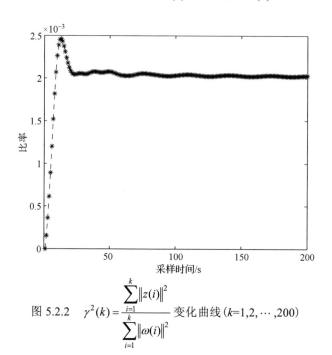

图 5.2.2　$\gamma^2(k) = \dfrac{\sum\limits_{i=1}^{k}\|z(i)\|^2}{\sum\limits_{i=1}^{k}\|\omega(i)\|^2}$ 变化曲线 $(k=1,2,\cdots,200)$

5.3　时滞依赖 H_∞ 控制

5.2 节研究了时滞独立的离散广义时滞系统 H_∞ 控制，本节研究时滞依赖的离散广义时滞系统 H_∞ 性能分析与控制器设计。

5.3.1　问题的形成与预备知识

考虑如下带有外部扰动输入的离散广义时滞系统，即

$$\begin{cases} Ex(k+1) = Ax(k) + A_d x(k-d) + B_1 u(k) + B_2 \omega(k) \\ z(k) = Cx(k) \\ x(k) = \phi(k), \quad k = -d, -d+1, \cdots, 0 \end{cases} \tag{5.3.1}$$

其中，$x(k) \in \mathbb{R}^n$ 是系统状态；$u(k) \in \mathbb{R}^p$ 为控制输入；$\omega(k) \in \mathbb{R}^m$ 是外部扰动输入；$z(k) \in \mathbb{R}^q$ 是被调输出；$E \in \mathbb{R}^{n \times n}$，$\mathrm{rank}(E) = r < n$；$A$、$A_d$、$B_1$、$B_2$、$C$ 是具有适当维数的常值矩阵；参数 d 代表系统时滞，满足 $0 \le d \le d_M$，d_M 为时滞上界，d、d_M 取值为正整数；$\phi(k)$ 为可容的初始条件。

对于系统 $(5.3.1)$，设计如下状态反馈控制器，即

$$u(k) = Gx(k) \tag{5.3.2}$$

其中，$G \in \mathbb{R}^{p \times n}$。将式 $(5.3.2)$ 代入系统 $(5.2.1)$ 中，则闭环系统为

$$\begin{cases} Ex(k+1) = (A + B_1 G)x(k) + A_d x(k-d) + B_2 \omega(k) \\ z(k) = Cx(k) \\ x(k) = \phi(k), \quad k = -d, -d+1, \cdots, 0 \end{cases} \tag{5.3.3}$$

时滞依赖离散广义时滞系统 H_∞ 控制问题就是对于给定的时滞上界 d_M，求控制器增益矩阵 G，使得闭环系统 $(5.3.3)$ 满足以下设计目标。

(1) 当 $\omega(k) = 0$ 时，闭环系统 $(5.3.3)$ 是容许的。

(2) 当 $\omega(k) \neq 0$ 时，对零初始条件的 $x(k)$ 和给定的参数 $\gamma > 0$，有

$$J = \sum_{k=0}^{\infty} \left[z^{\mathrm{T}}(k)z(k) - \gamma^2 \omega^{\mathrm{T}}(k)\omega(k) \right] < 0 \tag{5.3.4}$$

当 $u(k) = 0$ 时，系统 $(5.3.1)$ 成为如下系统：

$$\begin{cases} Ex(k+1) = Ax(k) + A_d x(k-d) + B_2 \omega(k) \\ z(k) = Cx(k) \\ x(k) = \phi(k), \quad k = -d, -d+1, \cdots, 0 \end{cases} \tag{5.3.5}$$

若 $\omega(k) = 0$，在 4.4.1 节中已经得出系统 $(5.3.5)$ 时滞依赖的容许性条件，结论如下。

引理 5.3.1　对于给定的 $d_M > 0$，定常时滞 d 满足 $0 < d \le d_M$。若存在矩阵 $P > 0$，$Q > 0$，$R > 0$，$P, Q, R \in \mathbb{R}^{n \times n}$，对称矩阵 $\Phi \in \mathbb{R}^{(n-r) \times (n-r)}$，满足下面线性矩阵不等式，即

$$\begin{bmatrix} \Psi_{11} & \Psi_{21}^{\mathrm{T}} \\ \Psi_{21} & \Psi_{22} \end{bmatrix} < 0 \tag{5.3.6}$$

则当 $\omega(k)=0$ 时系统 (5.3.5) 是容许的，其中，

$$\Psi_{11} = A^{\mathrm{T}}XA - E^{\mathrm{T}}PE + Q - \frac{E^{\mathrm{T}}RE}{d_M} + d_M(A-E)^{\mathrm{T}}R(A-E)$$

$$\Psi_{21} = A_d^{\mathrm{T}}XA + d_M A_d^{\mathrm{T}}R(A-E) + \frac{E^{\mathrm{T}}RE}{d_M} \tag{5.3.7}$$

$$\Psi_{22} = A_d^{\mathrm{T}}XA_d - Q + d_M A_d^{\mathrm{T}}RA_d - \frac{E^{\mathrm{T}}RE}{d_M}$$

$$X = P - S^{\mathrm{T}}\Phi S$$

矩阵 $S \in \mathbb{R}^{(n-r)\times n}$ 是行满秩的，且满足 $SE=0$。

5.3.2 时滞依赖 H_∞ 性能分析

定理 5.3.1 对于给定的 $\gamma > 0$，$d_M > 0$，定常时滞 d 满足 $0 < d \le d_M$。若存在正定矩阵 $P > 0$，$Q > 0$，$R > 0$，$P,Q,R \in \mathbb{R}^{n\times n}$，对称矩阵 $\Phi \in \mathbb{R}^{(n-r)\times(n-r)}$，满足下面线性矩阵不等式，即

$$\begin{bmatrix} \Psi_{11} + C^{\mathrm{T}}C & * & * \\ \Psi_{21} & \Psi_{22} & * \\ \Psi_{31} & \Psi_{32} & \Psi_{33} - \gamma^2 I_m \end{bmatrix} < 0 \tag{5.3.8}$$

其中，Ψ_{11}、Ψ_{21}、Ψ_{22} 如式 (5.3.7) 中定义：

$$\Psi_{31} = B_2^{\mathrm{T}}XA + d_M B_2^{\mathrm{T}}R(A-E)$$

$$\Psi_{32} = B_2^{\mathrm{T}}XA_d + d_M B_2^{\mathrm{T}}RA_d \tag{5.3.9}$$

$$\Psi_{33} = B_2^{\mathrm{T}}XB_2 + d_M B_2^{\mathrm{T}}RB_2$$

$$X = P - S^{\mathrm{T}}\Phi S$$

矩阵 $S \in \mathbb{R}^{(n-r)\times n}$ 是行满秩的，且满足 $SE=0$，则系统 (5.3.5) 是容许的，且 H_∞ 性能指标 $J<0$。

证明 由式 (5.3.8)，可得

$$\begin{bmatrix} \Psi_{11} & \Psi_{21}^{\mathrm{T}} \\ \Psi_{21} & \Psi_{22} \end{bmatrix} < 0$$

当 $\omega(k)=0$ 时，根据引理 5.3.1 可知：系统 (5.3.5) 是容许的。

当 $\omega(k) \ne 0$ 时，选择如下的 Lyapunov 泛函：

$$V(k) = \sum_{i=1}^{3} V_i(k) \tag{5.3.10}$$

其中

$$V_1(k) = x^{\mathrm{T}}(k)E^{\mathrm{T}}XEx(k) = x^{\mathrm{T}}(k)E^{\mathrm{T}}(P - S^{\mathrm{T}}\Phi S)Ex(k) = x^{\mathrm{T}}(k)E^{\mathrm{T}}PEx(k)$$

$$V_2(k) = \sum_{i=k-d}^{k-1} x^{\mathrm{T}}(i)Qx(i)$$

$$V_3(k) = \sum_{i=-d}^{-1}\sum_{j=k+i}^{k-1} y^{\mathrm{T}}(j)E^{\mathrm{T}}REy(j)$$

其中

$$y(j) = x(j+1) - x(j)$$

定义

$$\Delta V(k) = V(k+1) - V(k)$$

则有

$$\Delta V_1(k) = x^{\mathrm{T}}(k+1)E^{\mathrm{T}}XEx(k+1) - x^{\mathrm{T}}(k)E^{\mathrm{T}}PEx(k)$$
$$= x^{\mathrm{T}}(k)(A^{\mathrm{T}}XA - E^{\mathrm{T}}PE)x(k) + 2x^{\mathrm{T}}(k)A^{\mathrm{T}}XA_dx(k-d) + x^{\mathrm{T}}(k-d)A_d^{\mathrm{T}}XA_dx(k-d)$$
$$+2x^{\mathrm{T}}(k)A^{\mathrm{T}}XB_2\omega(k)+2x^{\mathrm{T}}(k-d)A_d^{\mathrm{T}}XB_2\omega(k)+\omega^{\mathrm{T}}(k)B_2^{\mathrm{T}}XB_2\omega(k)$$

$$\Delta V_2(k) = x^{\mathrm{T}}(k)Qx(k) - x^{\mathrm{T}}(k-d)Qx(k-d)$$

$$\Delta V_3(k) = \sum_{i=-d}^{-1}(y^{\mathrm{T}}(k)E^{\mathrm{T}}REy(k) - y^{\mathrm{T}}(k+i)E^{\mathrm{T}}REy(k+i))$$
$$= dy^{\mathrm{T}}(k)E^{\mathrm{T}}REy(k) - \sum_{i=-d}^{-1} y^{\mathrm{T}}(k+i)E^{\mathrm{T}}REy(k+i) \tag{5.3.11}$$

而

$$dy^{\mathrm{T}}(k)E^{\mathrm{T}}REy(k) \leqslant d_M y^{\mathrm{T}}(k)E^{\mathrm{T}}REy(k)$$
$$= d_M(Ex(k+1) - Ex(k))^{\mathrm{T}} R(Ex(k+1) - Ex(k))$$
$$= d_M((A-E)x(k) + A_dx(k-d) + B_2\omega(k))^{\mathrm{T}}((A-E)x(k) + A_dx(k-d) + B_2\omega(k))$$

根据引理 2.3.6，有

$$-\sum_{i=-d}^{-1} y^{\mathrm{T}}(k+i)E^{\mathrm{T}}REy(k+i) \leqslant -\left(\sum_{j=k-d}^{k-1} y(j)\right)^{\mathrm{T}} \frac{E^{\mathrm{T}}RE}{d}\left(\sum_{j=k-d}^{k-1} y(j)\right)$$
$$\leqslant -\left(\sum_{j=k-d}^{k-1} y(j)\right)^{\mathrm{T}} \frac{E^{\mathrm{T}}RE}{d_M}\left(\sum_{j=k-d}^{k-1} y(j)\right)$$
$$= -(x(k)-x(k-d))^{\mathrm{T}} \frac{E^{\mathrm{T}}RE}{d_M}(x(k)-x(k-d))$$

所以

$$\Delta V_3(k) \leqslant x^{\mathrm{T}}(k)\left(d_M(A-E)^{\mathrm{T}}R(A-E)-\frac{E^{\mathrm{T}}RE}{d_M}\right)x(k)$$

$$+2x^{\mathrm{T}}(k)\left(d_M(A-E)^{\mathrm{T}}RA_d+\frac{E^{\mathrm{T}}RE}{d_M}\right)x(k-d)$$

$$+x^{\mathrm{T}}(k-d)\left(d_M A_d^{\mathrm{T}}RA_d-\frac{E^{\mathrm{T}}RE}{d_M}\right)x(k-d)$$

$$+2x^{\mathrm{T}}(k)d_M(A-E)^{\mathrm{T}}RB_2\omega(k)+2x^{\mathrm{T}}(k-d)d_M A_d^{\mathrm{T}}RB_2\omega(k)+\omega^{\mathrm{T}}(k)d_M B_2^{\mathrm{T}}RB_2\omega(k)$$

综合可得

$$\Delta V(k) \leqslant \zeta^{\mathrm{T}}(k)\Psi\zeta(k) \tag{5.3.12}$$

其中

$$\zeta(k)=\begin{bmatrix} x^{\mathrm{T}}(k) & x^{\mathrm{T}}(k-d) & \omega^{\mathrm{T}}(k) \end{bmatrix}^{\mathrm{T}}, \quad \Psi=\begin{bmatrix} \Psi_{11} & * & * \\ \Psi_{21} & \Psi_{22} & * \\ \Psi_{31} & \Psi_{32} & \Psi_{33} \end{bmatrix}$$

另外有

$$z^{\mathrm{T}}(k)z(k)-\gamma^2\omega^{\mathrm{T}}(k)\omega(k)=\zeta^{\mathrm{T}}(k)\varUpsilon\zeta(k) \tag{5.3.13}$$

其中

$$\varUpsilon=\begin{bmatrix} C^{\mathrm{T}}C & 0 & 0 \\ 0 & 0 & 0 \\ 0 & 0 & -\gamma^2 I_m \end{bmatrix}$$

由式(5.3.8)可知：$\Psi+\varUpsilon<0$，即

$$z^{\mathrm{T}}(k)z(k)-\gamma^2\omega^{\mathrm{T}}(k)\omega(k)+\Delta V(k)<0$$

即

$$z^{\mathrm{T}}(k)z(k)-\gamma^2\omega^{\mathrm{T}}(k)\omega(k)<-\Delta V(k)$$

对上式从 $k=0$ 到 $k=n$ 求和，利用零初始条件，有

$$\sum_{k=0}^{n}(z^{\mathrm{T}}(k)z(k)-\gamma^2\omega^{\mathrm{T}}(k)\omega(k))<-V(x_{n+1})$$

当 $n\to\infty$ 时，有

$$J=\sum_{k=0}^{\infty}(z^{\mathrm{T}}(k)z(k)-\gamma^2\omega^{\mathrm{T}}(k)\omega(k))<0$$

证毕。

注释 5.3.1　　定理 5.3.1 给出了一个新的有界实引理，从定理的形式看，式(5.3.8)为严格线性矩阵不等式，因此，求解很方便。

注释 5.3.2　　由式(5.3.8)，得

$$
\begin{bmatrix} \Psi_{11}+C^{\mathrm{T}}C & * & * \\ \Psi_{21} & \Psi_{22} & * \\ \Psi_{31} & \Psi_{32} & \Psi_{33} \end{bmatrix} < \begin{bmatrix} 0 & * & * \\ 0 & 0 & * \\ 0 & 0 & \gamma^2 I_m \end{bmatrix} \tag{5.3.14}
$$

参考文献[26]中介绍的方法，可用广义特征值最小化问题求 γ^2 的最小值，为此引进矩阵变量 V，$V>0$，利用 GEVP 命令解下面的条件即可求得 $\gamma^2_{\min}$，即

$$
\begin{aligned}
& \min \gamma^2 \\
& \text{s.t.} \begin{bmatrix} \Psi_{11}+C^{\mathrm{T}}C & * & * \\ \Psi_{21} & \Psi_{22} & * \\ \Psi_{31} & \Psi_{32} & \Psi_{33} \end{bmatrix} < \begin{bmatrix} 0 & * & * \\ 0 & 0 & * \\ 0 & 0 & V \end{bmatrix} \\
& V < \gamma^2 I_m
\end{aligned} \tag{5.3.15}
$$

根据命题 5.2.1 的结论，若把 E、A、A_d、B_2、C 替换成 E^{T}、A^{T}、A_d^{T}、C^{T}、B_2^{T}，则定理 5.3.1 可以写成另一种形式。

推论 5.3.1　　对于给定的 $\gamma>0$，$d_M>0$，定常时滞 d 满足 $0<d\leqslant d_M$。若存在正定矩阵 $P>0$，$Q>0$，$R>0$，$P,Q,R\in\mathbb{R}^{n\times n}$，对称矩阵 $\Phi\in\mathbb{R}^{(n-r)\times(n-r)}$，满足下面线性矩阵不等式，即

$$
\begin{bmatrix} \Delta_{11} & * & * \\ \Delta_{21} & \Delta_{22} & * \\ \Delta_{31} & \Delta_{32} & \Delta_{33} \end{bmatrix} < 0 \tag{5.3.16}
$$

其中

$$
\Delta_{11} = AXA^{\mathrm{T}} - EPE^{\mathrm{T}} + Q - \frac{ERE^{\mathrm{T}}}{d_M} + d_M(A-E)R(A-E)^{\mathrm{T}} + B_2 B_2^{\mathrm{T}}
$$

$$
\Delta_{21} = A_d XA^{\mathrm{T}} + d_M A_d R(A-E)^{\mathrm{T}} + \frac{ERE^{\mathrm{T}}}{d_M}
$$

$$
\Delta_{22} = A_d XA_d^{\mathrm{T}} - Q + d_M A_d RA_d^{\mathrm{T}} - \frac{ERE^{\mathrm{T}}}{d_M}
$$

$$
\Delta_{31} = CXA^{\mathrm{T}} + d_M CR(A-E)^{\mathrm{T}} \tag{5.3.17}
$$

$$
\Delta_{32} = CXA_d^{\mathrm{T}} + d_M CRA_d^{\mathrm{T}}
$$

$$
\Delta_{33} = CXC^{\mathrm{T}} + d_M CRC^{\mathrm{T}} - \gamma^2 I_q
$$

$$
X = P - L\Phi L^{\mathrm{T}}
$$

矩阵 $L \in \mathbb{R}^{n \times (n-r)}$ 是列满秩的，且满足 $EL = 0$，则系统 (5.3.5) 是容许的，且 H_∞ 性能指标 $J < 0$。

5.3.3　时滞依赖 H_∞ 控制器设计

1. 预备定理

为顺利设计出状态反馈控制器，给出如下预备定理。

定理 5.3.2　对于给定的 $\gamma > 0$，$d_M > 0$，定常时滞 d 满足 $0 < d \leq d_M$，若存在正定矩阵 $P > 0$，$Q > 0$，$R > 0$，$P, Q, R \in \mathbb{R}^{n \times n}$，对称矩阵 $\Phi \in \mathbb{R}^{(n-r) \times (n-r)}$，矩阵 Y_i，$i = 1, \cdots, 18$，$Y_i \in \mathbb{R}^{n \times n}$，满足下面线性矩阵不等式，即

$$\Theta = \begin{bmatrix} \Theta_{11} & * & * & * & * & * \\ \Theta_{21} & \Theta_{22} & * & * & * & * \\ \Theta_{31} & \Theta_{32} & \Theta_{33} & * & * & * \\ \Theta_{41} & \Theta_{42} & \Theta_{43} & \Theta_{44} & * & * \\ \Theta_{51} & \Theta_{52} & \Theta_{53} & \Theta_{54} & \Theta_{55} & * \\ \Theta_{61} & \Theta_{62} & \Theta_{63} & \Theta_{64} & \Theta_{65} & \Theta_{66} \end{bmatrix} < 0 \tag{5.3.18}$$

其中

$$\Theta_{11} = AY_1 + Y_1^T A^T - EPE^T + Q + B_2 B_2^T + \left(d_M - \frac{1}{d_M} \right) ERE^T$$

$$\Theta_{21} = Y_2^T A^T + A_d Y_7 + \frac{ERE^T}{d_M}$$

$$\Theta_{22} = -Q + A_d Y_8 + Y_8^T A_d^T - \frac{ERE^T}{d_M}$$

$$\Theta_{31} = Y_3^T A^T + CY_{13}$$

$$\Theta_{32} = Y_9^T A_d^T + CY_{14}$$

$$\Theta_{33} = Y_{15}^T C^T + CY_{15} - \gamma^2 I_n$$

$$\Theta_{41} = Y_4^T A^T - Y_1 - d_M RE^T$$

$$\Theta_{42} = Y_{10}^T A_d^T - Y_2$$

$$\Theta_{43} = Y_{16}^T C^T - Y_3$$

$$\Theta_{44} = -Y_4 - Y_4^T + X + d_M R$$

$$\Theta_{51} = Y_5^T A^T - Y_7 - d_M RE^T \tag{5.3.19}$$

$$\Theta_{52} = Y_{11}^T A_d^T - Y_8$$

$$\Theta_{53} = Y_{17}^{\mathrm{T}} C^{\mathrm{T}} - Y_9$$

$$\Theta_{54} = -Y_5^{\mathrm{T}} - Y_{10} + X + d_M R$$

$$\Theta_{55} = -Y_{11} - Y_{11}^{\mathrm{T}} + X + d_M R$$

$$\Theta_{61} = Y_6^{\mathrm{T}} A^{\mathrm{T}} - Y_{13} - d_M R E^{\mathrm{T}}$$

$$\Theta_{62} = Y_{12}^{\mathrm{T}} A_d^{\mathrm{T}} - Y_{14}$$

$$\Theta_{63} = Y_{18}^{\mathrm{T}} C^{\mathrm{T}} - Y_{15}$$

$$\Theta_{64} = -Y_6^{\mathrm{T}} - Y_{16} + X + d_M R$$

$$\Theta_{65} = -Y_{17} - Y_{12}^{\mathrm{T}} + X + d_M R$$

$$\Theta_{66} = -Y_{18} - Y_{18}^{\mathrm{T}} + X + d_M R$$

$$\mathrm{C} = \begin{bmatrix} C \\ 0_{(n-q)\times n} \end{bmatrix}$$

$$X = P - L\Phi L^{\mathrm{T}}$$

矩阵 $L \in \mathbb{R}^{n\times(n-r)}$ 是列满秩的，且满足 $EL=0$，则系统 $(5.3.5)$ 是容许的，且 H_∞ 性能指标 $J < 0$。

证明　由式 $(5.3.18)$ 和式 $(5.3.19)$，经过简单计算，可以看出

$$\Theta = \Xi + \Lambda \Upsilon + \Upsilon^{\mathrm{T}} \Lambda^{\mathrm{T}} \tag{5.3.20}$$

其中

$$\Xi = \begin{bmatrix} \Xi_{11} & * & * & * & * & * \\ \dfrac{ERE^{\mathrm{T}}}{d_M} & -Q - \dfrac{ERE^{\mathrm{T}}}{d_M} & * & * & * & * \\ 0 & 0 & -\gamma^2 I_n & * & * & * \\ -d_M R E^{\mathrm{T}} & 0 & 0 & X + d_M R & * & * \\ -d_M R E^{\mathrm{T}} & 0 & 0 & X + d_M R & X + d_M R & * \\ -d_M R E^{\mathrm{T}} & 0 & 0 & X + d_M R & X + d_M R & X + d_M R \end{bmatrix}$$

$$\Xi_{11} = \left(d_M - \frac{1}{d_M}\right) ERE^{\mathrm{T}} + Q - EPE^{\mathrm{T}} + B_2 B_2^{\mathrm{T}}$$

$$\Lambda = \begin{bmatrix} A^{\mathrm{T}} & 0 & 0 & -I_n & 0 & 0 \\ 0 & A_d^{\mathrm{T}} & 0 & 0 & -I_n & 0 \\ 0 & 0 & \mathrm{C}^{\mathrm{T}} & 0 & 0 & -I_n \end{bmatrix}^{\mathrm{T}}, \quad \Upsilon = \begin{bmatrix} Y_1 & Y_2 & Y_3 & Y_4 & Y_5 & Y_6 \\ Y_7 & Y_8 & Y_9 & Y_{10} & Y_{11} & Y_{12} \\ Y_{13} & Y_{14} & Y_{15} & Y_{16} & Y_{17} & Y_{18} \end{bmatrix}$$

令

$$\Omega = \begin{bmatrix} I_n & 0 & 0 & A & 0 & 0 \\ 0 & I_n & 0 & 0 & A_d & 0 \\ 0 & 0 & I_m & 0 & 0 & C \end{bmatrix}$$

容易看出，Ω 是一个行满秩矩阵，且 $\Omega \Lambda = 0$，在式 $(5.3.20)$ 左、右两边分别乘以 Ω，Ω^{T}，得

$$\Omega \Xi \Omega^{\mathrm{T}} = \Omega \Theta \Omega^{\mathrm{T}} \tag{5.3.21}$$

由式 $(5.3.18)$，$\Theta < 0$ 可知

$$\Omega \Xi \Omega^{\mathrm{T}} < 0 \tag{5.3.22}$$

经过计算，有

$$\Omega \Xi \Omega^{\mathrm{T}} = \begin{bmatrix} \varDelta_{11} & * & * \\ \varDelta_{21} & \varDelta_{22} & * \\ \tilde{\varDelta}_{31} & \tilde{\varDelta}_{32} & \tilde{\varDelta}_{33} \end{bmatrix} < 0 \tag{5.3.23}$$

其中，$\varDelta_{11}$、$\varDelta_{21}$、$\varDelta_{22}$ 如式 $(5.3.17)$ 所定义：

$$\tilde{\varDelta}_{31} = CXA^{\mathrm{T}} + d_M CR(A - E)^{\mathrm{T}}$$
$$\tilde{\varDelta}_{32} = CXA_d^{\mathrm{T}} + d_M CRA_d^{\mathrm{T}}$$
$$\tilde{\varDelta}_{33} = CXC^{\mathrm{T}} + d_M CRC^{\mathrm{T}} - \gamma^2 I_n$$

由式 $(5.3.19)$，$C = \begin{bmatrix} C \\ 0_{(n-q) \times n} \end{bmatrix}$，对式 $(5.3.23)$ 运用 Schur 补引理，可得

$$\begin{bmatrix} \varDelta_{11} & * & * \\ \varDelta_{21} & \varDelta_{22} & * \\ \varDelta_{31} & \varDelta_{32} & \varDelta_{33} \end{bmatrix} < 0$$

其中，$\varDelta_{31}$、$\varDelta_{32}$、$\varDelta_{33}$ 如式 $(5.3.17)$ 所定义，根据推论 5.3.1，系统 $(5.3.5)$ 是容许的，且 $J < 0$，证毕。

2. H_∞ 状态反馈控制器设计

设计形如式 $(5.3.2)$ 的状态反馈控制器，使得闭环系统 $(5.3.3)$ 是容许的，且满足一定的 H_∞ 性能指标。

定理 5.3.3　对于给定的 $\gamma > 0$，$d_M > 0$，定常时滞 d 满足 $0 < d \leqslant d_M$，若存在正定矩阵 $P > 0$，$Q > 0$，$R > 0$，$P, Q, R \in \mathbb{R}^{n \times n}$，对称矩阵 $\Phi \in \mathbb{R}^{(n-r) \times (n-r)}$，可逆矩阵 Y，矩阵 Y_i，$i = 7, \cdots, 18$，$Y, Y_i \in \mathbb{R}^{n \times n}$，矩阵 $T \in \mathbb{R}^{p \times n}$ 满足下面线性矩阵不等式，即

$$\hat{\Theta} = \begin{bmatrix} \hat{\Theta}_{11} & * & * & * & * & * \\ \hat{\Theta}_{21} & \Theta_{22} & * & * & * & * \\ \hat{\Theta}_{31} & \Theta_{32} & \Theta_{33} & * & * & * \\ \hat{\Theta}_{41} & \hat{\Theta}_{42} & \hat{\Theta}_{43} & \hat{\Theta}_{44} & * & * \\ \hat{\Theta}_{51} & \Theta_{52} & \Theta_{53} & \hat{\Theta}_{54} & \Theta_{55} & * \\ \hat{\Theta}_{61} & \Theta_{62} & \Theta_{63} & \hat{\Theta}_{64} & \Theta_{65} & \Theta_{66} \end{bmatrix} < 0 \tag{5.3.24}$$

其中

$$\hat{\Theta}_{11} = \rho_1(AY + Y^{\mathrm{T}}A^{\mathrm{T}}) - EPE^{\mathrm{T}} + Q + B_2 B_2^{\mathrm{T}} + \left(d_M - \frac{1}{d_M}\right)ERE^{\mathrm{T}} + \rho_1(B_1 T + T^{\mathrm{T}}B_1^{\mathrm{T}})$$

$$\hat{\Theta}_{21} = \rho_2 Y^{\mathrm{T}}A^{\mathrm{T}} + A_d Y_7 + \frac{ERE^{\mathrm{T}}}{d_M} + \rho_2 T^{\mathrm{T}}B_1^{\mathrm{T}}$$

$$\hat{\Theta}_{31} = \rho_3 Y^{\mathrm{T}}A^{\mathrm{T}} + CY_{13} + \rho_3 T^{\mathrm{T}}B_1^{\mathrm{T}}$$

$$\hat{\Theta}_{41} = \rho_4 Y^{\mathrm{T}}A^{\mathrm{T}} - \rho_1 Y + \rho_4 T^{\mathrm{T}}B_1^{\mathrm{T}} - d_M RE^{\mathrm{T}}$$

$$\hat{\Theta}_{42} = Y_{10}^{\mathrm{T}}A_d^{\mathrm{T}} - \rho_2 Y$$

$$\hat{\Theta}_{43} = Y_{16}^{\mathrm{T}}C^{\mathrm{T}} - \rho_3 Y \tag{5.3.25}$$

$$\hat{\Theta}_{44} = X + d_M R - \rho_4 Y - \rho_4 Y^{\mathrm{T}}$$

$$\hat{\Theta}_{51} = \rho_5 Y^{\mathrm{T}}A^{\mathrm{T}} - Y_7 - d_M RE^{\mathrm{T}} + \rho_5 T^{\mathrm{T}}B_1^{\mathrm{T}}$$

$$\hat{\Theta}_{54} = X + d_M R - \rho_5 Y^{\mathrm{T}} - Y_{10}$$

$$\hat{\Theta}_{61} = \rho_6 Y^{\mathrm{T}}A^{\mathrm{T}} - Y_{13} - d_M RE^{\mathrm{T}} + \rho_6 T^{\mathrm{T}}B_1^{\mathrm{T}}$$

$$\hat{\Theta}_{64} = X + d_M R - \rho_6 Y^{\mathrm{T}} - Y_{16}$$

$$C = \begin{bmatrix} C \\ 0_{(n-q)\times n} \end{bmatrix}$$

$$X = P - L\Phi L^{\mathrm{T}}$$

其中，Θ_{ij} 如式 (5.3.19) 所定义，ρ_i $(i=1,\cdots,6)$ 是一些给定的参数。矩阵 $L \in \mathbb{R}^{n\times(n-r)}$ 是列满秩的，且满足 $EL=0$。则闭环系统 (5.3.3) 是容许的，且 H_∞ 性能指标 $J<0$，状态反馈控制器为 $u(k)=TY^{-1}x(k)$。

证明　利用定理 5.3.2 的结论，将式 (5.3.18) 中的 A 替换成 $A+B_1 G$，则有

$$\overline{\Theta} = \begin{bmatrix} \overline{\Theta}_{11} & * & * & * & * & * \\ \overline{\Theta}_{21} & \Theta_{22} & * & * & * & * \\ \overline{\Theta}_{31} & \Theta_{32} & \Theta_{33} & * & * & * \\ \overline{\Theta}_{41} & \overline{\Theta}_{42} & \overline{\Theta}_{43} & \overline{\Theta}_{44} & * & * \\ \overline{\Theta}_{51} & \Theta_{52} & \Theta_{53} & \overline{\Theta}_{54} & \Theta_{55} & * \\ \overline{\Theta}_{61} & \Theta_{62} & \Theta_{63} & \overline{\Theta}_{64} & \Theta_{65} & \Theta_{66} \end{bmatrix} < 0 \tag{5.3.26}$$

其中，Θ_{ij} $(i, j=2,\cdots,6)$ 如式 (5.3.19) 所定义。

$$\overline{\Theta}_{11} = AY_1 + Y_1^{\mathrm{T}} A^{\mathrm{T}} - EPE^{\mathrm{T}} + Q + B_2 B_2^{\mathrm{T}} + \left(d_M - \frac{1}{d_M} \right) ERE^{\mathrm{T}} + B_1 GY_1 + Y_1^{\mathrm{T}} G^{\mathrm{T}} B_1^{\mathrm{T}}$$

$$\overline{\Theta}_{21} = Y_2^{\mathrm{T}} A^{\mathrm{T}} + A_d Y_7 + \frac{ERE^{\mathrm{T}}}{d_M} + Y_2^{\mathrm{T}} G^{\mathrm{T}} B_1^{\mathrm{T}}$$

$$\overline{\Theta}_{31} = Y_3^{\mathrm{T}} A^{\mathrm{T}} + CY_{13} + Y_3^{\mathrm{T}} G^{\mathrm{T}} B_1^{\mathrm{T}}$$

$$\overline{\Theta}_{41} = Y_4^{\mathrm{T}} A^{\mathrm{T}} - Y_1 - d_M RE^{\mathrm{T}} + Y_4^{\mathrm{T}} G^{\mathrm{T}} B_1^{\mathrm{T}}$$

$$\overline{\Theta}_{42} = Y_{10}^{\mathrm{T}} A_d^{\mathrm{T}} - Y_2 \tag{5.3.27}$$

$$\overline{\Theta}_{43} = Y_{16}^{\mathrm{T}} C^{\mathrm{T}} - Y_3$$

$$\overline{\Theta}_{44} = X + d_M R - Y_4 - Y_4^{\mathrm{T}}$$

$$\overline{\Theta}_{51} = Y_5^{\mathrm{T}} A^{\mathrm{T}} - Y_7 - d_M RE^{\mathrm{T}} + Y_5^{\mathrm{T}} G^{\mathrm{T}} B_1^{\mathrm{T}}$$

$$\overline{\Theta}_{54} = X + d_M R - Y_5^{\mathrm{T}} - Y_{10}$$

$$\overline{\Theta}_{61} = Y_6^{\mathrm{T}} A^{\mathrm{T}} - Y_{13} - d_M RE^{\mathrm{T}} + Y_6^{\mathrm{T}} G^{\mathrm{T}} B_1^{\mathrm{T}}$$

$$\overline{\Theta}_{64} = X + d_M R - Y_6^{\mathrm{T}} - Y_{16}$$

令 $Y_i = \rho_i Y$ $(i=1,\cdots,6)$，$T = GY$，式 (5.3.27) 中，用 $\rho_i Y$ 替换 Y_i，用 T 替换 GY，则有式 (5.3.24) 成立，证毕。

5.3.4 数值算例

本节中将以两个数值例子来说明本章所用方法的有效性和优越性。

例 5.3.1 考虑下面带有外部扰动输入的离散广义时滞系统，即

$$\begin{cases} Ex(k+1) = Ax(k) + A_d x(k-d) + B_2 \omega(k) \\ z(k) = C(k) \end{cases}$$

其中

$$E = \begin{bmatrix} 1 & 0 \\ 0 & 0 \end{bmatrix}, \quad A = \begin{bmatrix} -5.8 & -12.5 \\ -11 & -23.8 \end{bmatrix}, \quad A_d = \begin{bmatrix} -0.3 & -0.6 \\ 0.2 & -0.5 \end{bmatrix}$$

$$B_2 = \begin{bmatrix} 1 & 2 \end{bmatrix}^\mathrm{T}, \quad C = \begin{bmatrix} -1.1 & -1.4 \end{bmatrix}$$

文献[24]中的定理 1 研究了区间时变时滞离散广义系统时滞依赖 H_∞ 性能分析，如其注释 2 所说，若时滞上界等于时滞下界，时滞为定常的，这样，定理 5.3.1 就可以与之比较了。利用注释 5.3.2 中所用方法可求 γ^2 的最小值，表 5.3.1 列出了当时滞上界 d_M 分别取不同值时 $\gamma^2_{\min}$ 的值，从中可以看出，定理 5.3.1 的保守性更小一些。

表 5.3.1　对于不同的 d_M，比较 $\gamma^2_{\min}$ 的值

d_M	2	5	10	15	20
文献[24]	0.0340	0.0321	0.0351	0.0295	0.0351
定理 5.3.1	0.0283	0.0281	0.0279	0.0293	0.0279

例 5.3.2　考虑下面带有外部扰动输入和控制输入的离散广义时滞系统，即
$$\begin{cases} Ex(k+1) = Ax(k) + A_d x(k-d) + B_1 u(k) + B_2 \omega(k) \\ z(k) = C(k) \end{cases}$$
其中
$$E = \begin{bmatrix} 1 & 0 & 0 \\ 0 & 1 & 0 \\ 0 & 0 & 0 \end{bmatrix}, \quad A = \begin{bmatrix} -0.13 & 0.05 & -0.25 \\ -0.59 & -0.02 & 0.12 \\ 0.12 & -1.12 & 0.18 \end{bmatrix}, \quad A_d = \begin{bmatrix} 0.09 & 0.17 & 0.3 \\ -0.02 & -0.07 & -0.04 \\ -0.8 & 0.24 & 0.16 \end{bmatrix}$$
$$B_1 = \begin{bmatrix} 0.40 & -0.01 \\ -0.19 & -0.54 \\ -0.54 & -1.02 \end{bmatrix}, \quad B_2 = \begin{bmatrix} -0.19 \\ 0.34 \\ 0.40 \end{bmatrix}, \quad C = \begin{bmatrix} 0.35 & 0.64 & 0.33 \end{bmatrix}$$

首先考虑无干扰、无控制输入的开环系统。若 $d=4$，由定义 2.2.1 计算得，$\rho(E, A, A_d) = 1.47 > 1$，这说明开环系统是不稳定的。

当 $\omega(k) \neq 0$，采样周期为 0.1s 时，利用零阶保持器将连续的正弦波离散化，令 $\omega(k) = \sin k$，$\gamma = 1$，取 $L = \begin{bmatrix} 0 & 0 & 1 \end{bmatrix}^\mathrm{T}$，$\rho_i = -0.39, 0.2, 0.1, 0.86, 0.7, 0.53$ $(i=1,\cdots,6)$，根据定理 5.3.3，求解线性矩阵不等式(5.3.24)，解得
$$G = \begin{bmatrix} 0.9417 & 0.8617 & 1.7206 \\ -0.5912 & -4.7040 & -3.6606 \end{bmatrix}$$

图 5.3.1 描述了闭环系统的状态响应，说明外部扰动输入对系统状态的影响；图 5.3.2 分别描述了外部扰动输入 $\omega(k)$ 和被调输出 $z(k)$，说明通过控制输入，被调输出对外部扰动有一定的抑制作用。图 5.3.3 描述了随着采样次数的增加，比值 $\gamma^2(k)$ 的变化趋势，可以看出，比值趋向于 0.04，在其上下变化，这符合设定的 $\gamma=1$ 的性能指标要求。图 5.3.4 描述了 $\omega(k)=0$ 时，闭环系统的状态响应，说明了闭环系统是容许的。

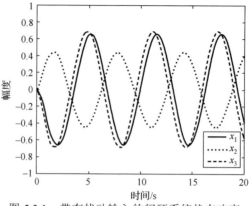

图 5.3.1　带有扰动输入的闭环系统状态响应

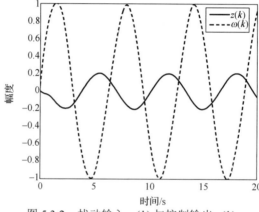

图 5.3.2　扰动输入 $\omega(k)$ 与控制输出 $z(k)$

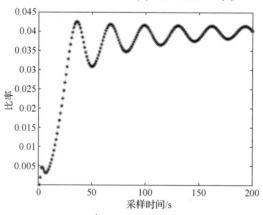

图 5.3.3　$\gamma^2(k) = \dfrac{\sum\limits_{i=1}^{k}\|z(i)\|^2}{\sum\limits_{i=1}^{k}\|\omega(i)\|^2}$ 变化曲线 $(k=1,2,\cdots,200)$

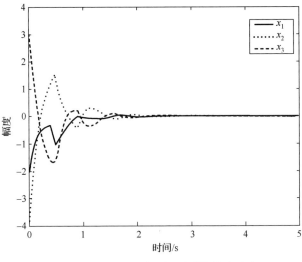

图 5.3.4　$\omega(k)=0$ 时，闭环系统状态响应

5.4　本 章 小 结

本章用时滞独立、时滞依赖两种方法研究了离散广义时滞系统的 H_∞ 控制问题。首先，在文献[25]提出的离散广义系统有界实引理的基础上，本章考虑到时滞的存在，研究了时滞独立的离散广义时滞系统 H_∞ 控制问题。然后，在第 3 章离散广义时滞系统容许性研究的基础上，提出了新的时滞依赖离散广义时滞系统有界实引理，并设计出状态反馈 H_∞ 控制器。通过数值例子比较，说明本章提出的方法对外部扰动输入的抑制效果更好。

参 考 文 献

[1]　Fridman E, Shaked U. H_∞ control of linear state-delay descriptor systems: An LMI approach. Linear Algebra and Its Applications, 2002, 351(1): 271-302.

[2]　Xu S, Lam J, Zou Y. An improved characterization of bounded realness for singular delay systems and its applications. International Journal of Robust and Nonlinear Control, 2008, 18(3): 263-277.

[3]　Boukas E K. Singular linear systems with delay: H_∞ stabilization. Optimal Control Applications and Methods, 2007, 28(4): 259-274.

[4]　朱淑倩, 张承慧, 李振波, 等. 不确定奇异时滞系统的时滞相关型鲁棒 H_∞ 弹性控制. 控制理论与应用, 2007, 24(4): 587-593.

[5] Zhu S Q, Li Z B, Cheng Z L. Delay-dependent robust resilient H_∞ control for uncertain singular time-delay systems. Proceedings of the 44th IEEE Conference on Decision and Control, and the European Control Conference, Seville, Spain, 2005: 1373-1378.

[6] 舒伟仁, 张庆灵. 不确定时滞广义系统的鲁棒非脆弱 H_∞ 控制. 控制与决策, 2005, 20(6): 629-633.

[7] Du Z P, Zhang Q L, Li Y. Delay-dependent robust H_∞ control for uncertain singular systems with multiple state delays. IET Control Theory and Applications, 2009, 3(6): 731-740.

[8] Yue D, Lam J, Ho D W C. Reliable H_∞ control of uncertain descriptor systems with multiple time delays. IEEE Proceedings of Control Theory Application, 2003, 150(6): 557-564.

[9] Xu S Y, James L, Yang C W. Robust H_∞ control for uncertain singular systems with state delay. International Journal of Robust and Nonlinear Control, 2003, 13(13): 1213-1223.

[10] Zhu S Q, Feng J, Cheng Z L. Rejection of persistent bounded disturbance for a class of uncertain singular time-delay system. Proceedings of the 5th World Congress on Intelligent Control and Automation, Hangzhou, China, 2004: 888-892.

[11] Li M, Zhu S Q, Sun J, et al. Delay-dependent H_∞ variable structure control of uncertain singular time-delay systems: An LMI approach. Proceedings of the 44th IEEE Conference on Decision and Control, and the European Control Conference, Seville, Spain, 2005: 596-601.

[12] Piao F X, Zhang Q L, Ma X Z. Robust H_∞ control for uncertain descriptor systems with state and control delay. Journal of Systems Engineering and Electronics, 2006, 17(3): 571-575.

[13] Wu K Y, Fu Y M, Xie S J. Robust H_∞ control for uncertain descriptor time-delay systems with Markov jumping parameters. Proceedings of the 6th World Congress on Intelligent Control and Automation, Dalian, China, 2006: 1275-1279.

[14] Ji X F, Su H Y, Chu J. An LMI approach to robust H-infinity control for uncertain singular time-delay systems. Journal of Control Theory and Applications, 2006, 4: 361-366.

[15] Wu Z, Zhou W. Delay-dependent robust H_∞ control for uncertain singular time-delay systems. IET Control Theory and Applications, 2007, 1(5): 1234-1241.

[16] Yang F, Zhang Q. Delay-dependent H_∞ control for linear descriptor systems with delay in state. Journal of Control Theory and Applications, 2005, 1:76-84.

[17] 谢湘生, 胡刚, 刘洪伟. 带有外干扰的滞后离散广义系统鲁棒 H_∞ 控制器设计:LMI 方法. 控制理论与应用, 2002, 19(6): 937-939.

[18] 张建林. 广义离散时滞系统基于输出反馈的 H_∞ 控制. 自动化技术与应用, 2004, 23(6): 8-12.

[19] Huang D, Ma S P. Robust H_∞ control of uncertain discrete singular systems with time-varying delays. Proceedings of the 25th Chinese Control Conference, Harbin, Heilongjiang, 2006: 740-745.

[20] 毕淑慧, 高存臣, 任启峰. 状态与输入具有时滞的离散广义系统状态反馈 H_∞ 控制. 中国控

制会议, 2006: 687-691.

[21] Ma S P, Zhang C H, Wu Z. Delay-dependent stability and H_∞ control for uncertain discrete switched singular systems with time-delay. Applied Mathematics and Computation, 2008, 206(1): 413-424.

[22] Ma S P, Zhang C H. Robust stability and H_∞ control for uncertain discrete Markovian jump singular systems with mode-dependent time-delay. International Journal of Robust and Nonlinear Control, 2009, 19(9): 965-985.

[23] Ma S P, Zhang C H, Cheng Z L. Delay-dependent robust H_∞ control for uncertain discrete-time singular systems with time-delays. Journal of Computational and Applied Mathematics, 2008, 217(1): 194-211.

[24] 王惠姣, 王建中, 葛铭, 等. 不确定离散奇异系统的时滞依赖鲁棒 H_∞ 控制. 控制理论与应用, 2008, 25(6): 1145-1150.

[25] Zhang G M, Xia Y Q, Shi P. New bounded real lemma for discrete-time singular systems. Automatica, 2008, 44(3): 886-890.

[26] 俞立. 鲁棒控制——线性矩阵不等式处理方法. 北京: 清华大学出版社, 2002: 250-258.

第6章 基于时滞分解方法离散广义时滞系统有界实引理

6.1 引　言

对于时滞系统稳定性分析与控制，在时域范围内，Lyapunov 方法仍然是一个强有力的研究工具。近几年，对时滞系统的研究采用了一种新方法——时滞分解法，许多研究成果[1-4]表明：时滞分解法在建立 Lyapunov 函数时，将时滞区间分割成若干小的子区间，然后利用子区间端点的信息，与传统方法的只利用一个时滞区间端点的信息相比，结果具有较小的保守性，达到了很好的控制效果。

本章在第 5 章研究的基础上，针对离散时滞广义系统，基于时滞分解方法以线性矩阵不等式的形式给出了一个新的有界实引理，从理论上证明了随着时滞区间分割的加密，结论的保守性逐渐减小，与现有的研究成果[5-11]相比，具有保守性小的优势，与文献[1, 12]相比，具有计算成本小的优势，通过数值例子的比较，说明本章提出方法的有效性与优越性。

6.2 离散广义时滞系统容许性分析

6.2.1 问题的形成与预备知识

考虑如下带有外部扰动输入的离散广义时滞系统，即

$$\begin{cases} Ex(k+1) = Ax(k) + A_d x(k-d) + B\omega(k) \\ z(k) = Cx(k) + D\omega(k) \\ x(k) = \phi(k), \quad k = -d, -d+1, \cdots, 0 \end{cases} \tag{6.2.1}$$

其中，$x(k) \in \mathbb{R}^n$ 是系统状态；$\omega(k) \in \mathbb{R}^q$ 是外部扰动输入；$z(k) \in \mathbb{R}^q$ 是被调输出；$\phi(k)$ 是相容的初始条件；d 是一个正整数，表示定常时滞；$E \in \mathbb{R}^{m \times n}$，$\mathrm{rank}(E) = r \leqslant n$；$A$、$A_d$、$B$、$C$、$D$ 是具有适当维数的常值矩阵；$\omega(k) \in L_2[0, \infty)$ 为能量有界的外部扰动，即

$$\|\omega(k)\|^2 = \sum_{k=0}^{\infty} \omega^{\mathrm{T}}(k)\omega(k) < \infty$$

对于给定的正数 $\gamma > 0$，如果离散时滞广义系统 (6.2.1) 具有以下性质。

（1）当 $\omega(k)=0$ 时，系统（6.2.1）是容许的。

（2）当 $\omega(k)\neq 0$ 时，从外部扰动 $\omega(k)$ 到被调输出 $z(k)$ 的传递函数矩阵 $G(z)$ 的 H_∞ 范数不超过给定的常数 $\gamma>0$，即在零初始条件 $x(k)=0$ 下，

$$\|G(z)\|_\infty := \sup_{\|\omega\|\leqslant 1}\frac{\|z\|}{\|\omega\|}\leqslant \gamma \tag{6.2.2}$$

其中，$G(z)=C(zE-A-z^{-d}A_d)^{-1}B+D$，式（6.2.2）等价于

$$J=\sum_{k=0}^\infty\left[z^{\mathrm{T}}(k)z(k)-\gamma^2\omega^{\mathrm{T}}(k)\omega(k)\right]<0 \tag{6.2.3}$$

则称离散时滞广义系统（6.2.1）是容许的，且具有 H_∞ 性能 γ。

6.2.2   基于时滞分解法构建 Lyapunov 函数

若系统（6.2.1）外部扰动输入 $\omega(k)=0$，考虑如下离散时滞广义系统，即

$$\begin{cases}Ex(k+1)=Ax(k)+A_dx(k-d)\\ x(k)=\phi(k),\quad k=-d,-d+1,\cdots,0\end{cases} \tag{6.2.4}$$

针对系统（6.2.4），文献[7]给出一个时滞依赖容许性条件，Lyapunov 函数选取如下：

$$V(k)=x^{\mathrm{T}}(k)E^{\mathrm{T}}(P-S^{\mathrm{T}}\Phi S)Ex(k)+\sum_{i=k-d}^{k-1}x^{\mathrm{T}}(i)Qx(i)+d\sum_{j=-d}^{-1}\sum_{i=k+j}^{k-1}y^{\mathrm{T}}(i)E^{\mathrm{T}}REy(i) \tag{6.2.5}$$

其中，$y(i)=x(i+1)-x(i)$；$P,\ Q,\ R>0$，$P,\ Q,\ R\in\mathbb{R}^{n\times n}$；对称矩阵 $\Phi\in\mathbb{R}^{(n-r)\times(n-r)}$；矩阵 $S\in\mathbb{R}^{(n-r)\times n}$ 行满秩，满足 $SE=0$。

实际上，文献[7]的容许性条件还有减小保守性的可能，原因在于 Lyapunov 函数的选取还有改进的空间，利用时滞分解方法的思想，本章提出如下 Lyapunov 函数，即

$$V(k)=x^{\mathrm{T}}(k)E^{\mathrm{T}}(P-S^{\mathrm{T}}\Phi S)Ex(k)+\sum_{j=1}^N\sum_{i=k-jd_s}^{k-(j-1)d_s-1}x^{\mathrm{T}}(i)Q_jx(i)$$

$$+d_s\sum_{f=1}^N\sum_{j=-fd_s}^{-(f-1)d_s-1}\sum_{i=k+j}^{k-1}y^{\mathrm{T}}(i)E^{\mathrm{T}}R_fEy(i) \tag{6.2.6}$$

其中，$d_s=\dfrac{d}{N}$；$y(i)=x(i+1)-x(i)$；$P,\ Q_j,\ R_f>0$，$P,\ Q_j,\ R_f\in\mathbb{R}^{n\times n}$；$j=1,2,\cdots,N$；$f=1,2,\cdots,N$；对称矩阵 $\Phi\in\mathbb{R}^{(n-r)\times(n-r)}$；矩阵 $S\in\mathbb{R}^{(n-r)\times n}$ 行满秩，满足 $SE=0$。

注释 6.2.1   时滞分解方法的思想为：将时滞区间 $[0,d]$ 平均分成 N（N 为正整数）个相等的子区间 $[(i-1)d_s,id_s]$，每个子区间的长度为 $d_s=\dfrac{d}{N}$（d_s 为正整数），对应于每

个子区间 $[(i-1)d_s, id_s]$，引入一个矩阵对 (Q_i, R_i)，$i=1,2,\cdots,N$。当 $N=1$ 时，式 (6.2.6) 就是式 (6.2.5)，因此，文献[7]选取的 Lyapunov 函数是本章选取的 Lyapunov 函数的一个特例，从理论上表明本章给出的容许性条件比文献[7]给出的保守性要小。

6.2.3　时滞依赖容许性条件

定理 6.2.1　对于给定的正整数 N、d_s，且 $d_s N = d$，离散时滞广义系统 (6.2.4) 是容许的充分条件是存在矩阵 $P > 0$，$Q_i > 0$，$R_i > 0$ $(i=1,2,\cdots,N)$，$P, Q_i, R_i \in \mathbb{R}^{n \times n}$，对称矩阵 $\Phi \in \mathbb{R}^{(n-r) \times (n-r)}$，满足下面线性矩阵不等式，即

$$
\Theta = \begin{bmatrix}
\Theta_{11} & \Theta_{12} & 0 & \cdots & 0 & \Theta_{1,N+1} \\
* & \Theta_{22} & \Theta_{23} & \cdots & 0 & 0 \\
* & * & \Theta_{33} & \cdots & 0 & 0 \\
\vdots & \vdots & \vdots & & \vdots & \vdots \\
* & * & * & \cdots & \Theta_{N,N} & \Theta_{N,N+1} \\
* & * & * & \cdots & * & \Theta_{N+1,N+1}
\end{bmatrix} < 0
\tag{6.2.7}
$$

其中

$$
\Theta_{11} = A^{\mathrm{T}} X A - E^{\mathrm{T}} P E + Q_1 + (A-E)^{\mathrm{T}} R (A-E) - E^{\mathrm{T}} R_1 E
$$

$$
\Theta_{1,N+1} = A^{\mathrm{T}} X A_d + (A-E)^{\mathrm{T}} R A_d
$$

$$
\Theta_{i,i+1} = E^{\mathrm{T}} R_i E, \quad i=1,2,\cdots,N
$$

$$
\Theta_{i,i} = Q_i - Q_{i-1} - E^{\mathrm{T}} (R_{i-1} + R_i) E, \quad i=2,3,\cdots,N
$$

$$
\Theta_{N+1,N+1} = A_d^{\mathrm{T}} X A_d - Q_N + A_d^{\mathrm{T}} R A_d - E^{\mathrm{T}} R_N E
$$

$$
X = P - S^{\mathrm{T}} \Phi S
$$

$$
R = d_s^2 \sum_{f=1}^{N} R_f
$$

矩阵 $S \in \mathbb{R}^{(n-r) \times n}$ 行满秩且满足 $SE = 0$。

证明　首先证明正则性、因果性，然后证明稳定性。

首先证明系统 (6.2.4) 是正则、因果的，一定存在非奇异矩阵 $\hat{M}$、$\hat{N}$，使得

$$
\hat{M} E \hat{N} = \begin{bmatrix} I_r & 0 \\ 0 & 0 \end{bmatrix}, \quad \hat{M} A \hat{N} = \begin{bmatrix} \hat{A}_1 & \hat{A}_2 \\ \hat{A}_3 & \hat{A}_4 \end{bmatrix}
\tag{6.2.8}
$$

相应地，有

$$
\hat{M} A_d \hat{N} = \begin{bmatrix} \hat{A}_{d1} & \hat{A}_{d2} \\ \hat{A}_{d3} & \hat{A}_{d4} \end{bmatrix}
\tag{6.2.9}
$$

令

$$
\hat{M}^{-T}R_i\hat{M}^{-1} = \begin{bmatrix} \hat{R}_{i1} & \hat{R}_{i2} \\ \hat{R}_{i2}^{T} & \hat{R}_{i3} \end{bmatrix}, \quad \hat{N}^{T}Q_1\hat{N} = \begin{bmatrix} \hat{Q}_{11} & \hat{Q}_{12} \\ \hat{Q}_{12}^{T} & \hat{Q}_{13} \end{bmatrix}, \quad i=1,2,\cdots,N
$$

$$
\hat{M}^{-T}P\hat{M}^{-1} = \begin{bmatrix} \hat{P}_1 & \hat{P}_2 \\ \hat{P}_2^{T} & \hat{P}_3 \end{bmatrix}, \quad \hat{M}^{-T}X\hat{M}^{-1} = \begin{bmatrix} \hat{X}_1 & \hat{X}_2 \\ \hat{X}_2^{T} & \hat{X}_3 \end{bmatrix}
$$

$$
\hat{M}^{-T}R\hat{M}^{-1} = \begin{bmatrix} \hat{R}_1 & \hat{R}_2 \\ \hat{R}_2^{T} & \hat{R}_3 \end{bmatrix} \tag{6.2.10}
$$

式 (6.2.9) 和式 (6.2.10) 中分块矩阵的维数与式 (6.2.8) 中的维数一致，由式 (6.2.10) 可得

$$
\Theta_{11} < 0 \tag{6.2.11}
$$

分别用 $\hat{N}^{T}$、$\hat{N}$ 左乘、右乘式 (6.2.11)，利用式 (6.2.8)～式 (6.2.10)，得到

$$
\begin{bmatrix} * & * \\ * & \Theta_{11}^{22} \end{bmatrix} < 0 \tag{6.2.12}
$$

符号 "*" 表示与下面讨论无关的矩阵。Θ_{11}^{22} 表示矩阵 Θ_{11} 的 (2,2) 块矩阵，其中

$$
\Theta_{11}^{22} = \hat{A}_2^{T}\hat{X}_2\hat{A}_4 + \hat{A}_4^{T}\hat{X}_2^{T}\hat{A}_2 + \hat{A}_4^{T}\hat{X}_3\hat{A}_4 + \hat{A}_2^{T}\hat{X}_1\hat{A}_2 + \hat{Q}_{13} + J
$$

$$
J = \begin{bmatrix} \hat{A}_2^{T} & \hat{A}_4^{T} \end{bmatrix} \begin{bmatrix} \hat{R}_1 & \hat{R}_2 \\ \hat{R}_2^{T} & \hat{R}_3 \end{bmatrix} \begin{bmatrix} \hat{A}_2 \\ \hat{A}_4 \end{bmatrix}
$$

由式 (6.2.12)，可得

$$
\Theta_{11}^{22} < 0 \tag{6.2.13}
$$

注意到

$$
E^{T}XE = E^{T}(P - S^{T}\Phi S)E = E^{T}PE \geqslant 0 \tag{6.2.14}
$$

分别用 $\hat{N}^{T}$、$\hat{N}$ 左乘、右乘式 (6.2.14)，利用式 (6.2.8)～式 (6.2.10)，得到

$$
\begin{bmatrix} \hat{X}_1 & 0 \\ 0 & 0 \end{bmatrix} \geqslant 0 \tag{6.2.15}
$$

于是 $\hat{X}_1 \geqslant 0$，即 $\hat{A}_2^{T}\hat{X}_1\hat{A}_2 \geqslant 0$。由 $R > 0$，$Q_1 > 0$ 及式 (6.2.8)～式 (6.2.10)，$J \geqslant 0$，$\hat{Q}_{13} > 0$，因此

$$
\hat{A}_2^{T}\hat{X}_1\hat{A}_2 + \hat{Q}_{13} + J > 0 \tag{6.2.16}
$$

由式 (6.2.13) 式 (6.2.16) 得

$$
\hat{A}_4^{T}\hat{X}_2^{T}\hat{A}_2 + \hat{A}_4^{T}\hat{X}_3\hat{A}_4 + \hat{A}_2^{T}\hat{X}_2\hat{A}_4 < 0 \tag{6.2.17}
$$

即

$$
\hat{A}_4^{T}\left(\hat{X}_2^{T}\hat{A}_2 + \frac{1}{2}\hat{X}_3\hat{A}_4 \right) + \left(\hat{X}_2^{T}\hat{A}_2 + \frac{1}{2}\hat{X}_3\hat{A}_4 \right)^{T}\hat{A}_4 < 0 \tag{6.2.18}
$$

由式 (6.2.18) 得，$\hat{A}_4$ 是可逆矩阵，因此矩阵对 (E,A) 是正则和因果的，则系统 (6.2.4) 是正则和因果的。

接下来证明系统 (6.2.4) 是稳定的。选取形如式 (6.2.5) 的 Lyapunov 函数，定义 $\Delta V(k) = V(k+1) - V(k)$，于是

$$\begin{aligned}\Delta V_1(k) &= x^{\mathrm{T}}(k+1)E^{\mathrm{T}}XEx(k+1) - x^{\mathrm{T}}(k)E^{\mathrm{T}}PEx(k)\\&= \left[Ax(k)+A_dx(k-d)\right]^{\mathrm{T}}X\left[Ax(k)+A_dx(k-d)\right] - x^{\mathrm{T}}(k)E^{\mathrm{T}}PEx(k)\end{aligned} \tag{6.2.19}$$

$$\begin{aligned}\Delta V_2(k) &= \sum_{j=1}^{N}\left[\sum_{i=k+1-jd_s}^{k-(j-1)d_s} x^{\mathrm{T}}(i)Q_jx(i) - \sum_{i=k-jd_s}^{k-(j-1)d_s-1} x^{\mathrm{T}}(i)Q_jx(i)\right]\\&= \sum_{j=1}^{N}[x^{\mathrm{T}}(k-(j-1)d_s)Q_jx(k-(j-1)d_s) - x^{\mathrm{T}}(k-jd_s)Q_jx(k-jd_s)]\\&= x^{\mathrm{T}}(k)Q_1x(k) + x^{\mathrm{T}}(k-d_s)(Q_2-Q_1)x(k-d_s) + \cdots + x^{\mathrm{T}}(k-(N-1)d_s)\\&\quad (Q_N-Q_{N-1})x(k-(N-1)d_s) - x^{\mathrm{T}}(k-Nd_s)Q_Nx(k-Nd_s)\end{aligned} \tag{6.2.20}$$

$$\begin{aligned}\Delta V_3(k) &= d_s\left[\sum_{f=1}^{N}\sum_{j=-fd_s}^{-(f-1)d_s-1}\sum_{i=k+1+j}^{k} y^{\mathrm{T}}(i)E^{\mathrm{T}}R_fEy(i) - \sum_{f=1}^{N}\sum_{j=-fd_s}^{-(f-1)d_s-1}\sum_{i=k+j}^{k-1} y^{\mathrm{T}}(i)E^{\mathrm{T}}R_fEy(i)\right]\\&= d_s\left[\sum_{f=1}^{N}\sum_{j=-fd_s}^{-(f-1)d_s-1}(y^{\mathrm{T}}(k)E^{\mathrm{T}}R_fEy(k) - y^{\mathrm{T}}(k+j)E^{\mathrm{T}}R_fEy(k+j))\right]\end{aligned} \tag{6.2.21}$$

根据引理 2.3.6，有

$$\begin{aligned}&-d_s\sum_{j=-fd_s}^{-(f-1)d_s-1} y^{\mathrm{T}}(k+j)E^{\mathrm{T}}R_fEy(k+j)\\&= -d_s\sum_{j=k-fd_s}^{k-(f-1)d_s-1} y^{\mathrm{T}}(j)E^{\mathrm{T}}R_fEy(j)\\&\leqslant -\left[x^{\mathrm{T}}(k-(f-1)d_s) - x^{\mathrm{T}}(k-fd_s)\right]E^{\mathrm{T}}R_fE\left[x(k-(f-1)d_s) - x(k-fd_s)\right]\end{aligned} \tag{6.2.22}$$

因此

$$\begin{aligned}\Delta V_3(k) \leqslant{}& d_s^2\left[(A-E)x(k)+A_dx(k-d)\right]^{\mathrm{T}}\sum_{f=1}^{N}R_f\left[(A-E)x(k)+A_dx(k-d)\right]\\&- \sum_{f=1}^{N}\left[x^{\mathrm{T}}(k-(f-1)d_s) - x^{\mathrm{T}}(k-fd_s)\right]E^{\mathrm{T}}R_fE\\&\quad \left[x(k-(f-1)d_s) - x(k-fd_s)\right]\end{aligned} \tag{6.2.23}$$

综合式 (6.2.19)～式 (6.2.23)，得

$$\Delta V(k) \le \zeta^{\mathrm{T}}(k)\Theta\zeta(k) \tag{6.2.24}$$

其中

$$\zeta(k) = \begin{bmatrix} x^{\mathrm{T}}(k) & x^{\mathrm{T}}(k-d_s) & x^{\mathrm{T}}(k-2d_s) & \cdots & x^{\mathrm{T}}(k-(N-1)d_s) & x^{\mathrm{T}}(k-Nd_s) \end{bmatrix}^{\mathrm{T}}$$

由式(6.2.7)，得 $\Delta V(k) < 0$，从而系统(6.2.4)是稳定的，证毕。

注释 6.2.2　定理 6.2.1 给出离散时滞广义系统(6.2.4)一个时滞依赖容许性条件，文献[1]和文献[12]利用时滞分解方法也各自给出了时滞依赖容许性条件，但是值得注意的是，后面的数值例子中将说明定理 6.2.1 与文献[1]和文献[12]的保守性相同，但由于在构建 Lyapunov 函数时，定理 6.2.1 没有像文献[1]和文献[12]一样引入冗余的矩阵变量，所以计算复杂度较低，这可以有效地降低计算成本，为了说明这一点，表 6.2.1 比较了各种方法中线性矩阵不等式中所含决策变量的个数。

表 6.2.1　决策变量个数的比较

方法	决策变量个数(或决策变量个数之差)
文献[1]	$n^2(N^2/2+7)+n(N/2-3r+1)$
文献[12]	$n^2(N^2/2+4)+n(N/2-3r+1)$
定理 6.2.1	$n^2(N+1)+n(N+1-r)+(r^2-r)/2$
文献[1]-定理 6.2.1	$n(N-1)[n(N-1)-1]/2+nr+2n^2$ $+(n-r)(n+r-1)/2+3n(n-r)$
文献[12]-定理 6.2.1	$(n-r)(r-1)/2+5n(n-r)/2$ $+n(n+1)/2+nN[n(N-1)-(n+1)]/2$

注释 6.2.3　在定理 6.2.1 中，给定子区间个数 N，则子区间长度 d_s 的最大值可以利用 MATLAB 的工具箱 LMI 中 GEVP 求解器求得，求解 d_s 最大值相当于求解以下优化问题：

$$\begin{aligned} &\max_{P,Q_i,R_i,\Phi} d_s \\ &\text{s.t.}\quad P>0,\ Q_i>0,\ R_i>0,\quad i=1,2,\cdots,N \\ &\quad \text{LMI}(6.2.7) \end{aligned} \tag{6.2.25}$$

由式(6.2.7)可得

$$\begin{bmatrix} \tilde{\Theta}_{11} & \Theta_{12} & 0 & \cdots & 0 & \tilde{\Theta}_{1,N+1} \\ * & \Theta_{22} & \Theta_{23} & \cdots & 0 & 0 \\ * & * & \Theta_{33} & \cdots & 0 & 0 \\ \vdots & \vdots & \vdots & & \vdots & \vdots \\ * & * & * & \cdots & \Theta_{N,N} & \Theta_{N,N+1} \\ * & * & * & \cdots & * & \tilde{\Theta}_{N+1,N+1} \end{bmatrix} < -d_s^2 \cdot \Omega^{\mathrm{T}}\sum_{f=1}^{N}R_f\Omega \tag{6.2.26}$$

其中

$$\tilde{\Theta}_{11} = A^{\mathrm{T}} X A - E^{\mathrm{T}} P E + Q_1 - E^{\mathrm{T}} R_1 E$$

$$\tilde{\Theta}_{1,N+1} = A^{\mathrm{T}} X A_d$$

$$\tilde{\Theta}_{N+1,N+1} = A_d^{\mathrm{T}} X A_d - Q_N - E^{\mathrm{T}} R_N E$$

$$\Omega = [A - E \quad 0 \quad 0 \quad \cdots \quad 0 \quad A_d]$$

上述优化问题等价于

$$\min_{P,Q_i,R_i,\Phi} \mu$$
$$\text{s.t.} \quad P > 0, \ Q_i > 0, \ R_i > 0, \quad i = 1,2,\cdots,N \qquad (6.2.27)$$
$$\text{LMI}(6.2.26)$$

其中，$\mu = -d_s^2$。当子区间长度 d_s 的最大值求得之后，由于时滞 $d = N \cdot d_s$，则 d 最大值可求。

6.2.4　子区间数"N"增大，容许性条件保守性减小

现在来说明对于给定的子区间长度 d_s，随着子区间个数 N 的增加，定理 6.2.1 的保守性逐渐减小。为了说明这一问题，根据定理 6.2.1，令 $N = M$，$N = M + L$，其中正整数 $M, L \geqslant 1$，由定理 6.2.1 的结论，当 $N = M$，$N = M + L$ 时，分别得到两个线性矩阵不等式，即

$$\begin{bmatrix} \Theta_{11} & \Theta_{12} & \cdots & 0 & \Theta_{1,M+1} \\ * & \Theta_{22} & \cdots & 0 & 0 \\ \vdots & \vdots & & \vdots & \vdots \\ * & * & \cdots & \Theta_{M,M} & \Theta_{M,M+1} \\ * & * & \cdots & * & \Theta_{M+1,M+1} \end{bmatrix} < 0 \qquad (6.2.28)$$

其中

$$\Theta_{11} = A^{\mathrm{T}} X A - E^{\mathrm{T}} P E + Q_1 + (A-E)^{\mathrm{T}} R^{(M)} (A-E) - E^{\mathrm{T}} R_1 E$$

$$\Theta_{1,M+1} = A^{\mathrm{T}} X A_d + (A-E)^{\mathrm{T}} R^{(M)} A_d$$

$$\Theta_{i,i+1} = E^{\mathrm{T}} R_i E, \quad i = 1,2,\cdots,M$$

$$\Theta_{i,i} = Q_i - Q_{i-1} - E^{\mathrm{T}} (R_{i-1} + R_i) E, \quad i = 2,3,\cdots,M$$

$$\Theta_{M+1,M+1} = A_d^{\mathrm{T}} X A_d - Q_M + A_d^{\mathrm{T}} R^{(M)} A_d - E^{\mathrm{T}} R_M E$$

$$R^{(M)} = d_s^2 \sum_{f=1}^{M} R_f$$

以及

$$
\begin{bmatrix}
\hat{\Theta}_{11} & \Theta_{12} & \cdots & 0 & 0 & \cdots & 0 & \Theta_{1,M+L+1} \\
* & \Theta_{22} & & 0 & 0 & & 0 & 0 \\
\vdots & \vdots & & \vdots & \vdots & & \vdots & \vdots \\
* & * & \cdots & \Theta_{M,M} & \Theta_{M,M+1} & & 0 & 0 \\
* & * & \cdots & * & \Theta_{M+1,M+1} & \cdots & 0 & 0 \\
\vdots & \vdots & & & & & & \vdots \\
* & * & \cdots & * & * & \cdots & \Theta_{M+L,M+L} & \Theta_{M+L,M+L+1} \\
* & * & \cdots & * & * & \cdots & & \Theta_{M+L+1,M+L+1}
\end{bmatrix} < 0 \quad (6.2.29)
$$

其中

$$\hat{\Theta}_{11} = A^{\mathrm{T}} X A - E^{\mathrm{T}} P E + Q_1 + (A-E)^{\mathrm{T}} R^{(M+L)}(A-E) - E^{\mathrm{T}} R_1 E$$

$$\Theta_{1,M+L+1} = A^{\mathrm{T}} X A_d + (A-E)^{\mathrm{T}} R^{(M+L)} A_d$$

$$\Theta_{i,i+1} = E^{\mathrm{T}} R_i E, \quad i = 1,2,\cdots,M+L$$

$$\Theta_{i,i} = Q_i - Q_{i-1} - E^{\mathrm{T}}(R_{i-1}+R_i)E, \quad i = 2,3,\cdots,M+L$$

$$\Theta_{M+L+1,M+L+1} = A_d^{\mathrm{T}} X A_d - Q_{M+L} + A_d^{\mathrm{T}} R^{(M+L)} A_d - E^{\mathrm{T}} R_{M+L} E$$

$$R^{(M+L)} = d_s^2 \sum_{f=1}^{M+L} R_f$$

下面将证明若式 (6.2.29) 成立，则式 (6.2.28) 一定成立。

命题 6.2.1　对于给定的正整数 d_s、M、L，若存在矩阵 P, Q_i, $R_i > 0$ $(i=1,2,\cdots,$ $M+L)$, P, Q_i, $R_i \in \mathbb{R}^{n\times n}$，对称矩阵 $\Phi \in \mathbb{R}^{(n-r)\times(n-r)}$，使得式 (6.2.29) 成立，则一定存在矩阵 P, Q_i, $R_i > 0$ $(i=1,2,\cdots,M)$, P, Q_i, $R_i \in \mathbb{R}^{n\times n}$，对称矩阵 $\Phi \in \mathbb{R}^{(n-r)\times(n-r)}$，使得式 (6.2.28) 成立。

证明　若式 (6.2.29) 成立，则分别用 $I_{M+L,M+L+1(1)}$ 和 $I_{M+L,M+L+1(1)}^{\mathrm{T}}$ 左乘、右乘式 (6.2.29)，于是，

$$
\begin{bmatrix}
\hat{\Theta}_{11} & \Theta_{12} & \cdots & 0 & 0 & \cdots & \Theta_{1,M+L+1} & \Theta_{1,M+L+1} \\
* & \Theta_{22} & \cdots & 0 & 0 & \cdots & 0 & 0 \\
\vdots & \vdots & & \vdots & \vdots & & \vdots & \vdots \\
* & * & \cdots & \Theta_{M,M} & \Theta_{M,M+1} & \cdots & 0 & 0 \\
* & * & \cdots & * & \Theta_{M+1,M+1} & \cdots & 0 & 0 \\
\vdots & \vdots & & \vdots & \vdots & & \vdots & \vdots \\
* & * & \cdots & * & * & \cdots & \hat{\Theta}_{M+L,M+L} & * \\
* & * & \cdots & * & * & \cdots & * & \Theta_{M+L+1,M+L+1}
\end{bmatrix} < 0 \quad (6.2.30)
$$

其中

$$\hat{\Theta}_{M+L,M+L} = -Q_{M+L-1} - E^{\mathrm{T}} R_{M+L-1} E + A_d^{\mathrm{T}} X A_d + A_d^{\mathrm{T}} R^{(M+L)} A_d$$

符号 $I_{i,j(k)}$ 表示把单位矩阵 I 的第 j 行乘以 k 加到第 i 行上。分别用 $I_{M+L-1,M+L(1)}$ 和 $I_{M+L-1,M+L(1)}^{\mathrm{T}}$ 左乘、右乘式(6.2.30)，…，分别用 $I_{M+1,M+2(1)}$ 和 $I_{M+1,M+2(1)}^{\mathrm{T}}$ 左乘、右乘上述得到的矩阵。

于是则有

$$\begin{bmatrix} \hat{\Theta}_{11} & \Theta_{12} & \cdots & 0 & \Theta_{1,M+L+1} & \cdots & \Theta_{1,M+L+1} & \Theta_{1,M+L+1} \\ * & \Theta_{22} & \cdots & 0 & 0 & \cdots & 0 & 0 \\ \vdots & \vdots & & \vdots & \vdots & & \vdots & \vdots \\ * & * & \cdots & \Theta_{M,M} & \Theta_{M,M+1} & \cdots & 0 & 0 \\ * & * & \cdots & * & \hat{\Theta}_{M+1,M+1} & \cdots & * & * \\ \vdots & \vdots & & \vdots & \vdots & & \vdots & \vdots \\ * & * & \cdots & * & * & \cdots & \hat{\Theta}_{M+L,M+L} & * \\ * & * & \cdots & * & * & \cdots & * & \Theta_{M+L+1,M+L+1} \end{bmatrix} < 0 \quad (6.2.31)$$

其中

$$\hat{\Theta}_{M+i,M+i} = -Q_{M+i-1} - E^{\mathrm{T}} R_{M+i-1} E + A_d^{\mathrm{T}} X A_d + A_d^{\mathrm{T}} R^{(M+L)} A_d, \quad i=1,2,\cdots,L$$

由式(6.2.31)可得

$$\begin{bmatrix} \hat{\Theta}_{11} & \Theta_{12} & \cdots & 0 & \Theta_{1,M+L+1} \\ * & \Theta_{22} & \cdots & 0 & 0 \\ \vdots & \vdots & & \vdots & \vdots \\ * & * & \cdots & \Theta_{M,M} & \Theta_{M,M+1} \\ * & * & \cdots & * & \hat{\Theta}_{M+1,M+1} \end{bmatrix} < 0 \quad (6.2.32)$$

其中

$$\hat{\Theta}_{M+1,M+1} = -Q_M - E^{\mathrm{T}} R_M E + A_d^{\mathrm{T}} X A_d + A_d^{\mathrm{T}} R^{(M+L)} A_d$$

由式(6.2.32)可得

$$\begin{bmatrix} \Theta_{11} & \Theta_{12} & \cdots & 0 & \Theta_{1,M+1} \\ * & \Theta_{22} & \cdots & 0 & 0 \\ \vdots & \vdots & & \vdots & \vdots \\ * & * & \cdots & \Theta_{M,M} & \Theta_{M,M+1} \\ * & * & \cdots & * & \Theta_{M+1,M+1} \end{bmatrix} < -d_s^2 \cdot \Psi^{\mathrm{T}} \sum_{f=M+1}^{M+L} R_f \Psi \quad (6.2.33)$$

其中

$$\Psi = \begin{bmatrix} A-E & 0 & \cdots & 0 & A_d \end{bmatrix}$$

这意味着式(6.2.28)成立，证毕。

注释 6.2.4　命题 6.2.1 从理论上证明了对于给定的 d_s，随着子区间个数 N 的增加，定理 6.2.1 给出的时滞依赖容许性条件的保守性逐渐减小，从理论上证明了时滞分解方法的保守性比传统方法小。

6.2.5　数值算例

例 6.2.1　考虑如下离散时滞广义系统[1]，即

$$Ex(k+1) = Ax(k) + A_d x(k-d)$$

其中

$$E = \begin{bmatrix} 3.5 & 0 \\ 0 & 0 \end{bmatrix}, \quad A = \begin{bmatrix} A_{11} & 0 \\ 0 & -3 \end{bmatrix}, \quad A_d = \begin{bmatrix} -1.3 & 1.5 \\ 0 & 0.5 \end{bmatrix}$$

表 6.2.2 中，$\bar{d}_s$ 表示子区间长度的最大值，$\bar{d}_s \cdot N = \bar{d}$。表 6.2.2 将现有文献的方法与定理 6.2.1 关于满足容许性的最大时滞界 $\bar{d}$ 进行了比较，从中可以看到，随着子区间个数 N 的增加，离散时滞广义系统为容许的最大时滞界 $\bar{d}$ 逐渐趋于分析时滞上界 $d^{\text{analytical}}$。由此可见，定理 6.2.1 所采用的方法与现有结果相比，容许性条件的保守性大幅度地减小。

表 6.2.2　满足容许性的最大时滞界 $\bar{d}$ 的比较

方法	$\bar{d}(A_{11}=2.3)$	$\bar{d}(A_{11}=2.4)$
文献[6]和文献[10]	11	7
文献[9]	11	8
文献[5]、文献[7]和文献[8]	11	7
定理 6.2.1	11 ($N=1,\bar{d}_s=11$)	7 ($N=1,\bar{d}_s=7$)
定理 6.2.1	12 ($N=2,\bar{d}_s=6$)	8 ($N=2,\bar{d}_s=4$)
定理 6.2.1	12 ($N=3,\bar{d}_s=4$)	9 ($N=3,\bar{d}_s=3$)
定理 6.2.1	14 ($N=7,\bar{d}_s=2$)	10 ($N=5,\bar{d}_s=2$)
分析时滞上界 $d^{\text{analytical}}$	14	10

经计算，文献[1]和文献[12]与定理 6.2.1 得出的满足容许性的最大时滞界 $\bar{d}$ 是相同的，这说明结论的保守性一致。为了比较三种方法的计算复杂性，针对维数 $n=2$，矩阵 E 的秩 $r=1$ 的离散时滞广义系统，当子区间的个数 $N=1, 3, 5$ 时，表 6.2.3 对三种方法涉及的线性矩阵不等式中的决策变量个数进行了比较。可以看出，定理 6.2.1 的决策变量的个数最少，这说明本章采用的方法计算复杂度最小，计算成本最低，应用更方便、简单。

表 6.2.3　决策变量个数的比较 ($n=2,r=1$)

	文献[1]	文献[12]	定理 6.2.1	DP$_1$	DP$_2$
$N=1$	27	15	10	63%	33%
$N=3$	45	33	22	51%	33%
$N=5$	79	67	34	57%	49%
$N=7$	129	117	46	64%	61%

符号 DP$_i$ ($i=1,2$) 表示决策变量个数减少百分比，符号 NDV 表示决策变量的个数，有

$$\text{DP}_1 = \frac{[\text{文献1}]_{\text{NDV}} - [\text{定理6.2.1}]_{\text{NDV}}}{[\text{文献1}]_{\text{NDV}}}, \qquad \text{DP}_2 = \frac{[\text{文献12}]_{\text{NDV}} - [\text{定理6.2.1}]_{\text{NDV}}}{[\text{文献12}]_{\text{NDV}}}$$

6.3　离散广义时滞系统有界实引理

6.3.1　离散时滞广义系统 H_∞ 性能分析

定理 6.3.1　对于给定的正整数 N、d_s，且 $d_s N = d$，及给定的参数 $\gamma > 0$，离散时滞广义系统 (6.2.1) 是容许的，且 $\|G(z)\|_\infty \leqslant \gamma$ 的充分条件是存在矩阵 $P, Q_i, R_i > 0$ ($i=1,2,\cdots,N$), $P, Q_i, R_i \in \mathbb{R}^{n \times n}$，对称矩阵 $\Phi \in \mathbb{R}^{(n-r) \times (n-r)}$，满足下面线性矩阵不等式，即

$$\begin{bmatrix} \Theta_{11} + C^{\mathrm{T}}C & \Theta_{12} & \cdots & 0 & \Theta_{1,N+1} & \Xi_{1,N+2} + C^{\mathrm{T}}D \\ * & \Theta_{22} & \cdots & 0 & 0 & 0 \\ \vdots & \vdots & & \vdots & \vdots & \vdots \\ * & * & \cdots & \Theta_{N,N} & \Theta_{N,N+1} & 0 \\ * & * & \cdots & * & \Theta_{N+1,N+1} & \Xi_{N+1,N+2} \\ * & * & \cdots & * & * & -\gamma^2 I_q + D^{\mathrm{T}}D + \Xi_{N+2,N+2} \end{bmatrix} < 0 \qquad (6.3.1)$$

其中

$$\Xi_{1,N+2} = A^{\mathrm{T}}XB + (A-E)^{\mathrm{T}}RB$$

$$\Xi_{N+1,N+2} = A_d^{\mathrm{T}}XB + A_d^{\mathrm{T}}RB$$

$$\Xi_{N+2,N+2} = B^{\mathrm{T}}XB + B^{\mathrm{T}}RB$$

Θ_{11}, $\Theta_{1,N+1}$, $\Theta_{i,i+1}$, $i=1,2,\cdots,N$, $\Theta_{i,i}, i=2,3,\cdots,N$, $\Theta_{N+1,N+1}$, X, R 如定理 6.2.1 中所定义。

证明　由式 (6.3.1) 易知

$$\Theta < 0$$

Θ 如式 (6.2.7) 中所定义。这说明当 $\omega(k)=0$ 时，离散时滞广义系统 (6.2.1) 是容许的。

接下来证明当 $\omega(k) \neq 0$ 时，若满足式 (6.3.1)，则离散时滞广义系统 (6.2.1) 满足给定的 H_∞ 性能指标。选取形如式 (6.2.5) 的 Lyapunov 函数沿着系统 (6.2.1) 做差分，类似于定理 6.2.1 的证明过程，可得

$$\Delta V(k) \leqslant \xi^{\mathrm{T}}(k) \breve{\Theta} \xi(k) \tag{6.3.2}$$

其中

$$\breve{\Theta} = \begin{bmatrix} \Theta_{11} & \Theta_{12} & \cdots & 0 & \Theta_{1,N+1} & \Xi_{1,N+2} \\ * & \Theta_{22} & \cdots & 0 & 0 & 0 \\ \vdots & \vdots & & \vdots & \vdots & \vdots \\ * & * & \cdots & \Theta_{N,N} & \Theta_{N,N+1} & 0 \\ * & * & \cdots & * & \Theta_{N+1,N+1} & \Xi_{N+1,N+2} \\ * & * & \cdots & * & * & \Xi_{N+2,N+2} \end{bmatrix} \tag{6.3.3}$$

$$\xi(k) = \begin{bmatrix} x^{\mathrm{T}}(k) & x^{\mathrm{T}}(k-d_s) & \cdots & x^{\mathrm{T}}(k-(N-1)d_s) & x^{\mathrm{T}}(k-Nd_s) & \omega^{\mathrm{T}}(k) \end{bmatrix}^{\mathrm{T}}$$

还有

$$z^{\mathrm{T}}(k)z(k) - \gamma^2 \omega^{\mathrm{T}}(k)\omega(k) = \xi^{\mathrm{T}}(k) \Upsilon \xi(k) \tag{6.3.4}$$

其中

$$\Upsilon = \begin{bmatrix} C^{\mathrm{T}}C & 0 & \cdots & 0 & C^{\mathrm{T}}D \\ * & 0 & \cdots & 0 & 0 \\ \vdots & \vdots & & \vdots & \vdots \\ * & * & \cdots & 0 & 0 \\ * & * & \cdots & * & -\gamma^2 I_q + D^{\mathrm{T}}D \end{bmatrix}$$

由式 (6.3.1) 得，$\breve{\Theta} + \gamma < 0$，根据式 (6.3.2) 和式 (6.3.4) 可得

$$\Delta V(k) + z^{\mathrm{T}}(k)z(k) - \gamma^2 \omega^{\mathrm{T}}(k)\omega(k) < 0 \tag{6.3.5}$$

即

$$z^{\mathrm{T}}(k)z(k) - \gamma^2 \omega^{\mathrm{T}}(k)\omega(k) < -\Delta V(k) \tag{6.3.6}$$

在式 (6.3.6) 两端从 $k=0$ 到 $k=n$ 求和，并利用零初始条件，可得

$$\sum_{k=0}^{n} (z^{\mathrm{T}}(k)z(k) - \gamma^2 \omega^{\mathrm{T}}(k)\omega(k)) < -V(k+1) \tag{6.3.7}$$

式 (6.3.7) 对所有的 n 都成立。令 $n \to \infty$，并利用 $\lim\limits_{n \to \infty} x(n) = 0$，得到

$$J = \sum_{k=0}^{\infty} (z^{\mathrm{T}}(k)z(k) - \gamma^2 \omega^{\mathrm{T}}(k)\omega(k)) < 0 \tag{6.3.8}$$

证毕。

注释 6.3.1　在定理 6.2.1 的基础上，定理 6.3.1 给出了一个离散时滞广义系统 (6.2.1) 时滞依赖 H_∞ 容许性条件。类似于命题 6.2.1 的证明，随着子区间 N 的增加，定理 6.3.1 的保守性减小，与现有研究成果相比，定理 6.3.1 具有较小的保守性。参数 γ 称为系统对外部扰动的抑制度，γ 越小，表明系统抵御外界干扰的性能越好。利用式 (6.3.1) 和 LMI 工具箱中的 GEVP 求解器，可求得 γ 的最小值 $\gamma_{\min}$。

若选取形如

$$V(k) = x^{\mathrm{T}}(k)E^{\mathrm{T}}(P - S^{\mathrm{T}}\varPhi S)Ex(k) + \sum_{i=k-d}^{k-1} x^{\mathrm{T}}(i)Qx(i)$$

的 Lyapunov 函数，则可以得到一个离散时滞广义系统 (6.2.1) 时滞独立 H_∞ 容许性条件。

推论 6.3.1　对于给定的参数 $\gamma > 0$，离散时滞广义系统 (6.2.1) 是容许的且 $\|G(z)\|_\infty \leqslant \gamma$ 的充分条件是存在矩阵 P，$Q > 0$，P，$Q \in \mathbb{R}^{n \times n}$，对称矩阵 $\varPhi \in \mathbb{R}^{(n-r) \times (n-r)}$，满足下面线性矩阵不等式，即

$$\begin{bmatrix} \varPi_{11} + C^{\mathrm{T}}C & \varPi_{12} & \varPi_{13} + C^{\mathrm{T}}D \\ * & \varPi_{22} & \varPi_{23} \\ * & * & -\gamma^2 I_q + D^{\mathrm{T}}D + \varPi_{33} \end{bmatrix} < 0 \qquad (6.3.9)$$

其中

$$\varPi_{11} = A^{\mathrm{T}}XA - E^{\mathrm{T}}PE + Q$$

$$\varPi_{12} = A^{\mathrm{T}}XA_d$$

$$\varPi_{13} = A^{\mathrm{T}}XB$$

$$\varPi_{22} = A_d^{\mathrm{T}}XA_d - Q$$

$$\varPi_{23} = A_d^{\mathrm{T}}XB$$

$$\varPi_{33} = B^{\mathrm{T}}XB$$

$$X = P - S^{\mathrm{T}}\varPhi S$$

矩阵 $S \in \mathbb{R}^{(n-r) \times n}$ 行满秩且满足 $SE = 0$。

注释 6.3.2　若离散时滞广义系统 (6.2.1) 中矩阵 E 是非奇异的，不妨设为单位矩阵，则由定理 6.3.1 可以得到正常时滞离散系统的一个时滞依赖 H_∞ 稳定性条件。

考虑正常时滞离散系统，即

$$\begin{cases} x(k+1) = Ax(k) + A_d x(k-d) + B\omega(k) \\ z(k) = Cx(k) + D\omega(k) \\ x(k) = \phi(k), \quad k = -d, -d+1, \cdots, 0 \end{cases} \qquad (6.3.10)$$

推论 6.3.2　对于给定的正整数 N、d_s，且 $d_s N = d$，及给定的参数 $\gamma > 0$，时滞离

散系统(6.3.10)是稳定的且$\|G(z)\|_\infty \leq \gamma$ 的充分条件是存在矩阵 P, Q_i, $R_i > 0$ $(i=1,2,\cdots,N)$, $P,Q_i,R_i \in \mathbb{R}^{n \times n}$，满足下面线性矩阵不等式，即

$$\begin{bmatrix} \Gamma_{11}+C^{\mathrm{T}}C & \Gamma_{12} & \cdots & 0 & \Gamma_{1,N+1} & \Gamma_{1,N+2}+C^{\mathrm{T}}D \\ * & \Gamma_{22} & \cdots & 0 & 0 & 0 \\ \vdots & \vdots & & \vdots & \vdots & \vdots \\ * & * & \cdots & \Gamma_{N,N} & \Gamma_{N,N+1} & 0 \\ * & * & \cdots & * & \Gamma_{N+1,N+1} & \Gamma_{N+1,N+2} \\ * & * & \cdots & * & * & -\gamma^2 I_q + D^{\mathrm{T}}D + \Gamma_{N+2,N+2} \end{bmatrix} < 0 \quad (6.3.11)$$

其中

$$\Gamma_{11} = A^{\mathrm{T}}PA - P + Q_1 + (A-I)^{\mathrm{T}}R(A-I) - R_1$$

$$\Gamma_{1,N+1} = A^{\mathrm{T}}PA_d + (A-I)^{\mathrm{T}}RA_d$$

$$\Gamma_{1,N+2} = A^{\mathrm{T}}PB + (A-I)^{\mathrm{T}}RB$$

$$\Gamma_{i,i+1} = R_i, \quad i=1,2,\cdots,N$$

$$\Gamma_{ii} = Q_i - Q_{i-1} - R_{i-1} - R_i, \quad i=2,3,\cdots,N$$

$$\Gamma_{N+1,N+1} = A_d^{\mathrm{T}}PA_d - Q_N + A_d^{\mathrm{T}}RA_d - R_N$$

$$\Gamma_{N+1,N+2} = A_d^{\mathrm{T}}PB + A_d^{\mathrm{T}}RB$$

$$\Gamma_{N+2,N+2} = B^{\mathrm{T}}PB + B^{\mathrm{T}}RB$$

$$R = d_s^2 \sum_{f=1}^{N} R_f$$

6.3.2　数值算例

例 6.3.1　考虑如下带有外部扰动输入的离散时滞广义系统，即

$$\begin{cases} Ex(k+1) = Ax(k) + A_d x(k-d) + B\omega(k) \\ z(k) = Cx(k) + D\omega(k) \end{cases}$$

其中

$$E = \begin{bmatrix} 1 & 0 & 0 \\ 0 & 1 & 0 \\ 0 & 0 & 0 \end{bmatrix}, \quad A = \begin{bmatrix} -0.1820 & -0.0222 & -0.7114 \\ -0.1062 & 0.3428 & 0.0695 \\ -0.0200 & -0.1934 & 1.5622 \end{bmatrix}$$

$$A_d = \begin{bmatrix} 0.1123 & -0.2421 & -0.7410 \\ -0.2200 & -0.2335 & 1.2928 \\ 0.0399 & 0.2157 & -0.0051 \end{bmatrix}, \quad B = \begin{bmatrix} -0.3191 \\ 0.2931 \\ -0.1758 \end{bmatrix}$$

$$C = \begin{bmatrix} -0.1058 & -0.1477 & 0.0048 \end{bmatrix}, \quad D = 0$$

对于给定的 $\gamma = 0.085$，令 $S = \begin{bmatrix} 0 & 0 & 1 \end{bmatrix}$，利用定理 6.3.1 可以得到满足 H_∞ 容许性的最大时滞界 $\bar{d}$ 并与文献[11]进行比较。从表 6.3.1 可以看到，随着子区间个数 N 的增加，离散时滞广义系统满足 H_∞ 容许性的最大时滞界 $\bar{d}$ 逐渐增加。当 $N > 2$ 时，由定理 6.3.1 得到的 $\bar{d}$ 开始比文献[11]得到的 $\bar{d}$ 大。由此可见，随着 N 的增加，结论的保守性减小，说明本章所用方法的有效性和优越性。实际上，运用推论 6.3.1 可知，当 $\gamma = 0.085$ 时，式(6.3.9)是可行的，说明时滞离散广义系统对于任何时滞都满足 H_∞ 容许性。

表 6.3.1　对于给定的 $\gamma = 0.085$ 比较最大时滞界 $\bar{d}$

方法	$\bar{d}$
文献[11]	199
定理 6.3.1	177 ($N = 1, d_s = 177$)
定理 6.3.1	194 ($N = 2, d_s = 97$)
定理 6.3.1	207 ($N = 3, d_s = 69$)
定理 6.3.1	268 ($N = 4, d_s = 67$)
定理 6.3.1	270 ($N = 6, d_s = 45$)

6.4　本章小结

本章利用时滞分解方法针对带有外部扰动输入的离散时滞广义系统给出了一个新的有界实引理，从理论上进一步证明了时滞分解法优于传统方法。通过数值例子比较，说明本章提出的方法具有保守性小、计算复杂度小、计算成本低等优势，对外部扰动输入的抑制效果更好。

参 考 文 献

[1]　Feng Z G, Lam J, Gao H J. Delay-dependent robust H_∞ controller synthesis for discrete singular delay systems. International Journal of Robust and Nonlinear Control, 2011, 21(16): 1880-1902.

[2]　Han Q L. A delay decomposition approach to stability and H_∞ control of linear time-delay system-part I: Stability. Proceedings of the 7th World Congress on Intelligent Control and Automation, Chongqing, China, 2008: 284-288.

[3]　Zhu S, Li Z, Zhang C. Delay decomposition approach to delay-dependent stability for singular time-delay systems. IET Control Theory and Applications, 2010, 4(11): 2613-2620.

[4]　Liu L L, Peng J G, Wu B W. H_∞ control of singular time-delay systems via discretized Lyapunov functional. Journal of the Franklin Institute, 2011, 348(4): 749-762.

[5]　Wu Z G, Su H Y, Chu J. Robust stabilization for uncertain discrete singular systems with state delay. International Journal of Robust and Nonlinear Control, 2008, 18: 1532-1550.

[6]　Du Z P, Zhang Q L, Liu L L. New delay-dependent robust stability of discrete singular systems with time-varying delay. Asian Journal of Control, 2011, 13(1): 136-147.

[7]　Sun X, Zhang Q L, Yang C Y, et al. Delay-dependent stability analysis and stabilization for discrete-time singular delay systems. Acta Automatica Sinica, 2010, 36(10): 1477-1483.

[8]　Wang H J, Zhao X D, Xue A K, et al. Delay-dependent robust control for uncertain discrete singular systems with time-varying delay. Journal of Zhejiang University (Science A), 2008, 9(8): 1034-1042.

[9]　Ma S P, Zhang C H, Cheng Z L. Delay-dependent robust stability and stabilization for uncertain discrete singular systems with delays. Asian Journal of Control, 2009, 11(3): 309-318.

[10]　Ji X F, Su H Y, Chu J. An LMI approach to robust stability of uncertain discrete singular time-delay systems. Asian Journal of Control, 2006, 8(1): 56-62.

[11]　Wang H J, Wang J Z, Ge M, et al. Delay-dependent robust H_∞ control for uncertain discrete singular systems. Control Theory & Applications , Chinese, 2008, 25(6): 1145-1150.

[12]　Zhang X, Zhu H Y. Robust stability and stabilization criteria for discrete singular time-delay LPV systems. Asian Journal of Control, 2012, 14(4): 1084-1094.

第7章　离散广义时变时滞系统容许性分析

7.1　引　　言

在实际的经济管理系统中，当前的系统状态往往受到过去状态的影响，这种受到自身或其他状态过去值的影响的现象称为滞后效应。这种滞后现象在经济管理系统中非常常见，如全社会固定资产投资对国民经济增长的作用就表现出时滞性。在动态投入产出模型中，为了扩大再生产，当年的总产出要拿出一部分投入到未来不同年限的生产中，于是便产生了时滞现象。前面几章研究的时滞类型都是定常时滞，但是能更准确地描述经济管理系统中的时滞现象的是时变时滞，即时滞的大小与不同的时刻有关，时滞随着不同的时刻变化，定常时滞现象只是实际经济管理系统中的时滞现象的理想化状态。

为简化研究问题，先考虑离散广义系统状态中含有一个时变时滞的情形，即

$$\begin{cases} Ex(k+1) = Ax(k) + A_d x(k-d_k) \\ x(k) = \phi(k), \quad k = -d_2, -d_2+1, \cdots, 0 \end{cases} \tag{7.1.1}$$

其中，$x(k) \in \mathbb{R}^n$ 是系统状态；$\phi(k)$ 是相容的初始条件；$E \in \mathbb{R}^{n \times n}$ 一般为奇异矩阵，$\text{rank}(E) = r \le n$，A、A_d 为适当维矩阵；d_k 是时变时滞，且满足 $d_k = d_1 + l d_s$，$l = 0, 1,$ $2, \cdots, N$，这里 d_1、d_s、N 是正整数。令 $d_2 = d_1 + N d_s$，则 d_1、d_2 分别表示时变时滞 d_k 的上、下界。

针对离散广义时变时滞系统的容许性分析与控制已经取得了许多成果[1-4]。其中，时变时滞 d_k 满足 $d_1 \le d_k \le d_2$，d_1、d_2 分别表示时变时滞 d_k 的上、下界，满足这样条件的时滞通常称为区间时变时滞。上述文献通常利用 $d_2 - d_1$ 估计 d_k 的变化范围，构建 Lyapunov 函数时，只利用时滞上、下界 d_1、d_2 的信息。如果 $d_2 - d_1$ 的差较大，这样估计 d_k 显得很粗糙，不够准确，只利用 d_1、d_2 的信息构建 Lyapunov 函数会使结论的保守性较大。那么如何准确定位 d_k 就成为解决减小保守性的关键问题。

本章针对离散广义时变时滞系统(7.1.1)，首先提出时变时滞 d_k 满足一定的限定条件 $d_k = d_1 + l d_s$，$l = 0, 1, 2, \cdots, N$，令 $d_2 = d_1 + N d_s$。显然，这相当于把时滞区间 $[d_1, d_2]$ 分割成 N 个子区间 $[d_1 + (i-1)d_s, d_1 + i d_s]$，$i = 1, 2, \cdots, N$，$d_k$ 一定位于这 N 个子区间中的一个。这样将时滞区间分割有利于准确定位时变时滞 d_k，与现有文献相比，本章的处理方法使容许性条件具有较小的保守性。特别地，当限定条件 $d_k = d_1 + l d_s$，

$l = 0,1,2,\cdots,N$ 中 $d_s = 1$ 时，d_k 就是区间时变时滞。因而，本章中时变时滞 d_k 满足一定限定条件的提法实际上是有利于减小结论保守性的。

7.2　离散广义时变时滞系统容许性条件推导

在本节中，先给出关于离散广义时变时滞系统(7.1.1)容许性分析的定理，这个定理的证明放在后面。

7.2.1　离散广义时变时滞系统容许性条件

定理 7.2.1　对于给定的正整数 d_1、d_s、N，离散广义时变时滞系统(7.1.1)是容许的充分条件是存在矩阵 P, U, Q_i, T, $R_i > 0$ $(i=1,2,\cdots,N)$，P, U, Q_i, T, $R_i \in \mathbb{R}^{n\times n}$，对称矩阵 $\Phi \in \mathbb{R}^{(n-r)\times(n-r)}$，满足下面线性矩阵不等式，即

$$\Theta_N = \begin{bmatrix} \Theta_{11} & \Theta_{12} & 0 & 0 & \cdots & 0 & \Theta_{1,N+2} \\ * & \Theta_{22} & \Theta_{23} & 0 & \cdots & 0 & 0 \\ * & * & \Theta_{33} & \Theta_{34} & \cdots & 0 & 0 \\ * & * & * & \Theta_{44} & \cdots & 0 & 0 \\ \vdots & \vdots & \vdots & \vdots & & \vdots & \vdots \\ * & * & * & * & \cdots & \Theta_{N+1,N+1} & \Theta_{N+1,N+2} \\ * & * & * & * & \cdots & * & \Theta_{N+2,N+2} \end{bmatrix} < 0 \tag{7.2.1}$$

其中

$$\Theta_{11} = A^T X A - E^T P E + U - E^T T E + (A-E)^T \left(d_s^2 \sum_{f=1}^N R_f + d_1^2 T \right)(A-E)$$

$$\Theta_{12} = E^T T E$$

$$\Theta_{1,N+2} = A^T X A_d + (A-E)^T \left(d_s^2 \sum_{f=1}^N R_f + d_1^2 T \right) A_d$$

$$\Theta_{22} = Q_1 - U - E^T T E - E^T R_1 E \tag{7.2.2}$$

$$\Theta_{23} = E^T R_1 E$$

$$\Theta_{i,i} = Q_{i-1} - Q_{i-2} - E^T (R_{i-1} + R_{i-2}) E$$

$$\Theta_{i,i+1} = E^T R_{i-1} E, \quad i = 3,\cdots,N+1$$

$$\Theta_{N+2,N+2} = A_d^T X A_d + A_d^T \left(d_s^2 \sum_{f=1}^N R_f + d_1^2 T \right) A_d - Q_N - E^T R_N E$$

$$X = P - S^T \Phi S$$

矩阵 $S \in \mathbb{R}^{(n-r) \times n}$ 行满秩且满足 $SE = 0$ 。

为了完成定理 7.2.1 的证明，需要先证明两个命题。为研究问题方便，令系统 (7.1.1)中时变时滞为定常时滞，即 $d_k = d$ ，正整数 d 表示定常时滞，则具有定常时滞的离散广义系统描述为

$$\begin{cases} Ex(k+1) = Ax(k) + A_d x(k-d) \\ x(k) = \phi(k), \quad k = -d, -d+1, \cdots, 0 \end{cases} \tag{7.2.3}$$

先来考虑具有定常时滞的离散广义系统(7.2.3)的容许性条件。

7.2.2　离散广义定常时滞系统容许性条件

命题 7.2.1　对于给定的正整数 d_1、d_s、N ，离散时滞广义系统(7.2.3)当定常时滞取 $d = d_1 + N d_s$ 时是容许的充分条件是式(7.2.1)成立。

证明　证明过程分为两部分。首先证明正则性、因果性，然后证明稳定性。

首先证明离散时滞广义系统(7.2.3)是正则的、因果的。存在着非奇异矩阵 $\hat{M}$、$\hat{N}$ ，使得

$$\hat{M}E\hat{N} = \begin{bmatrix} I_r & 0 \\ 0 & 0 \end{bmatrix}, \quad \hat{M}A\hat{N} = \begin{bmatrix} \hat{A}_1 & \hat{A}_2 \\ \hat{A}_3 & \hat{A}_4 \end{bmatrix} \tag{7.2.4}$$

相应有

$$\hat{M}A_d\hat{N} = \begin{bmatrix} \hat{A}_{d1} & \hat{A}_{d2} \\ \hat{A}_{d3} & \hat{A}_{d4} \end{bmatrix} \tag{7.2.5}$$

令

$$\hat{M}^{-T}P\hat{M}^{-1} = \begin{bmatrix} \hat{P}_1 & \hat{P}_2 \\ \hat{P}_2^{\mathrm{T}} & \hat{P}_3 \end{bmatrix}, \quad \hat{M}^{-T}T\hat{M}^{-1} = \begin{bmatrix} \hat{T}_1 & \hat{T}_2 \\ \hat{T}_2^{\mathrm{T}} & \hat{T}_3 \end{bmatrix}, \quad \hat{M}^{-T}X\hat{M}^{-1} = \begin{bmatrix} \hat{X}_1 & \hat{X}_2 \\ \hat{X}_2^{\mathrm{T}} & \hat{X}_3 \end{bmatrix}$$

$$\hat{N}^{\mathrm{T}}U\hat{N} = \begin{bmatrix} \hat{U}_1 & \hat{U}_2 \\ \hat{U}_2^{\mathrm{T}} & \hat{U}_3 \end{bmatrix}, \quad \hat{M}^{-T}R_f\hat{M}^{-1} = \begin{bmatrix} \hat{R}_{f1} & \hat{R}_{f2} \\ \hat{R}_{f2}^{\mathrm{T}} & \hat{R}_{f3} \end{bmatrix}, \quad f = 1, 2, \cdots, N \tag{7.2.6}$$

式(7.2.5)和式(7.2.6)中分块矩阵的维数与式(7.2.4)中的维数一致。由式(7.2.1)可得

$$\Theta_{11} < 0 \tag{7.2.7}$$

分别用 $\hat{N}^{\mathrm{T}}$、$\hat{N}$ 左乘、右乘式(7.2.7)，利用式(7.2.4)～式(7.2.6)，得到

$$\begin{bmatrix} * & * \\ * & \Theta_{11}^{22} \end{bmatrix} < 0 \tag{7.2.8}$$

符号"*"表示与下面讨论无关的矩阵。Θ_{11}^{22} 表示矩阵 Θ_{11} 的(2,2)块矩阵，其中

$$\Theta_{11}^{22} = \hat{A}_2^{\mathrm{T}} \hat{X}_2 \hat{A}_4 + \hat{A}_4^{\mathrm{T}} \hat{X}_2^{\mathrm{T}} \hat{A}_2 + \hat{A}_4^{\mathrm{T}} \hat{X}_3 \hat{A}_4 + \hat{A}_2^{\mathrm{T}} \hat{X}_1 \hat{A}_2 + \hat{U}_3 + J$$

$$J = \begin{bmatrix} \hat{A}_2^{\mathrm{T}} & \hat{A}_4^{\mathrm{T}} \end{bmatrix} \Gamma \begin{bmatrix} \hat{A}_2 \\ \hat{A}_4 \end{bmatrix}$$

其中

$$\Gamma = d_s^2 \sum_{f=1}^{N} \begin{bmatrix} \hat{R}_{f1} & \hat{R}_{f2} \\ \hat{R}_{f2}^{\mathrm{T}} & \hat{R}_{f3} \end{bmatrix} + d_1^2 \begin{bmatrix} \hat{T}_1 & \hat{T}_2 \\ \hat{T}_2^{\mathrm{T}} & \hat{T}_3 \end{bmatrix}$$

由式(7.2.8)，可得

$$\Theta_{11}^{22} < 0 \qquad\qquad (7.2.9)$$

注意到

$$E^{\mathrm{T}} X E = E^{\mathrm{T}} (P - S^{\mathrm{T}} \Phi S) E = E^{\mathrm{T}} P E \geqslant 0 \qquad\qquad (7.2.10)$$

分别用 $\hat{N}^{\mathrm{T}}$、$\hat{N}$ 左乘、右乘式(7.2.10)，利用式(7.2.4)和式(7.2.6)，得到

$$\begin{bmatrix} \hat{X}_1 & 0 \\ 0 & 0 \end{bmatrix} \geqslant 0 \qquad\qquad (7.2.11)$$

于是 $\hat{X}_1 \geqslant 0$，即 $\hat{A}_2^{\mathrm{T}} \hat{X}_1 \hat{A}_2 \geqslant 0$。由 $U > 0$，$T > 0$，$R_f > 0$ 及式(7.2.4)和式(7.2.6)，$J \geqslant 0$，$\hat{U}_3 > 0$，因此

$$\hat{A}_2^{\mathrm{T}} \hat{X}_1 \hat{A}_2 + \hat{U}_3 + J > 0 \qquad\qquad (7.2.12)$$

由式(7.2.9)得

$$\hat{A}_4^{\mathrm{T}} \hat{X}_2^{\mathrm{T}} \hat{A}_2 + \hat{A}_4^{\mathrm{T}} \hat{X}_3 \hat{A}_4 + \hat{A}_2^{\mathrm{T}} \hat{X}_2 \hat{A}_4 < 0 \qquad\qquad (7.2.13)$$

即

$$\hat{A}_4^{\mathrm{T}} \left(\hat{X}_2^{\mathrm{T}} \hat{A}_2 + \frac{1}{2} \hat{X}_3 \hat{A}_4 \right) + \left(\hat{X}_2^{\mathrm{T}} \hat{A}_2 + \frac{1}{2} \hat{X}_3 \hat{A}_4 \right)^{\mathrm{T}} \hat{A}_4 < 0 \qquad (7.2.14)$$

由式(7.2.14)得，$\hat{A}_4$ 是可逆矩阵，因此矩阵对 (E, A) 是正则和因果的。故离散时滞广义系统(7.2.3)是正则和因果的。接下来证明离散时滞广义系统(7.2.3)是稳定的。

选取如下形式的 Lyapunov 函数，即

$$V(k) = \sum_{i=1}^{5} V_i(k)$$

$$V_1(k) = x^{\mathrm{T}}(k) E^{\mathrm{T}} X E x(k) = x^{\mathrm{T}}(k) E^{\mathrm{T}} (P - S^{\mathrm{T}} \Phi S) E x(k) = x^{\mathrm{T}}(k) E^{\mathrm{T}} P E x(k)$$

$$V_2(k) = \sum_{i=k-d_1}^{k-1} x^{\mathrm{T}}(i) U x(i)$$

$$V_3(k) = \sum_{j=1}^{N} \sum_{i=k-d_1-jd_s}^{k-d_1-(j-1)d_s-1} x^T(i)Q_j x(i) \qquad (7.2.15)$$

$$V_4(k) = d_1 \sum_{j=-d_1}^{-1} \sum_{i=k+j}^{k-1} y^T(i)E^T TEy(i)$$

$$V_5(k) = d_s \sum_{f=1}^{N} \sum_{j=-fd_s}^{-(f-1)d_s-1} \sum_{i=k-d_1+j}^{k-1} y^T(i)E^T R_f Ey(i)$$

$$y(i) = x(i+1) - x(i)$$

定义 $\Delta V(k) = V(k+1) - V(k)$ ，于是

$$\Delta V_1(k) = x^T(k+1)E^T XEx(k+1) - x^T(k)E^T PEx(k)$$
$$= \left[Ax(k) + A_d x(k-d) \right]^T X \left[Ax(k) + A_d x(k-d) \right] - x^T(k)E^T PEx(k) \qquad (7.2.16)$$

$$\Delta V_2(k) = x^T(k)Ux(k) - x^T(k-d_1)Ux(k-d_1) \qquad (7.2.17)$$

$$\Delta V_3(k) = x^T(k-d_1)Q_1 x(k-d_1) + \sum_{f=1}^{N-1} \left[x^T(k-d_1-fd_s)(Q_{f+1}-Q_f)x(k-d_1-fd_s) \right]$$
$$- x^T(k-d_1-Nd_s)Q_N x(k-d_1-Nd_s) \qquad (7.2.18)$$

根据引理 2.3.6，有

$$-d_1 \sum_{i=k-d_1}^{k-1} y^T(i)E^T TEy(i) \leqslant -\left[x(k)-x(k-d_1) \right]^T E^T TE \left[x(k)-x(k-d_1) \right] \qquad (7.2.19)$$

因此

$$\Delta V_4(k) \leqslant d_1^2 \left[(A-E)x(k) + A_d x(k-d) \right]^T T \left[(A-E)x(k) + A_d x(k-d) \right]$$
$$- \left[x(k)-x(k-d_1) \right]^T E^T TE \left[x(k)-x(k-d_1) \right] \qquad (7.2.20)$$

$$\Delta V_5(k) = d_s^2 y^T(k)E^T \sum_{f=1}^{N} R_f Ey(k) - d_s \sum_{f=1}^{N} \sum_{j=k-d_1-fd_s}^{k-d_1-(f-1)d_s-1} y^T(j)E^T R_f Ey(j) \qquad (7.2.21a)$$

而

$$d_s^2 y^T(k)E^T \sum_{f=1}^{N} R_f Ey(k) = d_s^2 \left[(A-E)x(k) + A_d x(k-d) \right]^T$$
$$\sum_{f=1}^{N} R_f \left[(A-E)x(k) + A_d x(k-d) \right] \qquad (7.2.21b)$$

根据引理 2.3.6，有

$$-d_s \sum_{j=k-d_1-fd_s}^{k-d_1-(f-1)d_s-1} y^{\mathrm{T}}(j)E^{\mathrm{T}}R_f Ey(j)$$

$$\leqslant -\big[x(k-d_1-(f-1)d_s)-x(k-d_1-fd_s)\big]^{\mathrm{T}}$$

$$E^{\mathrm{T}}R_f E\big[x(k-d_1-(f-1)d_s)-x(k-d_1-fd_s)\big] \tag{7.2.21c}$$

因此

$$-d_s \sum_{f=1}^{N} \sum_{j=k-d_1-fd_s}^{k-d_1-(f-1)d_s-1} y^{\mathrm{T}}(j)E^{\mathrm{T}}R_f Ey(j)$$

$$\leqslant -\sum_{f=1}^{N}\big[x(k-d_1-(f-1)d_s)-x(k-d_1-fd_s)\big]^{\mathrm{T}}$$

$$E^{\mathrm{T}}R_f E\big[x(k-d_1-(f-1)d_s)-x(k-d_1-fd_s)\big] \tag{7.2.21d}$$

综合以上推导过程，得

$$\Delta V_5(k) \leqslant d_s^2 \big[(A-E)x(k)+A_d x(k-d)\big]^{\mathrm{T}} \sum_{f=1}^{N} R_f \big[(A-E)x(k)+A_d x(k-d)\big]$$

$$-\sum_{f=1}^{N}\big[x(k-d_1-(f-1)d_s)-x(k-d_1-fd_s)\big]^{\mathrm{T}}$$

$$E^{\mathrm{T}}R_f E\big[x(k-d_1-(f-1)d_s)-x(k-d_1-fd_s)\big] \tag{7.2.21e}$$

综合式(7.2.16)～式(7.2.21)，得

$$\Delta V(k) \leqslant \eta_N^{\mathrm{T}}(k)\Theta_N \eta_N(k) \tag{7.2.22}$$

其中

$$\eta_N(k)=\big[\,x^{\mathrm{T}}(k)\quad x^{\mathrm{T}}(k-d_1)\quad x^{\mathrm{T}}(k-d_1-d_s)\quad\cdots\quad x^{\mathrm{T}}\big(k-d_1-(N-1)d_s\big)\quad x^{\mathrm{T}}(k-d_1-Nd_s)\,\big]^{\mathrm{T}}$$

由式(7.2.1)，得 $\Delta V(k)<0$，从而离散时滞广义系统(7.2.3)是稳定的。证毕。

注释 7.2.1　针对状态含有定常时滞 $d=d_1+Nd_s$ 的离散广义系统(7.2.3)，命题 7.2.1 证明了若满足式(7.2.1)，则离散时滞广义系统(7.2.3)是容许的。下面将证明当定常时滞 $d=d_1+(N-1)d_s,\cdots,d_1+d_s,d_1$ 这 N 种情形时，若满足式(7.2.1)，则系统(7.2.3) 都是容许的。

命题 7.2.2　对于给定正整数 d_1、d_s、N，当定常时滞 $d=d_1+ld_s(l=0,1,\cdots,N-1)$ 时，离散时滞广义系统(7.2.3)是容许的充分条件是式(7.2.1)成立。

证明　证明过程分为三个主要步骤。

(1)当定常时滞 $d=d_1+(N-1)$ 时，式(7.2.1)成立，则离散时滞广义系统(7.2.3) 是容许的。

分别用 $I_{N+1,N+2(1)}$、$I_{N+1,N+2(1)}^{\mathrm{T}}$ 左乘、右乘式(7.2.1)，得到

$$
\begin{bmatrix}
\Theta_{11} & \Theta_{12} & 0 & 0 & \cdots & \Theta_{1,N+2} & \Theta_{1,N+2} \\
* & \Theta_{22} & \Theta_{23} & 0 & \cdots & 0 & 0 \\
* & * & \Theta_{33} & \Theta_{34} & \cdots & 0 & 0 \\
* & * & * & \Theta_{44} & \cdots & 0 & 0 \\
\vdots & \vdots & \vdots & \vdots & & \vdots & \vdots \\
* & * & * & * & \cdots & \Psi & \Xi \\
* & * & * & * & \cdots & * & \Theta_{N+2,N+2}
\end{bmatrix} < 0 \tag{7.2.23}
$$

其中，符号 $I_{i,j(k)}$ 表示把单位矩阵 I 的第 j 行乘以 k 加到第 i 行上。

$$
\Psi = \Theta_{N+1,N+1} + \Theta_{N+1,N+2} + (\Theta_{N+1,N+2})^{\mathrm{T}} + \Theta_{N+2,N+2}
$$
$$
= A_d^{\mathrm{T}} X A_d + A_d^{\mathrm{T}}\left(d_s^2 \sum_{f=1}^{N} R_f + d_1^2 T \right) A_d - Q_{N-1} - E^{\mathrm{T}} R_{N-1} E
$$
$$
\Xi = \Theta_{N+1,N+2} + \Theta_{N+2,N+2}
$$

由式(7.2.23)，可得

$$
\begin{bmatrix}
\Theta_{11} & \Theta_{12} & 0 & 0 & \cdots & \Theta_{1,N+2} \\
* & \Theta_{22} & \Theta_{23} & 0 & \cdots & 0 \\
* & * & \Theta_{33} & \Theta_{34} & \cdots & 0 \\
* & * & * & \Theta_{44} & \cdots & 0 \\
\vdots & \vdots & \vdots & \vdots & & \vdots \\
* & * & * & * & \cdots & \Psi
\end{bmatrix} < 0 \tag{7.2.24}
$$

式(7.2.24)可以写成下面的形式：

$$
\Theta_{N-1} + \begin{bmatrix} (A-E)^{\mathrm{T}} \\ 0 \\ 0 \\ 0 \\ \vdots \\ A_d^{\mathrm{T}} \end{bmatrix} d_s^2 R_N \begin{bmatrix} (A-E)^{\mathrm{T}} \\ 0 \\ 0 \\ 0 \\ \vdots \\ A_d^{\mathrm{T}} \end{bmatrix}^{\mathrm{T}} < 0 \tag{7.2.25}
$$

在式(7.2.1)和式(7.2.2)中，按照 Θ_N 的定义，只需将 N 换成 $N-1$ 即可得到 Θ_{N-1} 的表示形式。由 $R_N > 0$，可得

$$
\Theta_{N-1} < 0 \tag{7.2.26}
$$

因此，根据命题 7.2.1 的结论，可知离散时滞广义系统(7.2.3)当 $d = d_1 + (N-1)$ 时是容许的。

(2) 若 $\Theta_{N-1} < 0$ 成立，仿照上面的证明过程，可以证明 $\Theta_{N-2} < 0$ 也成立，…，以此类推，可以证明 $\Theta_1 < 0$ 也成立。因此，若式 (7.2.1) 成立，则当 $d = d_1 + l d_s$ $(l = 1, 2, \cdots, N-1)$ 时，离散时滞广义系统 (7.2.3) 是容许的。

(3) 最后证明当 $d = d_1$ 时，若式 (7.2.1) 成立，则离散时滞广义系统 (7.2.3) 也是容许的。

由第 (2) 步可知，当 $d = d_1 + d_s$ 时，若式 (7.2.1) 成立，则离散时滞广义系统 (7.2.3) 是容许的，因此有

$$\Theta_1 = \begin{bmatrix} \Theta_{11}^1 & \Theta_{12}^1 & \Theta_{13}^1 \\ * & \Theta_{22}^1 & \Theta_{23}^1 \\ * & * & \Theta_{33}^1 \end{bmatrix} < 0 \tag{7.2.27}$$

其中

$$\begin{aligned} \Theta_{11}^1 &= A^T X A - E^T P E + U - E^T T E + (A-E)^T (d_s^2 R_1 + d_1^2 T)(A-E) \\ \Theta_{12}^1 &= E^T T E \\ \Theta_{13}^1 &= A^T X A_d + (A-E)^T (d_s^2 R_1 + d_1^2 T) A_d \\ \Theta_{22}^1 &= Q_1 - U - E^T T E - E^T R_1 E \\ \Theta_{23}^1 &= E^T R_1 E \\ \Theta_{33}^1 &= A_d^T X A_d + A_d^T (d_s^2 R_1 + d_1^2 T) A_d - Q_1 - E^T R_1 E \\ X &= P - S^T \Phi S \end{aligned} \tag{7.2.28}$$

事实上，当 $d = d_1$ 时，离散时滞广义系统 (7.2.3) 是容许的充分条件是下面线性矩阵不等式成立，即

$$\Theta_0 = \begin{bmatrix} \Theta_{11}^0 & \Theta_{12}^0 \\ * & \Theta_{22}^0 \end{bmatrix} < 0 \tag{7.2.29}$$

其中

$$\begin{aligned} \Theta_{11}^0 &= A^T X A - E^T P E + U - E^T T E + d_1^2 (A-E)^T T (A-E) \\ \Theta_{12}^0 &= E^T T E + A^T X A_d + d_1^2 (A-E)^T T A_d \\ \Theta_{22}^0 &= -U - E^T T E + A_d^T X A_d + d_1^2 A_d^T T A_d \end{aligned} \tag{7.2.30}$$

这个证明过程类似于命题 7.2.1 的证明，只需令 $V_3(k) = V_5(k) = 0$ 即可。

现在证明 $\Theta_0 < 0$ 成立的充分条件是 $\Theta_1 < 0$ 成立。

分别用 $I_{2,3(1)}$、$I_{2,3(1)}^T$ 左乘、右乘式 (7.2.27)，得到

$$\begin{bmatrix} \Theta_{11}^1 & \Theta_{12}^1 + \Theta_{13}^1 & \Theta_{13}^1 \\ * & (2,2) & \Theta_{23}^1 + \Theta_{33}^1 \\ * & * & \Theta_{33}^1 \end{bmatrix} < 0 \tag{7.2.31}$$

其中

$$(2,2)=\Theta_{22}^1+\Theta_{23}^1+(\Theta_{23}^1)^{\mathrm{T}}+\Theta_{33}^1=A_d^{\mathrm{T}}XA_d+A_d^{\mathrm{T}}(d_s^2R_1+d_1^2T)A_d-U-E^{\mathrm{T}}TE$$

由式(7.2.31)，可得

$$\begin{bmatrix} \Theta_{11}^1 & \Theta_{12}^1+\Theta_{13}^1 \\ * & (2,2) \end{bmatrix}<0 \tag{7.2.32}$$

其中

$$\Theta_{12}^1+\Theta_{13}^1=E^{\mathrm{T}}TE+A^{\mathrm{T}}XA_d+(A-E)^{\mathrm{T}}(d_s^2R_1+d_1^2T)A_d$$

式(7.2.32)可以写成

$$\Theta_0+\begin{bmatrix} (A-E)^{\mathrm{T}} \\ A_d^{\mathrm{T}} \end{bmatrix}d_s^2R_1\begin{bmatrix} (A-E)^{\mathrm{T}} \\ A_d^{\mathrm{T}} \end{bmatrix}^{\mathrm{T}}<0 \tag{7.2.33}$$

由 $R_1>0$，可得

$$\Theta_0<0 \tag{7.2.34}$$

综合第(1)步~第(3)步，命题 7.2.2 证毕。

注释 7.2.2　针对状态含有定常时滞的离散广义系统(7.2.3)，命题 7.2.1、命题 7.2.2 证明了当定常时滞 $d=d_1+ld_s$ $(l=0,1,\cdots,N)$ 这 $N+1$ 种情形时，若满足式(7.2.1)，则离散时滞广义系统(7.2.3)是容许的。

7.2.3　定理 7.2.1 的证明

证明　由命题 7.2.1 和命题 7.2.2 可知，当时滞 $d=d_1+ld_s$ $(l=0,1,\cdots,N)$ 这 $N+1$ 种情形时，若式(7.2.1)成立，则状态含有定常时滞 d 的离散广义系统(7.2.3)是容许的。这说明，若式(7.2.1)成立，则时变时滞 d_k 在 k 时刻无论等于上述这 $N+1$ 种情形的哪一种，即 $d_k=d_1+ld_s$ $(l=0,1,\cdots,N)$，离散广义时变时滞系统(7.1.1)都是容许的。证毕。

注释 7.2.3　定理 7.2.1 给出时变时滞离散广义系统(7.1.1)一个时滞依赖型容许性充分条件。将时变时滞问题转化成定常时滞问题，并利用数学归纳法给出了定常时滞取遍 $N+1$ 种情形时满足的线性矩阵不等式满足的条件。在构建 Lyapunov 函数时，利用了时滞 $d_k=d_1+ld_s$ $(l=0,1,\cdots,N)$ 这一特点，充分利用各个子区间 $[d_1+(i-1)d_s,d_1+id_s]$ $(i=1,2,\cdots,N)$ 端点的信息。d_s 为子区间的长度，d_s 越短，准确定位 d_k 就越可能，容许性条件的保守性就越小。当 $d_s=1$ 时，d_k 就成为区间时变时滞，可以取区间 $[d_1,d_2]$ 上所有的值。

注释 7.2.4　从命题 7.2.1 和命题 7.2.2 的证明可以看出，对于给定的正整数 d_1、d_s，随着 N 的增加，结论的保守性逐渐减小。

注释 7.2.5　由式(7.2.1)，利用 MATLAB 的工具箱 LMI 中的 GEVP 求解器可求

得 d_s 的最大值，这相当于求解以下优化问题：

$$\max_{P,U,T,Q_i,R_i,\Phi} d_s$$

s.t. $\quad P > 0, U > 0, T > 0, Q_i > 0, R_i > 0, \quad i = 1, 2, \cdots, N$ $\qquad$ (7.2.35)

LMI(7.2.1)

由式(7.2.1)可得

$$\begin{bmatrix} \tilde{\Theta}_{11} & \Theta_{12} & 0 & 0 & \cdots & 0 & \tilde{\Theta}_{1,N+2} \\ * & \Theta_{22} & \Theta_{23} & 0 & \cdots & 0 & 0 \\ * & * & \Theta_{33} & \Theta_{34} & \cdots & 0 & 0 \\ * & * & * & \Theta_{44} & \cdots & 0 & 0 \\ \vdots & \vdots & \vdots & \vdots & & \vdots & \vdots \\ * & * & * & * & \cdots & \Theta_{N+1,N+1} & \Theta_{N+1,N+2} \\ * & * & * & * & \cdots & * & \tilde{\Theta}_{N+2,N+2} \end{bmatrix} < -d_s^2 \cdot \Omega^T \sum_{f=1}^{N} R_f \Omega \qquad (7.2.36)$$

其中

$$\tilde{\Theta}_{11} = A^T X A - E^T P E + U - E^T T E + d_1^2 (A-E)^T T (A-E)$$

$$\tilde{\Theta}_{1,N+2} = A^T X A_d + d_1^2 (A-E)^T T A_d$$

$$\tilde{\Theta}_{N+2,N+2} = A_d^T X A_d + d_1^2 A_d^T T A_d - Q_N - E^T R_N E$$

$$\Omega = [A-E \quad 0 \quad 0 \quad 0 \quad \cdots \quad 0 \quad A_d]$$

上述优化问题等价于

$$\min_{P,U,T,Q_i,R_i,\Phi} \mu$$

s.t. $\quad P > 0, U > 0, T > 0, Q_i > 0, R_i > 0, \quad i = 1, 2, \cdots, N$ $\qquad$ (7.2.37)

LMI(7.2.36)

其中，$\mu = -d_s^2$。当 d_s 的最大值求出之后，时变时滞的上界 $d_2 = d_1 + N \cdot d_s$ 的最大值即可求。

7.3　数　值　算　例

例 7.3.1　考虑如下离散广义时变时滞系统，即

$$Ex(k+1) = Ax(k) + A_d x(k - d_k)$$

其中

$$E = \begin{bmatrix} 2 & 0 \\ 0 & 0 \end{bmatrix}, \quad A = \begin{bmatrix} 0.8477 & 1.1972 \\ 0.1001 & -1.9 \end{bmatrix}, \quad A_d = \begin{bmatrix} -1.1972 & 1.5772 \\ 0 & 0.8254 \end{bmatrix}$$

表 7.3.1 说明了当区间时变时滞 d_k 在 $[d_1, d_2]$ 上变化时，对于不同的时滞下界 d_1 各种方法进行时滞上界 d_2 的比较。利用文献[1]～文献[3]的方法，当 $10 \geqslant d_1 \geqslant 2$ 时，$d_2 = d_1$，这说明时变时滞 d_k 退化成定常时滞，在 k 时刻，只能取一个值。利用文献[4]的方法，当 $6 \geqslant d_1 \geqslant 1$ 时，$9 \geqslant d_2 \geqslant 4$；当 $10 \geqslant d_1 \geqslant 7$ 时，$12 \geqslant d_2 \geqslant 9$。

利用定理 7.2.1，令 $S = [0, 1]$，$d_s = 1$。

当 $d_1 = 6$，$N = 8$ 时，$d_2 = 14$；…；当 $d_1 = 1$，$N = 13$ 时，$d_2 = 14$。

当 $d_1 = 8$，$N = 5$ 时，$d_2 = 13$；当 $d_1 = 7$，$N = 6$ 时，$d_2 = 13$。

当 $d_1 = 10$，$N = 2$ 时，$d_2 = 12$；当 $d_1 = 9$，$N = 3$ 时，$d_2 = 12$。

事实上，根据定义 2.2.2 可以计算出系统的分析时滞上界 $d_2^{\text{analytical}} = 14$。从表 7.3.1 可以看出，随着 N 的增加，定理 7.2.1 的保守性减小。并且与列举的文献方法相比较，定理 7.2.1 的保守性小很多，这充分说明了本章所用方法的有效性和优越性。

表 7.3.1　对于不同的 d_1 比较时滞上界 d_2

方法		d_1	d_2
文献[1]～文献[3]		$10 \geqslant d_1 \geqslant 2$	$d_2 = d_1$
文献[4]		$6 \geqslant d_1 \geqslant 1$	$d_2 = d_1 + 3$
		$10 \geqslant d_1 \geqslant 7$	$d_2 = d_1 + 2$
定理 7.2.1 ($d_s = 1$)	$N = 8, \cdots, 13$	$6 \geqslant d_1 \geqslant 1$	14
	$N = 5, 6$	$8 \geqslant d_1 \geqslant 7$	13
	$N = 2, 3$	$10 \geqslant d_1 \geqslant 9$	12
			分析时滞上界 $d_2^{\text{analytical}} = 14$

例 7.3.2　考虑如下离散广义时变时滞系统，即

$$Ex(k+1) = Ax(k) + A_d x(k - d_k)$$

其中

$$E = \begin{bmatrix} 1 & 0 \\ 0 & 0 \end{bmatrix}, \quad A = \begin{bmatrix} -0.03 & -0.21 \\ 0.08 & 0.75 \end{bmatrix}, \quad A_d = \begin{bmatrix} -0.44 & 0.08 \\ -0.45 & 0.01 \end{bmatrix},$$

$$d_k = 5 + 3\sin\frac{k\pi}{2}$$

时变时滞 $d_k = 5 + 3\sin(k\pi / 2)$ 可以写成 $d_k = d_1 + l d_s$，$d_1 = 2$，$d_s = 3$，$l = 0, 1, 2$。设系统的初始条件是 $\phi(k) = [1, -0.75]^{\text{T}}$，令 $S = [0, 1]$，利用定理 7.2.1，式 (7.2.1) 是可行的，因此，这个离散广义时变时滞系统是容许的。图 7.3.1 描绘了系统的状态响应曲线，可以看出系统的状态响应曲线逐渐趋于零，说明系统是容许的。

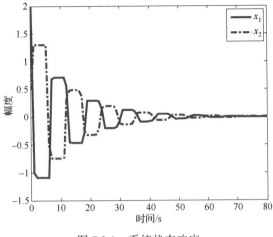

图 7.3.1　系统状态响应

7.4　本 章 小 结

本章研究了状态含有时变时滞的离散广义系统时滞依赖容许性条件。提出的时变时滞满足一定的限定条件，其中包括了区间时变时滞的情形。通过将时滞区间分割成若干子区间，有利于准确定位时变时滞，所以与现有文献相比结论具有较小的保守性，数值算例验证了本章所用方法的可行性和有效性。

参 考 文 献

[1]　Du Z P, Zhang Q L, Liu L L. New delay-dependent robust stability of discrete singular systems with time-varying delay. Asian Journal of Control, 2011, 13(1): 136-147.

[2]　Fang M. Delay-dependent stability analysis for discrete singular systems with time-varying delays. Acta Automatica Sinica, 2010, 36(5): 751-755.

[3]　Wang H J, Zhao X D, Xue A K, et al. Delay-dependent robust control for uncertain discrete singular systems with time-varying delay. Journal of Zhejiang University (Science A), 2008, 9(8): 1034-1042.

[4]　Ma S, Cheng Z, Zhang C. Delay-dependent robust stability and stabilization for uncertain discrete singular systems with time-varying delays. IET Control Theory and Applications, 2007, 1(4): 1086-1095.

第8章 多时滞广义动态投入产出
模型（Ⅰ）、（Ⅱ）容许性分析

8.1 引　　言

1970 年，列昂惕夫在《动态求逆》一文中提出了动态投入产出模型(式(1.2.10))，在这个模型中假设当年的产出一部分用于在未来一年中扩大再生产，也就是说各部门的投资需求都取决于对未来一年产出增长的要求，并且本年度的投资将在下年的生产中完全发挥作用。但在实际经济管理中，投资时滞只有一年的情况很难出现。因此，列昂惕夫提出的动态投入产出模型不能完全真实地反映各部门投资与未来时期的产出之间的联系。为了弥补这一点，一些学者对模型加以改进。

数量经济学家张守一在文献[1]中提出一个投资时滞为多年但仅考虑一个投资周期的拓展动态投入产出模型(式(1.2.11))，该模型能比较真实地反映投资产品的时滞情况，扩大了考察期的长度，可使生产和投资在计划期前后更好地衔接起来，提高计划的科学性。清华大学经济管理学院的赵纯均在文献[2]中利用投资决策变量的概念，提出一个投资时滞为多年但仅考虑一个投资周期的拓展动态投入产出模型(式(1.2.12))。

具有多年延滞投资的动态投入产出模型更合理地建立了整个规划期中各年间各部门的产出量、最终需求和投资之间的动态关系。但上述文献研究的多时滞动态投入产出模型对投资系数矩阵 B 的奇异性并没有特殊考虑，而实际经济与管理中，投资系数矩阵 B 往往是奇异阵。本章考虑到投资系数矩阵 B 的奇异性，结合投资决策变量的概念，递进地提出两个多时滞广义动态投入产出模型。利用等价变形，分别将多时滞广义动态投入产出模型转化为多时滞离散广义系统，利用 Lyapunov 第二方法，以线性矩阵不等式的形式分别给出时滞独立型和时滞依赖型容许性条件，并用两个数值算例验证了提出方法的可行性和有效性。

8.2　多时滞广义动态投入产出模型（Ⅰ）容许性分析

在本节中，针对文献[2]提出的投资时滞为多年但仅考虑一个投资周期的动态投入产出模型(1.2.12)，考虑到投资系数矩阵 B 的奇异性，研究此模型的容许性条件。为研究简单，假设模型的参数矩阵为时不变矩阵。

8.2.1　多时滞广义动态投入产出模型（Ⅰ）

考虑如下多时滞广义动态投入产出模型（Ⅰ），即

$$x(\mathrm{t}) = Ax(t) + \sum_{\tau=1}^{T} B_\tau v_\tau [x(t+\tau) - x(t+\tau-1)] + y(t) \tag{8.2.1}$$

其中，$x(t)$ 为 n 维产出向量；$y(t)$ 为 n 维消费向量；$A \in \mathbb{R}^{n \times n}$ 为消耗系数矩阵；$B_\tau \in \mathbb{R}^{n \times n}$ 是 t 年投资、延迟 τ 年见效的投资系数矩阵，且 B_τ 一般为奇异矩阵，即 $\mathrm{rank}(B_\tau) \le n$，$T$ 为各部门的最长延滞期，n 为各部门数；$v_\tau \in \mathbb{R}^{n \times n}$ 为投资决策系数矩阵，称为决策变量，v_τ 是一个对角阵，即

$$v_\tau = \begin{bmatrix} v_\tau^1 & & & 0 \\ & v_\tau^2 & & \\ & & \ddots & \\ 0 & & & v_\tau^n \end{bmatrix}, \quad \tau = 1,2,\cdots,T \tag{8.2.2}$$

其主对角线上的元素 v_τ^i 表示对 i 部门第 t 年投资延迟 τ 年见效的增产量，占该部门第 $t+\tau$ 年总增产量的百分比。显然

$$0 \le v_\tau^i \le 1, \quad i = 1,2,\cdots,n; \ \tau = 1,2,\cdots,T \tag{8.2.3a}$$

对于某一确定的 t 年而言，

$$\sum_{\tau=1}^{T} v_\tau^i = 1, \quad i = 1,2,\cdots,n \tag{8.2.3b}$$

注释 8.2.1　通过 v_τ 的大小可以确定不同延滞期 τ 的投资在第 t 年投资产生的增产中所起的作用大小，究竟各个延滞期的投资在第 t 年投资产生的增产中所起的作用多大，也就是各种建设周期的项目所占比重应该定多大，可以通过各部门投资决策者的决策来决定，所以称 v_τ 为决策变量。

在单纯的市场经济中，消费需求 $y(t)$ 是由工资水平和物价水平来决定的，而总产出 $x(t)$ 由利润决定，利润也由物价与工资率等所决定[3]，所以不妨设

$$y(t) = Wx(t) \tag{8.2.4}$$

其中，矩阵 $W = (w_{ij})_{n \times n}$ 且 $w_{ij} \ge 0$，将式(8.2.4)代入式(8.2.1)中，经恒等变形，得

$$\mathscr{B}_T x(t+T) = \mathscr{B}_{T-1} x(t+T-1) + \sum_{\tau=1}^{T-2} \mathscr{B}_\tau x(t+\tau) + Gx(t), \quad T \ge 3 \tag{8.2.5}$$

其中

$$\mathscr{B}_T = B_T v_T, \quad \mathscr{B}_{T-1} = B_T v_T - B_{T-1} v_{T-1}, \quad \mathscr{B}_\tau = B_{\tau+1} v_{\tau+1} - B_\tau v_\tau,$$
$$G = B_1 v_1 - A + I - W \tag{8.2.6}$$

I 为单位矩阵，令 $t+T=t_0+1$，式 (8.2.5) 可写成

$$\mathscr{B}_T x(t_0+1) = \mathscr{B}_{T-1} x(t_0) + \sum_{\tau=1}^{T-2} \mathscr{B}_\tau x[t_0-(T-1-\tau)] + Gx[t_0-(T-1)], \quad T \geqslant 3 \quad (8.2.7)$$

由式 (8.2.6)，B_T 一般是奇异阵，v_T 是一个对角阵，可知 $\mathscr{B}_T$ 一般也是奇异阵，因此式 (8.2.7) 是典型的多时滞离散广义系统。

8.2.2　问题形成与预备

在多时滞离散广义系统中，有一类时滞是成比例的，考虑下面含有成比例状态时滞的离散广义系统，即

$$\begin{cases} Ex(k+1) = Ax(k) + \sum_{i=1}^{m} A_i x(k-d_i) \\ x(k) = \phi(k), \quad k = -d_m, -d_m+1, \cdots, 0 \end{cases} \quad (8.2.8)$$

其中，$x(k) \in \mathbb{R}^n$ 为状态向量；矩阵 $E \in \mathbb{R}^{n \times n}$ 一般是奇异的，即 $\mathrm{rank}(E) = r \leqslant n$。$A$、$A_i$ 是适当维数的常值矩阵；参数 $d_i = id$，$i = 1, 2, \cdots, m$ 为成比例时滞，其中正整数 d 为比例常数；$\phi(k)$ 是可容的初始条件。特别地，当 $d = 1$ 时，系统 (8.2.8) 成为

$$\begin{cases} Ex(k+1) = Ax(k) + \sum_{i=1}^{m} A_i x(k-i) \\ x(k) = \phi(k), \quad k = -m, -m+1, \cdots, 0 \end{cases} \quad (8.2.9)$$

比较式 (8.2.7) 与式 (8.2.9)，式 (8.2.7) 中的 $\mathscr{B}_T$、$\mathscr{B}_{T-1}$ 分别相当于式 (8.2.9) 中的 E、A；式 (8.2.7) 中的 $\mathscr{B}_\tau$、G 相当于式 (8.2.9) 中的 A_i，若令 $m = T-1$，系统 (8.2.9) 就成为式 (8.2.7)，所以式 (8.2.7) 是比例常数 $d = 1$ 的多时滞离散广义系统。

注释 8.2.2　我们只需研究多时滞广义系统 (8.2.9) 的容许性条件，就可以得到模型 (8.2.7) 的容许性条件，从而得到多时滞广义动态投入产出模型（Ⅰ）的容许性条件。

8.2.3　时滞独立容许性条件

关于多时滞广义系统 (8.2.9) 的容许性条件，有如下定理。

定理 8.2.1　状态带有成比例时滞的离散广义系统 (8.2.9) 是容许的充分条件是存在矩阵 $P > 0$，$Q_i > 0$，$i = 1, 2, \cdots, m$，$P, Q_i \in \mathbb{R}^{n \times n}$，对称矩阵 $\Phi \in \mathbb{R}^{(n-r) \times (n-r)}$，满足下面线性矩阵不等式，即

$$\Theta = \begin{bmatrix} \Theta_{11} & \Theta_{12} & \cdots & \Theta_{1,m} & \Theta_{1,m+1} \\ * & \Theta_{22} & \cdots & \Theta_{2,m} & \Theta_{2,m+1} \\ \vdots & \vdots & & \vdots & \vdots \\ * & * & \cdots & \Theta_{m,m} & \Theta_{m,m+1} \\ * & * & \cdots & * & \Theta_{m+1,m+1} \end{bmatrix} < 0 \quad (8.2.10)$$

其中

$$\Theta_{11} = A^T XA - E^T PE + Q_1$$

$$\Theta_{1,j} = A^T XA_{j-1}, \quad j = 2, \cdots, m+1$$

$$\Theta_{i,i} = A_{i-1}^T XA_{i-1} + Q_i - Q_{i-1}, \quad i = 2, \cdots, m$$

$$\Theta_{i,j} = A_{i-1}^T XA_{j-1}, \quad i = 2, \cdots, m; \quad j = i+1, \cdots, m+1$$

$$\Theta_{m+1,m+1} = A_m^T XA_m - Q_m$$

$$X = P - S^T \Phi S$$

矩阵 $S \in \mathbb{R}^{(n-r) \times n}$ 行满秩且满足 $SE = 0$。

证明　证明过程分为两部分。首先证明正则性、因果性，然后证明稳定性。

首先，证明系统 (8.2.9) 是正则的、因果的。存在着非奇异矩阵 $\hat{M}$、$\hat{N}$，使得

$$\hat{M}E\hat{N} = \begin{bmatrix} I_r & 0 \\ 0 & 0 \end{bmatrix}, \quad \hat{M}A\hat{N} = \begin{bmatrix} \hat{A}_1 & \hat{A}_2 \\ \hat{A}_3 & \hat{A}_4 \end{bmatrix} \tag{8.2.11}$$

相应有

$$\hat{M}A_i\hat{N} = \begin{bmatrix} \hat{A}_{i1} & \hat{A}_{i2} \\ \hat{A}_{i3} & \hat{A}_{i4} \end{bmatrix}, \quad i = 1, 2, \cdots, m \tag{8.2.12}$$

且

$$\hat{M}^{-T}P\hat{M}^{-1} = \begin{bmatrix} \hat{P}_1 & \hat{P}_2 \\ \hat{P}_2^T & \hat{P}_3 \end{bmatrix}, \quad \hat{M}^{-T}X\hat{M}^{-1} = \begin{bmatrix} \hat{X}_1 & \hat{X}_2 \\ \hat{X}_2^T & \hat{X}_3 \end{bmatrix}$$

$$\hat{N}^T Q_1 \hat{N} = \begin{bmatrix} \hat{Q}_{11} & \hat{Q}_{12} \\ \hat{Q}_{12}^T & \hat{Q}_{13} \end{bmatrix} \tag{8.2.13}$$

式 (8.2.12) 和式 (8.2.13) 中分块矩阵的维数与式 (8.2.11) 中的维数一致。由式 (8.2.10) 可得

$$\Theta_{11} < 0 \tag{8.2.14}$$

分别用 $\hat{N}^T$、$\hat{N}$ 左乘、右乘式 (8.2.14)，利用式 (8.2.11)~式 (8.2.13)，得到

$$\begin{bmatrix} * & * \\ * & \Theta_{11}^{22} \end{bmatrix} < 0 \tag{8.2.15}$$

符号 "*" 表示与下面讨论无关的矩阵。Θ_{11}^{22} 表示矩阵 Θ_{11} 的 (2,2) 块矩阵，其中

$$\Theta_{11}^{22} = \hat{A}_2^T \hat{X}_2 \hat{A}_4 + \hat{A}_4^T \hat{X}_2^T \hat{A}_2 + \hat{A}_4^T \hat{X}_3 \hat{A}_4 + \hat{A}_2^T \hat{X}_1 \hat{A}_2 + \hat{Q}_{13}$$

由式 (8.2.15)，可得

$$\Theta_{11}^{22} < 0 \tag{8.2.16}$$

注意到

$$E^{\mathrm{T}} X E = E^{\mathrm{T}} (P - S^{\mathrm{T}} \Phi S) E = E^{\mathrm{T}} P E \geqslant 0 \tag{8.2.17}$$

分别用 $\hat{N}^{\mathrm{T}}$、$\hat{N}$ 左乘、右乘式 (8.2.17)，利用式 (8.2.11) 和式 (8.2.13)，得到

$$\begin{bmatrix} \hat{X}_1 & 0 \\ 0 & 0 \end{bmatrix} \geqslant 0 \tag{8.2.18}$$

于是 $\hat{X}_1 \geqslant 0$，即 $\hat{A}_2^{\mathrm{T}} \hat{X}_1 \hat{A}_2 \geqslant 0$。由 $Q_1 > 0$ 及式 (8.2.11) 式 (8.2.13) 知，$\hat{Q}_{13} > 0$，因此

$$\hat{A}_2^{\mathrm{T}} \hat{X}_1 \hat{A}_2 + \hat{Q}_{13} > 0 \tag{8.2.19}$$

由式 (8.2.16)，得

$$\hat{A}_4^{\mathrm{T}} \hat{X}_2^{\mathrm{T}} \hat{A}_2 + \hat{A}_4^{\mathrm{T}} \hat{X}_3 \hat{A}_4 + \hat{A}_2^{\mathrm{T}} \hat{X}_2 \hat{A}_4 < 0 \tag{8.2.20}$$

即

$$\hat{A}_4^{\mathrm{T}} \left(\hat{X}_2^{\mathrm{T}} \hat{A}_2 + \frac{1}{2} \hat{X}_3 \hat{A}_4 \right) + \left(\hat{X}_2^{\mathrm{T}} \hat{A}_2 + \frac{1}{2} \hat{X}_3 \hat{A}_4 \right)^{\mathrm{T}} \hat{A}_4 < 0 \tag{8.2.21}$$

由式 (8.2.21) 得，$\hat{A}_4$ 是可逆矩阵，因此矩阵对 (E, A) 是正则和因果的，则系统 (8.2.9) 是正则和因果的。

接下来证明系统 (8.2.9) 是稳定的。选取 Lyapunov 函数，即

$$V(k) = \sum_{i=1}^{2} V_i(k) \tag{8.2.22}$$

$$V_1(k) = x^{\mathrm{T}}(k) E^{\mathrm{T}} X E x(k) = x^{\mathrm{T}}(k) E^{\mathrm{T}} (P - S^{\mathrm{T}} \Phi S) E x(k) = x^{\mathrm{T}}(k) E^{\mathrm{T}} P E x(k)$$

$$V_2(k) = \sum_{j=1}^{m} x^{\mathrm{T}}(k-j) Q_j x(k-j)$$

定义 $\Delta V(k) = V(k+1) - V(k)$，于是

$$\Delta V_1(k) = x^{\mathrm{T}}(k+1) E^{\mathrm{T}} X E x(k+1) - x^{\mathrm{T}}(k) E^{\mathrm{T}} P E x(k)$$

$$= \left[A x(k) + \sum_{i=1}^{m} A_i x(k-i) \right]^{\mathrm{T}} X \left[A x(k) + \sum_{i=1}^{m} A_i x(k-i) \right]$$

$$\quad - x^{\mathrm{T}}(k) E^{\mathrm{T}} P E x(k) \tag{8.2.23}$$

$$\Delta V_2(k) = \sum_{j=1}^{m} \left[x^{\mathrm{T}}(k+1-j) Q_j x(k+1-j) - x^{\mathrm{T}}(k-j) Q_j x(k-j) \right]$$

$$= x^{\mathrm{T}}(k) Q_1 x(k) + \sum_{j=1}^{m-1} \left[x^{\mathrm{T}}(k-j)(Q_{j+1} - Q_j) x(k-j) \right] - x^{\mathrm{T}}(k-m) Q_m x(k-m) \tag{8.2.24}$$

由式(8.2.23)和式(8.2.24)，得

$$\Delta V(k) \leqslant \eta^{\mathrm{T}}(k)\Theta\eta(k) \tag{8.2.25}$$

其中

$$\eta(k) = \begin{bmatrix} x^{\mathrm{T}}(k) & x^{\mathrm{T}}(k-1) & \cdots & x^{\mathrm{T}}(k-(m-1)) & x^{\mathrm{T}}(k-m) \end{bmatrix}^{\mathrm{T}}$$

由式(8.2.10)，得 $\Delta V(k) < 0$, 从而系统(8.2.9)是稳定的。证毕。

注释 8.2.3　定理 8.2.1 给出了多时滞广义系统(8.2.9)的一个时滞独立型容许性条件，这个容许性条件同样适用于多时滞广义动态投入产出模型（Ⅰ），它为经济管理正常、平稳运行提供了理论依据。值得注意的是，由于经济管理的实际意义，动态投入产出模型要求系数矩阵的非负性，所以在列举模型的数值算例时，系数矩阵必须是非负矩阵，这样才符合实际意义。

8.2.4　数值算例

例 8.2.1　考虑一个四部门多时滞广义动态投入产出模型，即

$$x(t) = Ax(t) + \sum_{\tau=1}^{3} B_\tau v_\tau [x(t+\tau) - x(t+\tau-1)] + y(t)$$

其中

$$A = \begin{bmatrix} 11.1 & 4.3 & 9.1 & 0.8 \\ 6.8 & 21.7 & 8.1 & 9.6 \\ 8.4 & 9.5 & 8.1 & 6 \\ 1.35 & 3.3 & 3.85 & 5.1 \end{bmatrix}$$

$$B_1 = \begin{bmatrix} 112 & 44 & 30 & 29 \\ 63 & 110 & 28 & 58 \\ 95 & 56 & 25 & 51 \\ 26 & 18 & 14 & 26 \end{bmatrix}, \quad B_2 = \begin{bmatrix} 27 & 26 & 42 & 20 \\ 15 & 73 & 40 & 40 \\ 25 & 36 & 40 & 33 \\ 5 & 10 & 20 & 16 \end{bmatrix}, \quad B_3 = \begin{bmatrix} 20 & 16 & 18 & 14 \\ 14 & 40 & 20 & 24 \\ 20 & 24 & 16 & 18 \\ 0 & 0 & 0 & 0 \end{bmatrix}$$

$$v_1 = \begin{bmatrix} 0.1 & 0 & 0 & 0 \\ 0 & 0.2 & 0 & 0 \\ 0 & 0 & 0.3 & 0 \\ 0 & 0 & 0 & 0.2 \end{bmatrix}, \quad v_2 = \begin{bmatrix} 0.4 & 0 & 0 & 0 \\ 0 & 0.3 & 0 & 0 \\ 0 & 0 & 0.2 & 0 \\ 0 & 0 & 0 & 0.3 \end{bmatrix}, \quad v_3 = \begin{bmatrix} 0.5 & 0 & 0 & 0 \\ 0 & 0.5 & 0 & 0 \\ 0 & 0 & 0.5 & 0 \\ 0 & 0 & 0 & 0.5 \end{bmatrix}$$

$$y(t) = Wx(t), \quad W = \begin{bmatrix} 1.5 & 3 & 0.9 & 6 \\ 0.5 & 1 & 0.3 & 2 \\ 1 & 2 & 0.6 & 4 \\ 0.25 & 0.5 & 0.15 & 1 \end{bmatrix}$$

将该模型等价变换得

$$B_3 v_3 x(t+3) = (B_3 v_3 - B_2 v_2) x(t+2) + (B_2 v_2 - B_1 v_1) x(t+1) + (I - A + B_1 v_1 - W) x(t)$$

令 $k = t + 2$，则上述模型可写成一个多时滞离散广义系统，即

$$Ex(k+1) = A_0 x(k) + A_1 x(k-1) + A_2 x(k-2)$$

其中

$$E = B_3 v_3, \quad A_0 = B_3 v_3 - B_2 v_2, \quad A_1 = B_2 v_2 - B_1 v_1, \quad A_2 = I - A + B_1 v_1 - W$$

经计算得

$$E = \begin{bmatrix} 10 & 8 & 9 & 7 \\ 7 & 20 & 10 & 12 \\ 10 & 12 & 8 & 9 \\ 0 & 0 & 0 & 0 \end{bmatrix}, \quad A_0 = \begin{bmatrix} -0.8 & 0.2 & 0.6 & 1.0 \\ 1.0 & -1.9 & 2.0 & 0 \\ 0 & 1.2 & 0 & -0.9 \\ -2.0 & -3.0 & -4.0 & -4.8 \end{bmatrix}$$

$$A_1 = \begin{bmatrix} -0.4 & -1.0 & -0.6 & 0.2 \\ -0.3 & -0.1 & -0.4 & 0.4 \\ 0.5 & -0.4 & 0.5 & -0.3 \\ -0.6 & -0.6 & -0.2 & -0.4 \end{bmatrix}, \quad A_2 = \begin{bmatrix} -0.4 & 1.5 & -1.0 & -1.0 \\ -1.0 & 0.3 & 0 & 0 \\ 0.1 & -0.3 & -0.2 & 0.2 \\ 1.0 & -0.2 & 0.2 & 0.1 \end{bmatrix}$$

利用定理 8.2.1，令 $S = [0 \ \ 0 \ \ 0 \ \ 1]$，式(8.2.10)可行，说明带有成比例时滞(比例常数为 $d = 1$)的离散广义系统(8.2.9)是容许的。事实上，经计算 $\rho(E, A_0, A_i) = 0.8060 < 1$，$i = 1, 2$。此外，易知矩阵对 (E, A_0) 是正则、因果的，从而此带有成比例时滞的离散广义系统是容许的，所以多时滞广义动态投入产出模型也是容许的。

8.3　多时滞广义动态投入产出模型(Ⅱ)容许性分析

广义动态投入产出模型(Ⅰ)考虑了投资时滞为多年但仅考虑一个投资周期。本节将对模型(Ⅰ)进行改进，不仅考虑投资时滞为多年，而且每个投资周期不仅限于一年，而是几年，这符合实际经济生活中某些部门的投资产品的时滞时间较长的情况(如钢铁、冶金、铁路等部门)。

8.3.1　多时滞广义动态投入产出模型(Ⅱ)

考虑如下多时滞广义动态投入产出模型(Ⅱ)，即

$$\begin{align} x(t) = Ax(t) + \sum_{\tau=1}^{T} B_\tau v_\tau [x(t + \tau d) - x(t + (\tau - 1)d)] \\ + B_0 v_0 [x(t + Td + 1) - x(t + Td)] + y(t) \end{align} \tag{8.3.1}$$

其中，$x(t)$、$y(t)$、A 的意义与模型（Ⅰ）中一样；$B_\tau, B_0 \in \mathbb{R}^{n\times n}$ 分别是 t 年投资、延迟 τd 和 $Td+1$ 年见效的投资系数矩阵，B_τ, B_0 一般为奇异矩阵，即 $\mathrm{rank}(B_\tau) \leqslant n$，$\mathrm{rank}(B_0) \leqslant n$，$T$、$d$ 为正整数，d 表示比例时滞常数；$v_\tau, v_0 \in \mathbb{R}^{n\times n}$ 为决策变量，v_τ, v_0 分别是对角阵，即

$$v_\tau = \begin{bmatrix} v_\tau^1 & & & 0 \\ & v_\tau^2 & & \\ & & \ddots & \\ 0 & & & v_\tau^n \end{bmatrix}, \quad \tau = 1, 2, \cdots, T, \quad v_0 = \begin{bmatrix} v_0^1 & & & 0 \\ & v_0^2 & & \\ & & \ddots & \\ 0 & & & v_0^n \end{bmatrix} \quad (8.3.2)$$

其主对角线上的元素 v_τ^i、v_0^i 分别表示对 i 部门第 t 年投资延迟分别在 τd、$Td+1$ 年见效的增产量，占该部门分别在 $t+\tau d$、$t+Td+1$ 年总增产量的百分比。显然

$$0 \leqslant v_\tau^i \leqslant 1, \quad 0 \leqslant v_0^i \leqslant 1, \quad i = 1, 2, \cdots, n; \quad \tau = 1, 2, \cdots, T \quad (8.3.3a)$$

对于某一确定的 t 年有

$$\sum_{\tau=1}^{T} v_\tau^i + v_0^i = 1, \quad i = 1, 2, \cdots, n \quad (8.3.3b)$$

注释 8.3.1　当 $d=1$ 时，模型（Ⅱ）就变成模型（Ⅰ），因此模型（Ⅱ）是模型（Ⅰ）的推广形式，模型（Ⅰ）是模型（Ⅱ）的特殊情况。

令 $y(t) = Wx(t)$，W 是 n 阶非负矩阵，将它代入式 (8.3.1) 中，经恒等变形，得

$$\mathscr{B}_0 x(t+Td+1) = \mathscr{B}_T x(t+Td) + \sum_{\tau=1}^{T-1} \mathscr{B}_\tau x(t+\tau d) + Gx(t) \quad (8.3.4)$$

其中

$$\mathscr{B}_0 = B_0 v_0, \quad \mathscr{B}_T = B_0 v_0 - B_T v_T, \quad \mathscr{B}_\tau = B_{\tau+1} v_{\tau+1} - B_\tau v_\tau, \quad G = B_1 v_1 - A + I - W \quad (8.3.5)$$

I 为单位矩阵，令 $t+Td = t_0$，式 (8.3.4) 可写成

$$\mathscr{B}_0 x(t_0+1) = \mathscr{B}_T x(t_0) + \sum_{\tau=1}^{T-1} \mathscr{B}_\tau x(t_0 - (T-\tau)d) + Gx(t_0 - Td) \quad (8.3.6)$$

由式 (8.3.5)，B_0 一般是奇异阵，v_0 是一个对角阵，知 $\mathscr{B}_0$ 一般也是奇异阵，比较式 (8.3.6) 和式 (8.2.8)，可知式 (8.3.6) 是带有比例时滞（比例常数为 d）的离散广义系统。

注释 8.3.2　下面将研究带有比例时滞的离散广义系统 (8.2.8) 的容许性条件，相应可以得到模型 (8.3.6) 的容许性条件，从而得到多时滞广义动态投入产出模型（Ⅱ）的容许性条件。

8.3.2　时滞依赖容许性条件

关于多时滞广义系统 (8.2.8) 的容许性条件，有如下定理。

定理 8.3.1　状态带有成比例时滞的离散广义系统 (8.2.8) 是容许的充分条件是存在矩阵 $P>0$, $Q_i>0$, $R_i>0$, $i=1,2,\cdots,m$, $P,Q_i,R_i \in \mathbb{R}^{n \times n}$, 对称矩阵 $\varPhi \in \mathbb{R}^{(n-r)\times(n-r)}$, 满足下面的线性矩阵不等式, 即

$$\varTheta = \begin{bmatrix} \varTheta_{11} & \varTheta_{12} & \cdots & \varTheta_{1,m} & \varTheta_{1,m+1} \\ * & \varTheta_{22} & \cdots & \varTheta_{2,m} & \varTheta_{2,m+1} \\ \vdots & \vdots & & \vdots & \vdots \\ * & * & \cdots & \varTheta_{m,m} & \varTheta_{m,m+1} \\ * & * & \cdots & * & \varTheta_{m+1,m+1} \end{bmatrix} < 0 \tag{8.3.7}$$

其中

$$\varTheta_{11} = A^{\mathrm{T}}XA - E^{\mathrm{T}}PE + Q_1 - E^{\mathrm{T}}R_1E + d^2(A-E)^{\mathrm{T}}\sum_{f=1}^{m}R_f(A-E)$$

$$\varTheta_{12} = A^{\mathrm{T}}XA_1 + d^2(A-E)^{\mathrm{T}}\sum_{f=1}^{m}R_fA_1 + E^{\mathrm{T}}R_1E$$

$$\varTheta_{1,i} = A^{\mathrm{T}}XA_{i-1} + d^2(A-E)^{\mathrm{T}}\sum_{f=1}^{m}R_fA_{i-1}, \quad i=3,\cdots,m+1$$

$$\varTheta_{i,i} = A_{i-1}^{\mathrm{T}}XA_{i-1} + Q_i - Q_{i-1} + d^2A_{i-1}^{\mathrm{T}}\sum_{f=1}^{m}R_fA_{i-1} - E^{\mathrm{T}}R_{i-1}E - E^{\mathrm{T}}R_iE$$

$$\varTheta_{i,i+1} = A_{i-1}^{\mathrm{T}}XA_i + d^2A_{i-1}^{\mathrm{T}}\sum_{f=1}^{m}R_fA_i + E^{\mathrm{T}}R_iE$$

$$\varTheta_{i,j} = A_{i-1}^{\mathrm{T}}XA_{j-1} + d^2A_{i-1}^{\mathrm{T}}\sum_{f=1}^{m}R_fA_{j-1}, \quad i=2,\cdots,m; \quad j=i+2,\cdots,m+1$$

$$\varTheta_{m+1,m+1} = A_m^{\mathrm{T}}XA_m - Q_m + d_s^2A_m^{\mathrm{T}}\sum_{f=1}^{m}R_fA_m - E^{\mathrm{T}}R_mE$$

$$X = P - S^{\mathrm{T}}\varPhi S$$

矩阵 $S \in \mathbb{R}^{(n-r)\times n}$ 行满秩且满足 $SE=0$。

证明　证明过程分为两部分。首先证明正则性、因果性, 然后证明稳定性。

首先证系统 (8.2.8) 是正则的、因果的。存在着非奇异矩阵 $\hat{M}$、$\hat{N}$, 使得

$$\hat{M}E\hat{N} = \begin{bmatrix} I_r & 0 \\ 0 & 0 \end{bmatrix}, \quad \hat{M}A\hat{N} = \begin{bmatrix} \hat{A}_1 & \hat{A}_2 \\ \hat{A}_3 & \hat{A}_4 \end{bmatrix} \tag{8.3.8}$$

相应有

$$\hat{M}A_i\hat{N} = \begin{bmatrix} \hat{A}_{i1} & \hat{A}_{i2} \\ \hat{A}_{i3} & \hat{A}_{i4} \end{bmatrix}, \quad i=1,2,\cdots,m \tag{8.3.9}$$

且

$$\hat{M}^{-\mathrm{T}} P \hat{M}^{-1} = \begin{bmatrix} \hat{P}_1 & \hat{P}_2 \\ \hat{P}_2^{\mathrm{T}} & \hat{P}_3 \end{bmatrix}, \quad \hat{M}^{-\mathrm{T}} X \hat{M}^{-1} = \begin{bmatrix} \hat{X}_1 & \hat{X}_2 \\ \hat{X}_2^{\mathrm{T}} & \hat{X}_3 \end{bmatrix}, \quad \hat{N}^{\mathrm{T}} Q_1 \hat{N} = \begin{bmatrix} \hat{Q}_{11} & \hat{Q}_{12} \\ \hat{Q}_{12}^{\mathrm{T}} & \hat{Q}_{13} \end{bmatrix}$$

$$\hat{M}^{-\mathrm{T}} R_f \hat{M}^{-1} = \begin{bmatrix} \hat{R}_{f1} & \hat{R}_{f2} \\ \hat{R}_{f2}^{\mathrm{T}} & \hat{R}_{f3} \end{bmatrix}, \quad f = 1, 2, \cdots, m \qquad (8.3.10)$$

式(8.3.9)和式(8.3.10)中分块矩阵的维数与式(8.3.8)中的维数一致。由式(8.3.7)可得

$$\Theta_{11} < 0 \qquad (8.3.11)$$

分别用 $\hat{N}^{\mathrm{T}}$、$\hat{N}$ 左乘、右乘式(8.3.11)，利用式(8.3.8)～式(8.3.10)，得到

$$\begin{bmatrix} * & * \\ * & \Theta_{11}^{22} \end{bmatrix} < 0 \qquad (8.3.12)$$

符号"*"表示与下面讨论无关的矩阵。Θ_{11}^{22} 表示矩阵 Θ_{11} 的(2,2)块矩阵，其中

$$\Theta_{11}^{22} = \hat{A}_2^{\mathrm{T}} \hat{X}_2 \hat{A}_4 + \hat{A}_4^{\mathrm{T}} \hat{X}_2^{\mathrm{T}} \hat{A}_2 + \hat{A}_4^{\mathrm{T}} \hat{X}_3 \hat{A}_4 + \hat{A}_2^{\mathrm{T}} \hat{X}_1 \hat{A}_2 + \hat{Q}_{13} + J$$

$$J = \begin{bmatrix} \hat{A}_2^{\mathrm{T}} & \hat{A}_4^{\mathrm{T}} \end{bmatrix} \varGamma \begin{bmatrix} \hat{A}_2 \\ \hat{A}_4 \end{bmatrix}$$

其中

$$\varGamma = d^2 \sum_{f=1}^{m} \begin{bmatrix} \hat{R}_{f1} & \hat{R}_{f2} \\ \hat{R}_{f2}^{\mathrm{T}} & \hat{R}_{f3} \end{bmatrix}$$

由式(8.3.12)，可得

$$\Theta_{11}^{22} < 0 \qquad (8.3.13)$$

注意到

$$E^{\mathrm{T}} X E = E^{\mathrm{T}} (P - S^{\mathrm{T}} \varPhi S) E = E^{\mathrm{T}} P E \geqslant 0 \qquad (8.3.14)$$

分别用 $\hat{N}^{\mathrm{T}}$、$\hat{N}$ 左乘、右乘式(8.3.14)，利用式(8.3.8)和式(8.3.10)，得到

$$\begin{bmatrix} \hat{X}_1 & 0 \\ 0 & 0 \end{bmatrix} \geqslant 0 \qquad (8.3.15)$$

于是 $\hat{X}_1 \geqslant 0$，即 $\hat{A}_2^{\mathrm{T}} \hat{X}_1 \hat{A}_2 \geqslant 0$。由 $R_f > 0$，$Q_1 > 0$ 及式(8.3.8)和式(8.3.10)，$J \geqslant 0$，$\hat{Q}_{13} > 0$，因此

$$\hat{A}_2^{\mathrm{T}} \hat{X}_1 \hat{A}_2 + \hat{Q}_{13} + J > 0 \qquad (8.3.16)$$

由式(8.3.13)，得

$$\hat{A}_4^T \hat{X}_2^T \hat{A}_2 + \hat{A}_4^T \hat{X}_3 \hat{A}_4 + \hat{A}_2^T \hat{X}_2 \hat{A}_4 < 0 \tag{8.3.17}$$

即

$$\hat{A}_4^T \left(\hat{X}_2^T \hat{A}_2 + \frac{1}{2} \hat{X}_3 \hat{A}_4 \right) + \left(\hat{X}_2^T \hat{A}_2 + \frac{1}{2} \hat{X}_3 \hat{A}_4 \right)^T \hat{A}_4 < 0 \tag{8.3.18}$$

由式 (8.3.18) 得，$\hat{A}_4$ 是可逆矩阵，因此矩阵对 (E, A) 是正则和因果的，则系统 (8.2.8) 是正则和因果的。

接下来证明系统 (8.2.8) 是稳定的。选取 Lyapunov 函数，即

$$V(k) = \sum_{i=1}^{3} V_i(k) \tag{8.3.19}$$

$$V_1(k) = x^T(k) E^T X E x(k) = x^T(k) E^T (P - S^T \Phi S) E x(k) = x^T(k) E^T P E x(k)$$

$$V_2(k) = \sum_{j=1}^{m} \sum_{i=k-jd}^{k-(j-1)d-1} x^T(i) Q_j x(i)$$

$$V_3(k) = d \sum_{f=1}^{m} \sum_{j=-fd}^{-(f-1)d-1} \sum_{i=k+j}^{k-1} y^T(i) E^T R_f E y(i)$$

$$y(i) = x(i+1) - x(i)$$

定义 $\Delta V(k) = V(k+1) - V(k)$，于是

$$\Delta V_1(k) = x^T(k+1) E^T X E x(k+1) - x^T(k) E^T P E x(k)$$

$$= \left[Ax(k) + \sum_{i=1}^{m} A_i x(k-d_i) \right]^T X \left[Ax(k) + \sum_{i=1}^{m} A_i x(k-d_i) \right] - x^T(k) E^T P E x(k) \tag{8.3.20}$$

$$\Delta V_2(k) = \sum_{j=1}^{m} \left(\sum_{i=k+1-jd}^{k-(j-1)d} - \sum_{i=k-jd}^{k-(j-1)d-1} \right) x^T(i) Q_j x(i)$$

$$= \sum_{j=1}^{m} [x^T(k-(j-1)d) Q_j x(k-(j-1)d) - x^T(k-jd) Q_j x(k-jd)]$$

$$= x^T(k) Q_1 x(k) + \sum_{j=1}^{m-1} [x^T(k-jd)(Q_{j+1} - Q_j) x(k-jd)]$$

$$- x^T(k-md) Q_m x(k-md) \tag{8.3.21}$$

$$\Delta V_3(k) = d^2 y^T(k) E^T \sum_{f=1}^{m} R_f E y(k) - d \sum_{f=1}^{m} \sum_{j=k-fd}^{k-(f-1)d-1} y^T(j) E^T R_f E y(i) \tag{8.3.22a}$$

由 (8.3.22a)，得

$$d^2 y^{\mathrm{T}}(k)E^{\mathrm{T}}\sum_{f=1}^{m}R_f Ey(k)=d^2\left[(A-E)x(k)+\sum_{i=1}^{m}A_i x(k-d_i)\right]^{\mathrm{T}}$$

$$\sum_{f=1}^{m}R_f\left[(A-E)x(k)+\sum_{i=1}^{m}A_i x(k-d_i)\right]$$

根据引理 2.3.6，有

$$-d\sum_{j=k-fd}^{k-(f-1)d-1}y^{\mathrm{T}}(j)E^{\mathrm{T}}R_f Ey(j)\leqslant-\left[x(k-(f-1)d)-x(k-fd)\right]^{\mathrm{T}}$$

$$E^{\mathrm{T}}R_f E\left[x(k-(f-1)d)-x(k-fd)\right]$$

因此

$$-d\sum_{f=1}^{m}\sum_{j=k-fd}^{k-(f-1)d-1}y^{\mathrm{T}}(j)E^{\mathrm{T}}R_f Ey(j)$$

$$\leqslant-\sum_{f=1}^{m}\left[x(k-(f-1)d)-x(k-fd)\right]^{\mathrm{T}}E^{\mathrm{T}}R_f E\left[x(k-(f-1)d)-x(k-fd)\right]$$

综合上面推导，得

$$\Delta V_3(k)\leqslant d^2\left[(A-E)x(k)+\sum_{i=1}^{m}A_i x(k-d_i)\right]^{\mathrm{T}}\sum_{f=1}^{m}R_f\left[(A-E)x(k)+\sum_{i=1}^{m}A_i x(k-d_i)\right]$$

$$-\sum_{f=1}^{m}\left[x(k-(f-1)d)-x(k-fd)\right]^{\mathrm{T}}E^{\mathrm{T}}R_f E\left[x(k-(f-1)d)-x(k-fd)\right] \quad (8.3.22b)$$

由式(8.3.20)～式(8.3.22)，得

$$\Delta V(k)\leqslant\eta^{\mathrm{T}}(k)\Theta\eta(k) \quad (8.3.23)$$

其中

$$\eta(k)=\left[\begin{matrix}x^{\mathrm{T}}(k) & x^{\mathrm{T}}(k-d) & \cdots & x^{\mathrm{T}}(k-(m-1)d) & x^{\mathrm{T}}(k-md)\end{matrix}\right]^{\mathrm{T}}$$

由线性矩阵不等式(8.3.7)，得 $\Delta V(k)<0$，从而系统(8.2.8)是稳定的。证毕。

注释 8.3.3 定理 8.3.1 给出了多时滞广义系统(8.2.8)一个时滞依赖容许性条件，相比时滞独立容许性条件，当时滞不是很大时，时滞依赖容许性条件具有较小的保守性。此条件也适用于多时滞广义系统(8.3.6)，是多时滞广义动态投入产出模型（Ⅱ）为容许的一个充分条件。由于经济管理的实际意义，多时滞广义动态投入产出模型（Ⅱ）的系数矩阵也必须是非负矩阵。

8.3.3 数值算例

例 8.3.1 考虑一个五部门多时滞广义动态投入产出模型，即

$$x(t) = Ax(t) + \sum_{\tau=1}^{2} B_\tau v_\tau [x(t+\tau d) - x(t+(\tau-1)d)] + B_0 v_0 [x(t+2d+1) - x(t+2d)] + y(t)$$

其中

$$A = \begin{bmatrix} 11.7 & 8 & 8.83 & 6.1 & 5.35 \\ 5.5 & 20.87 & 12.4 & 8.2 & 10.4 \\ 9.3 & 10.7 & 8.95 & 8.5 & 5.25 \\ 1.34 & 2.83 & 3.84 & 5.66 & 3.6 \\ 0.1 & 3.5 & 6.35 & 4.3 & 7.95 \end{bmatrix}, \quad B_1 = \begin{bmatrix} 110 & 26 & 19.95 & 12.8 & 15.5 \\ 67 & 69.9 & 32.5 & 19.8 & 27 \\ 101 & 35.67 & 21.5 & 20.6 & 15.75 \\ 13 & 9.9 & 10.5 & 9.92 & 9.75 \\ 6 & 11.67 & 14.25 & 7.6 & 18.5 \end{bmatrix}$$

$$B_2 = \begin{bmatrix} 27.5 & 40 & 80 & 15 & 15 \\ 17.5 & 105 & 120 & 25 & 25 \\ 25 & 55 & 85 & 25 & 17.5 \\ 5 & 15 & 40 & 12.5 & 10 \\ 2.5 & 15 & 60 & 10 & 17.5 \end{bmatrix}, \quad B_0 = \begin{bmatrix} 20 & 16 & 18 & 70 & 30 \\ 14 & 40 & 20 & 120 & 50 \\ 20 & 24 & 16 & 90 & 35 \\ 0 & 0 & 0 & 0 & 0 \\ 0 & 0 & 0 & 0 & 0 \end{bmatrix}$$

$$v_1 = \begin{bmatrix} 0.1 & 0 & 0 & 0 & 0 \\ 0 & 0.3 & 0 & 0 & 0 \\ 0 & 0 & 0.4 & 0 & 0 \\ 0 & 0 & 0 & 0.5 & 0 \\ 0 & 0 & 0 & 0 & 0.4 \end{bmatrix}, \quad v_2 = \begin{bmatrix} 0.4 & 0 & 0 & 0 & 0 \\ 0 & 0.2 & 0 & 0 & 0 \\ 0 & 0 & 0.1 & 0 & 0 \\ 0 & 0 & 0 & 0.4 & 0 \\ 0 & 0 & 0 & 0 & 0.4 \end{bmatrix}$$

$$v_0 = \begin{bmatrix} 0.5 & 0 & 0 & 0 & 0 \\ 0 & 0.5 & 0 & 0 & 0 \\ 0 & 0 & 0.5 & 0 & 0 \\ 0 & 0 & 0 & 0.1 & 0 \\ 0 & 0 & 0 & 0 & 0.2 \end{bmatrix}, \quad W = \begin{bmatrix} 0.4 & 0.1 & 0.15 & 0.5 & 0.25 \\ 0.8 & 0.2 & 0.3 & 1 & 0.5 \\ 1.2 & 0.3 & 0.45 & 1.5 & 0.75 \\ 0.16 & 0.04 & 0.06 & 0.2 & 0.1 \\ 0.4 & 0.1 & 0.15 & 0.5 & 0.25 \end{bmatrix}$$

$$y(t) = Wx(t), \quad d = 2$$

将该模型等价变换得

$$B_0 v_0 x(t+5) = (B_0 v_0 - B_2 v_2) x(t+4) + (B_2 v_2 - B_1 v_1) x(t+2) + (I - A + B_1 v_1 - W) x(t)$$

令 $k = t+4$，则上述模型可写成一个多时滞离散广义系统，即

$$Ex(k+1) = A_0 x(k) + A_1 x(k-2) + A_2 x(k-4)$$

其中

$$E = B_0 v_0, \quad A_0 = B_0 v_0 - B_2 v_2, \quad A_1 = B_2 v_2 - B_1 v_1, \quad A_2 = I - A + B_1 v_1 - W$$

经计算得

$$E = \begin{bmatrix} 10 & 8 & 9 & 7 & 6 \\ 7 & 20 & 10 & 12 & 10 \\ 10 & 12 & 8 & 9 & 7 \\ 0 & 0 & 0 & 0 & 0 \\ 0 & 0 & 0 & 0 & 0 \end{bmatrix}, \quad A_0 = \begin{bmatrix} -1 & 0 & 1 & 1 & 0 \\ 0 & -1 & -2 & 2 & 0 \\ 0 & 1 & -0.5 & -1 & 0 \\ -2 & -3 & -4 & -5 & -4 \\ -1 & -3 & -6 & -4 & -7 \end{bmatrix}$$

$$A_1 = \begin{bmatrix} 0 & 0.2 & 0.02 & -0.4 & -0.2 \\ 0.3 & 0.03 & -1 & 0.1 & -0.8 \\ -0.1 & 0.299 & -0.1 & -0.3 & 0.7 \\ 0.7 & 0.03 & -0.2 & 0.04 & 0.1 \\ 0.4 & -0.501 & 0.3 & 0.2 & -0.4 \end{bmatrix}, \quad A_2 = \begin{bmatrix} -0.1 & -0.3 & -1 & -0.2 & 0.6 \\ 0.4 & 0.9 & 0.3 & 0.7 & -0.1 \\ -0.4 & -0.299 & 0.2 & 0.3 & 0.3 \\ -0.2 & 0.3 & 0.3 & 0.1 & 0.2 \\ 0.1 & -0.099 & -0.8 & -1 & 0.2 \end{bmatrix}$$

利用定理 8.3.1，令 $S = [\,0\ 0\ 0\ 1\ 0;\ 0\ 0\ 0\ 0\ 1]$，式 (8.3.7) 可行，说明带有成比例时滞 (比例常数 $d = 2$) 的离散广义系统 (8.2.8) 是容许的。经计算 $\rho(E, A_0, A_i) = 0.9359 < 1$，$i = 1, 2$，此外，易知矩阵对 (E, A_0) 是正则、因果的，此带有成比例时滞的离散广义系统是容许的，从而多时滞广义动态投入产出模型 (Ⅱ) 也是容许的。

8.4 本 章 小 结

本章考虑了投资系数矩阵为奇异阵以及投资时滞为多年，投资周期为一年或几年，并结合投资决策变量的概念，先后提出了两个拓展的多时滞广义动态投入产出模型 (Ⅰ)、(Ⅱ)，分别研究两个模型为容许的充分条件。主要方法是将模型分别转化为状态带有成比例时滞的离散广义系统，利用 Lyapunov 方法，以线性矩阵不等式的形式分别给出时滞独立和时滞依赖两个容许性条件，并用两个数值算例验证了提出方法的可行性和有效性。值得注意的是，在实际的经济管理中，多时滞广义动态投入产出模型的系数矩阵只有为非负矩阵时才有实际意义。

参 考 文 献

[1] 张守一. 论动态投入产出模型. 数量经济技术经济研究, 1986, 3: 3-12.

[2] 赵纯均, 夏绍玮, 姜山. 动态投入产出系统的线性二次型最优控制. 清华大学学报, 1986, 26(1): 100-110.

[3] 张金水. 广义系统经济控制论. 北京: 清华大学出版社, 1988: 209-210.

第9章 多时滞广义动态投入产出模型(III)容许性分析

9.1 引　言

第8章针对投资系数矩阵B的奇异性，递进地提出两个带有成比例时滞的广义动态投入产出拓展模型。由于时滞现象普遍地存在于各种经济管理环境中，考虑更一般的情况，成比例时滞一般可以化成任意时滞，这样的假设与实际情况是相符合的。在动态投入产出模型中，为了扩大再生产，当年的总产出要拿出一部分投入到未来多个不同年限的生产中，于是便产生了多时滞现象，根据各个生产部门生产的产品不同，投资时滞的长短也不相同，有些较长(如钢铁、冶金、铁路等部门)，有些则较短。扩大再生产时，未来各个年限的时滞均相等的情况实际上不一定出现。因此，模型(Ⅰ)、(Ⅱ)不能完全真实地反映扩大再生产时出现时滞的情况，为了弥补这一点，有必要对模型(Ⅰ)、(Ⅱ)加以改进。

本章首先提出一个改进的多时滞(未来各年限的时滞一般可以化成任意时滞)广义动态投入产出模型(III)，然后将其转化成一个多时滞离散广义系统，通过研究多时滞离散广义系统的容许性条件来研究模型(III)的容许性条件，用数值算例验证了提出方法的可行性和有效性。

9.2 多时滞广义动态投入产出模型(III)容许性条件

本节针对第8章提出的多时滞广义动态投入产出模型(Ⅰ)、(Ⅱ)进行改进，将多时滞中具有约束条件的成比例时滞一般化为任意时滞，然后研究改进后模型的容许性条件。

9.2.1 多时滞广义动态投入产出模型(III)

考虑如下多时滞广义动态投入产出模型(III)，即

$$x(t) = Ax(t) + \sum_{i=1}^{T} B_i v_i [x(t+d_i) - x(t+d_{i-1})] + B_0 v_0 [x(t+d_T+1) - x(t+d_T)] + y(t) \quad (9.2.1)$$

其中，$x(t)$、$y(t)$、A的意义与模型(Ⅰ)中一样；$B_i, B_0 \in \mathbb{R}^{n \times n}$分别是$t$年投资、延迟$d_i$和$d_T+1$年见效的投资系数矩阵，$B_i, B_0$一般为奇异矩阵，即$\mathrm{rank}(B_i) \leq n$，$\mathrm{rank}(B_0) \leq n$；

T、d_i 为正整数，d_i 表示时滞，规定 $d_0 = 0$，当 $1 \leqslant i < j \leqslant T$ 时，$d_i < d_j$；$v_i, v_0 \in \mathbb{R}^{n \times n}$ 为决策变量，v_i, v_0 分别是对角阵，即

$$v_i = \begin{bmatrix} v_i^1 & & & 0 \\ & v_i^2 & & \\ & & \ddots & \\ 0 & & & v_i^n \end{bmatrix}, \quad i = 1, 2, \cdots, T, \quad v_0 = \begin{bmatrix} v_0^1 & & & 0 \\ & v_0^2 & & \\ & & \ddots & \\ 0 & & & v_0^n \end{bmatrix} \quad (9.2.2)$$

其主对角线上的元素 v_i^j、v_0^j 分别表示对 j 部门第 t 年投资延迟分别在 $t + d_i$、$t + d_T + 1$ 年见效的增产量，占该部门分别在 $t + d_i$、$t + d_T + 1$ 年总增产量的百分比。显然，对于某一确定的 t 年，有

$$0 \leqslant v_i^j \leqslant 1, \quad 0 \leqslant v_0^j \leqslant 1, \quad j = 1, 2, \cdots, n; \ i = 1, 2, \cdots, T \quad (9.2.3a)$$

$$\sum_{i=1}^{T} v_i^j + v_0^j = 1, \quad j = 1, 2, \cdots, n \quad (9.2.3b)$$

注释 9.2.1　当 $d_i = id$ 时，模型 (III) 就变成模型 (II)，因此模型 (III) 是模型 (II) 的推广形式，模型 (II) 是模型 (III) 的特殊形式。

令 $y(t) = Wx(t)$，W 是 n 阶非负矩阵，将它代入 (9.2.1) 中，经恒等变形，得

$$\mathscr{B}_0 x(t + d_T + 1) = \mathscr{B}_T x(t + d_T) + \sum_{i=1}^{T-1} \mathscr{B}_i x(t + d_i) + Gx(t) \quad (9.2.4)$$

其中

$$\mathscr{B}_0 = B_0 v_0, \quad \mathscr{B}_T = B_0 v_0 - B_T v_T, \quad \mathscr{B}_i = B_{i+1} v_{i+1} - B_i v_i, \quad G = B_1 v_1 - A + I - W \quad (9.2.5)$$

I 为单位矩阵，令 $t + d_T = t_0$，式 (9.2.4) 可写成

$$\mathscr{B}_0 x(t_0 + 1) = \mathscr{B}_T x(t_0) + \sum_{i=1}^{T-1} \mathscr{B}_i x[t_0 - (d_T - d_i)] + Gx(t_0 - d_T) \quad (9.2.6)$$

由式 (9.2.5)，B_0 一般是奇异阵，v_0 是一个对角阵，知 $\mathscr{B}_0$ 一般也是奇异阵，所以式 (9.2.6) 是典型的多时滞离散广义系统。

9.2.2　问题形成与预备

考虑下面的多时滞离散广义系统，即

$$\begin{cases} Ex(k+1) = Ax(k) + \sum_{i=1}^{T} A_i x(k - d_i) \\ x(k) = \phi(k), \quad k = -d_T, -d_T + 1, \cdots, 0 \end{cases} \quad (9.2.7)$$

其中，$x(k) \in \mathbb{R}^n$ 是状态向量；$d_i > 0, i = 1, \cdots, T$ 为正整数，表示各个状态时滞。当

$1 \leqslant i < j \leqslant T$ 时，$d_i < d_j$；$E \in \mathbb{R}^{n \times n}$，$\mathrm{rank}(E) = r \leqslant n$；$A$，$A_i$，$i = 1, \cdots, T$ 是具有适当维数的常数矩阵。

注释 9.2.2 实际上，模型(9.2.6)可以写成多时滞离散广义系统(9.2.7)的形式。因此，只需研究多时滞离散广义系统(9.2.7)的容许性条件，就可以得到模型(9.2.6)的容许性条件，从而得到多时滞广义动态投入产出模型(III)的容许性条件。

9.2.3 时滞依赖容许性条件

当系统的状态时滞不是太大时，时滞依赖容许性条件比时滞独立容许性条件具有更小的保守性。本节中将推导多时滞离散广义系统(9.2.7)的时滞依赖容许性条件，为了进一步减小结论的保守性，在选取 Lyapunov 函数时，采用时滞分解方法[1-3]降低结论的保守性。

针对多时滞离散广义系统(9.2.7)，简单起见，我们只考虑某个定常时滞 d_i，其他时滞采用相同方法。把区间 $[0, d_i]$ N_i 等分，每个子区间长度为 d_{s_i}（N_i、d_{s_i} 为正整数），则 $d_i = d_{s_i} N_i$，即 $[0, d_i] = \bigcup\limits_{j=1}^{N_i} [(j-1)d_{s_i}, jd_{s_i}]$。构建 Lyapunov 函数时，利用若干个子区间端点的信息要比利用整个区间端点的信息所得结论的保守性小，而且随着区间分割的加密，保守性减小。

关于多时滞离散广义系统(9.2.7)的容许性条件，有如下定理。

定理 9.2.1 对于给定的正整数 N_i、d_{s_i}，且 $d_{s_i} N_i = d_i (i = 1, 2, \cdots, T)$，多时滞离散广义系统(9.2.7)是容许的充分条件是存在矩阵 $P > 0$，$Q_{ij} > 0$，$R_{ij} > 0$ $(i = 1, 2, \cdots, T;$ $j = 1, 2, \cdots, N_i)$，$P, Q_{ij}, R_{ij} \in \mathbb{R}^{n \times n}$，对称矩阵 $\Phi \in \mathbb{R}^{(n-r) \times (n-r)}$，满足下面线性矩阵不等式，即

$$\Theta = \begin{bmatrix} \Theta_1 & \Theta_{1,2} & \cdots & \Theta_{1,T} & \Theta_{1,0} \\ * & \Theta_2 & \cdots & \Theta_{2,T} & \Theta_{2,0} \\ \vdots & \vdots & & \vdots & \vdots \\ * & * & \cdots & \Theta_T & \Theta_{T,0} \\ * & * & \cdots & * & \Theta_0 \end{bmatrix} < 0 \tag{9.2.8}$$

其中

$$\Theta_i = \begin{bmatrix} \Theta_{11}^i & \Theta_{12}^i & 0 & \ldots & 0 & 0 \\ * & \Theta_{22}^i & \Theta_{23}^i & \ldots & 0 & 0 \\ \vdots & \vdots & \vdots & & \vdots & \vdots \\ * & * & * & \ldots & \Theta_{N_i-1,N_i-1}^i & \Theta_{N_i-1,N_i}^i \\ * & * & * & \ldots & * & \Theta_{N_i,N_i}^i \end{bmatrix}, \quad i = 1, 2, \cdots, T$$

$$\Theta_{jj}^{i} = Q_{i,j+1} - Q_{i,j} - E^{\mathrm{T}}(R_{ij} + R_{i,j+1})E$$

$$\Theta_{j,j+1}^{i} = E^{\mathrm{T}}R_{i,j+1}E, \qquad j = 1,2,\cdots,N_i - 1$$

$$\Theta_{N_i,N_i}^{i} = A_{d_i}^{\mathrm{T}}XA_{d_i} - Q_{i,N_i} + A_{d_i}^{\mathrm{T}}\sum_{i=1}^{T}R_i A_{d_i} - E^{\mathrm{T}}R_{i,N_i}E$$

$$X = P - S^{\mathrm{T}}\Phi S$$

$$R_i = d_{s_i}^2 \sum_{f=1}^{N_i} R_{if}$$

$$\Theta_0 = A^{\mathrm{T}}XA - E^{\mathrm{T}}PE + \sum_{i=1}^{T}Q_{i1} + (A-E)^{\mathrm{T}}\sum_{i=1}^{T}R_i(A-E) - \sum_{i=1}^{T}E^{\mathrm{T}}R_{i1}E$$

$$\Theta_{i,k} = \begin{bmatrix} 0 & 0 & 0 & \cdots & 0 & 0 \\ * & 0 & 0 & \cdots & 0 & 0 \\ \vdots & \vdots & \vdots & & \vdots & \vdots \\ * & * & * & \cdots & 0 & 0 \\ * & * & * & \cdots & * & \varphi(N_i,N_k) \end{bmatrix}_{N_i \times N_k}$$

$$i = 1,2,\cdots,T-1; \quad k = i+1,i+2,\cdots,T$$

$$\varphi(N_i,N_k) = A_{d_i}^{\mathrm{T}}\left(X + \sum_{i=1}^{T}R_i\right)A_{d_k}$$

符号 $\varphi(N_i,N_k)$ 表示 Θ_{N_i,N_i}^{i} 所在的行与 Θ_{N_k,N_k}^{k} 所在列交叉处的元素。

$$\Theta_{i,0} = \begin{bmatrix} 0 & 0 & \cdots & 0 & \psi^{\mathrm{T}}(N_i) \end{bmatrix}^{\mathrm{T}}, \quad i = 1,2,\cdots,T$$

$$\psi(N_i) = A_{d_i}^{\mathrm{T}}XA + A_{d_i}^{\mathrm{T}}\left(\sum_{i=1}^{T}R_i\right)(A-E)$$

矩阵 $S \in \mathbb{R}^{(n-r)\times n}$ 行满秩且满足 $SE = 0$。

　　证明　证明过程分为两部分。首先证明正则性、因果性，然后证明稳定性。

　　首先证明系统 (9.2.7) 是正则、因果的。存在着非奇异矩阵 $\hat{M}$、$\hat{N}$，使得

$$\hat{M}E\hat{N} = \begin{bmatrix} I_r & 0 \\ 0 & 0 \end{bmatrix}, \quad \hat{M}A\hat{N} = \begin{bmatrix} \hat{A}_1 & \hat{A}_2 \\ \hat{A}_3 & \hat{A}_4 \end{bmatrix} \tag{9.2.9}$$

相应有

$$\hat{M}A_{d_i}\hat{N} = \begin{bmatrix} \hat{A}_{d_i 1} & \hat{A}_{d_i 2} \\ \hat{A}_{d_i 3} & \hat{A}_{d_i 4} \end{bmatrix}, \qquad i = 1,2,\cdots,T \tag{9.2.10}$$

令

$$\hat{M}^{-\mathrm{T}}R_{if}\hat{M}^{-1}=\begin{bmatrix}\hat{R}_{if1}&\hat{R}_{if2}\\\hat{R}_{if2}^{\mathrm{T}}&\hat{R}_{if3}\end{bmatrix},\quad \hat{N}^{\mathrm{T}}Q_{i1}\hat{N}=\begin{bmatrix}\hat{Q}_{i11}&\hat{Q}_{i12}\\\hat{Q}_{i12}^{\mathrm{T}}&\hat{Q}_{i13}\end{bmatrix}$$

$$\hat{M}^{-\mathrm{T}}P\hat{M}^{-1}=\begin{bmatrix}\hat{P}_1&\hat{P}_2\\\hat{P}_2^{\mathrm{T}}&\hat{P}_3\end{bmatrix},\quad \hat{M}^{-\mathrm{T}}X\hat{M}^{-1}=\begin{bmatrix}\hat{X}_1&\hat{X}_2\\\hat{X}_2^{\mathrm{T}}&\hat{X}_3\end{bmatrix} \tag{9.2.11}$$

$$\hat{M}^{-\mathrm{T}}R_i\hat{M}^{-1}=\begin{bmatrix}\hat{R}_{i1}&\hat{R}_{i2}\\\hat{R}_{i2}^{\mathrm{T}}&\hat{R}_{i3}\end{bmatrix},\quad i=1,2,\cdots,T;\quad f=1,2,\cdots,N_i$$

式(9.2.10)和式(9.2.11)中分块矩阵的维数与式(9.2.9)中的维数一致。由式(9.2.8)可得

$$\Theta_0<0 \tag{9.2.12}$$

分别用 $\hat{N}^{\mathrm{T}}$、$\hat{N}$ 左乘、右乘式(9.2.12)，利用式(9.2.9)～式(9.2.11)，得到

$$\begin{bmatrix}*&*\\ *&\Theta_0^{22}\end{bmatrix}<0 \tag{9.2.13}$$

符号"*"表示与下面讨论无关的矩阵。Θ_0^{22} 表示矩阵 Θ_0 的(2,2)块矩阵，其中

$$\Theta_0^{22}=\hat{A}_2^{\mathrm{T}}\hat{X}_2\hat{A}_4+\hat{A}_4^{\mathrm{T}}\hat{X}_2^{\mathrm{T}}\hat{A}_2+\hat{A}_4^{\mathrm{T}}\hat{X}_3\hat{A}_4+\hat{A}_2^{\mathrm{T}}\hat{X}_1\hat{A}_2+\sum_{i=1}^{T}\hat{Q}_{i13}+J$$

$$J=\begin{bmatrix}\hat{A}_2^{\mathrm{T}}&\hat{A}_4^{\mathrm{T}}\end{bmatrix}\left(\sum_{i=1}^{T}\begin{bmatrix}\hat{R}_{i1}&\hat{R}_{i2}\\\hat{R}_{i2}^{\mathrm{T}}&\hat{R}_{i3}\end{bmatrix}\right)\begin{bmatrix}\hat{A}_2\\\hat{A}_4\end{bmatrix}$$

由式(9.2.13)，可得

$$\Theta_0^{22}<0 \tag{9.2.14}$$

注意到

$$E^{\mathrm{T}}XE=E^{\mathrm{T}}(P-S^{\mathrm{T}}\Phi S)E=E^{\mathrm{T}}PE\geqslant0 \tag{9.2.15}$$

分别用 $\hat{N}^{\mathrm{T}}$、$\hat{N}$ 左乘、右乘式(9.2.15)，利用式(9.2.9)～式(9.2.11)，得到

$$\begin{bmatrix}\hat{X}_1&0\\0&0\end{bmatrix}\geqslant0 \tag{9.2.16}$$

于是 $\hat{X}_1\geqslant0$，即 $\hat{A}_2^{\mathrm{T}}\hat{X}_1\hat{A}_2\geqslant0$。由 $R_i>0$，$Q_{i1}>0$ 及式(9.2.9)～式(9.2.11)，$J\geqslant0$，$\hat{Q}_{i13}>0$，因此

$$\hat{A}_2^{\mathrm{T}}\hat{X}_1\hat{A}_2+\hat{Q}_{i13}+J>0 \tag{9.2.17}$$

由式(9.2.14)和式(9.2.17)得

$$\hat{A}_4^{\mathrm{T}} \hat{X}_2^{\mathrm{T}} \hat{A}_2 + \hat{A}_4^{\mathrm{T}} \hat{X}_3 \hat{A}_4 + \hat{A}_2^{\mathrm{T}} \hat{X}_2 \hat{A}_4 < 0 \tag{9.2.18}$$

即

$$\hat{A}_4^{\mathrm{T}} \left(\hat{X}_2^{\mathrm{T}} \hat{A}_2 + \frac{1}{2} \hat{X}_3 \hat{A}_4 \right) + \left(\hat{X}_2^{\mathrm{T}} \hat{A}_2 + \frac{1}{2} \hat{X}_3 \hat{A}_4 \right)^{\mathrm{T}} \hat{A}_4 < 0 \tag{9.2.19}$$

由式(9.2.19)得，$\hat{A}_4$ 是可逆矩阵，因此矩阵对 (E, A) 是正则和因果的，则系统(9.2.7)是正则和因果的。

接下来证明系统(9.2.7)是稳定的。选取 Lyapunov 函数，即

$$V(k) = V_1(k) + \sum_{i=1}^{T} V_{2i}(k) + \sum_{i=1}^{T} V_{3i}(k) \tag{9.2.20}$$

其中

$$V_1(k) = x^{\mathrm{T}}(k) E^{\mathrm{T}} (P - S^{\mathrm{T}} \Phi S) E x(k)$$

$$V_{2i}(k) = \sum_{j=1}^{N_i} \sum_{m=k-jd_{s_i}}^{k-(j-1)d_{s_i}-1} x^{\mathrm{T}}(m) Q_{ij} x(m)$$

$$V_{3i}(k) = d_{s_i} \sum_{f=1}^{N_i} \sum_{j=-fd_{s_i}}^{-(f-1)d_{s_i}-1} \sum_{m=k+j}^{k-1} y^{\mathrm{T}}(m) E^{\mathrm{T}} R_{if} E y(m)$$

$$y(m) = x(m+1) - x(m)$$

定义 $\Delta V(k) = V(k+1) - V(k)$，于是

$$\Delta V_1(k) = x^{\mathrm{T}}(k+1) E^{\mathrm{T}} X E x(k+1) - x^{\mathrm{T}}(k) E^{\mathrm{T}} P E x(k)$$

$$= \left[A x(k) + \sum_{i=1}^{T} A_{d_i} x(k-d_i) \right]^{\mathrm{T}} X \left[A x(k) + \sum_{i=1}^{T} A_{d_i} x(k-d_i) \right] - x^{\mathrm{T}}(k) E^{\mathrm{T}} P E x(k)$$

$$\tag{9.2.21}$$

$$\Delta V_{2i}(k) = \sum_{j=1}^{N_i} \left[\sum_{m=k+1-jd_{s_i}}^{k-(j-1)d_{s_i}} x^{\mathrm{T}}(m) Q_{ij} x(m) - \sum_{m=k-jd_{s_i}}^{k-(j-1)d_{s_i}-1} x^{\mathrm{T}}(m) Q_{ij} x(m) \right]$$

$$= \sum_{j=1}^{N_i} \left[x^{\mathrm{T}}(k-(j-1)d_{s_i}) Q_{ij} x(k-(j-1)d_{s_i}) - x^{\mathrm{T}}(k-jd_{s_i}) Q_{ij} x(k-jd_{s_i}) \right]$$

$$= x^{\mathrm{T}}(k) Q_{i1} x(k) + x^{\mathrm{T}}(k-d_{s_i})(Q_{i2} - Q_{i1}) x(k-d_{s_i}) + \cdots$$

$$+ x^{\mathrm{T}}(k-(N_i-1)d_{s_i})(Q_{N_i} - Q_{N_i-1}) x(k-(N_i-1)d_{s_i})$$

$$- x^{\mathrm{T}}(k-N_i d_{s_i}) Q_{iN} x(k-N_i d_{s_i}) \tag{9.2.22}$$

$$\Delta V_{3i}(k) = d_{s_i} \left[\sum_{f=1}^{N_i} \sum_{j=-fd_{s_i}}^{-(f-1)d_{s_i}-1} \sum_{m=k+1+j}^{k} y^{\mathrm{T}}(m)E^{\mathrm{T}}R_{if}Ey(m) - \sum_{f=1}^{N_i} \sum_{j=-fd_{s_i}}^{-(f-1)d_{s_i}-1} \sum_{m=k+j}^{k-1} y^{\mathrm{T}}(m)E^{\mathrm{T}}R_{if}Ey(m) \right]$$

$$= d_{s_i} \left[\sum_{f=1}^{N_i} \sum_{j=-fd_{s_i}}^{-(f-1)d_{s_i}-1} \left(y^{\mathrm{T}}(k)E^{\mathrm{T}}R_{if}Ey(k) - y^{\mathrm{T}}(k+j)E^{\mathrm{T}}R_{if}Ey(k+j) \right) \right]$$

$$(9.2.23)$$

根据引理 2.3.6，有

$$-d_{s_i} \sum_{j=-fd_{s_i}}^{-(f-1)d_{s_i}-1} y^{\mathrm{T}}(k+j)E^{\mathrm{T}}R_{if}Ey(k+j)$$

$$= -d_{s_i} \sum_{j=k-fd_{s_i}}^{k-(f-1)d_{s_i}-1} y^{\mathrm{T}}(j)E^{\mathrm{T}}R_{if}Ey(j) \qquad (9.2.24)$$

$$\leqslant -\left[x(k-(f-1)d_{s_i}) - x(k-fd_{s_i}) \right]^{\mathrm{T}} E^{\mathrm{T}}R_{if}E \left[x(k-(f-1)d_{s_i}) - x(k-fd_{s_i}) \right]$$

因此

$$\Delta V_{3i}(k) \leqslant d_{s_i}^2 \left[(A-E)x(k) + \sum_{i=1}^{T} A_{d_i}x(k-d_i) \right]^{\mathrm{T}} \sum_{f=1}^{N_i} R_{if} \left[(A-E)x(k) + \sum_{i=1}^{T} A_{d_i}x(k-d_i) \right]$$

$$- \sum_{f=1}^{N_i} \left[x(k-(f-1)d_{s_i}) - x(k-fd_{s_i}) \right]^{\mathrm{T}} E^{\mathrm{T}}R_{if}E \left[x(k-(f-1)d_{s_i}) - x(k-fd_{s_i}) \right]$$

$$(9.2.25)$$

综合式 (9.2.21)～式 (9.2.25)，得

$$\Delta V(k) \leqslant \zeta^{\mathrm{T}}(k)\Theta\zeta(k) \qquad (9.2.26)$$

其中

$$\zeta(k) = \left[x^{\mathrm{T}}(\varphi_1(d_{s_1})) \quad \dots \quad x^{\mathrm{T}}(\varphi_T(d_{s_T})) \quad x^{\mathrm{T}}(k) \right]^{\mathrm{T}}$$

$$x(\varphi_1(d_{s_1})) = \left[x^{\mathrm{T}}(k-d_{s_1}) \quad \cdots \quad x^{\mathrm{T}}(k-N_1d_{s_1}) \right]^{\mathrm{T}}$$

$$x(\varphi_2(d_{s_2})) = \left[x^{\mathrm{T}}(k-d_{s_2}) \quad \cdots \quad x^{\mathrm{T}}(k-N_2d_{s_2}) \right]^{\mathrm{T}}$$

$$\vdots$$

$$x(\varphi_T(d_{s_T})) = \left[x^{\mathrm{T}}(k-d_{s_T}) \quad \cdots \quad x^{\mathrm{T}}(k-N_Td_{s_T}) \right]^{\mathrm{T}}$$

由式 (9.2.8)，得 $\Delta V(k) < 0$，从而系统 (9.2.7) 是稳定的。证毕。

注释 9.2.3 定理 9.2.1 给出了多时滞离散广义系统(9.2.7)时滞依赖容许性充分条件,这个容许性条件同样适用于多时滞广义动态投入产出模型(III),它为经济管理正常、平稳运行提供了理论依据。

9.2.4 数值算例一

例 9.2.1 考虑一个三部门多时滞广义动态投入产出模型,即

$$x(t) = Ax(t) + \sum_{i=1}^{2} B_i v_i [x(t+d_i) - x(t+d_{i-1})] + B_0 v_0 [x(t+d_2+1) - x(t+d_2)] + y(t)$$

其中

$$A = \begin{bmatrix} 6.2 & 6.2 & 7.37 \\ 8.6 & 11.8 & 8.4 \\ 0.8 & 0.4 & 2.75 \end{bmatrix}$$

$$B_1 = \begin{bmatrix} 16 & 65 & 18.75 \\ 24.25 & 105 & 21.75 \\ 2.25 & 5 & 4.25 \end{bmatrix}, \quad B_2 = \begin{bmatrix} 60 & 15 & 35 \\ 100 & 23.75 & 45 \\ 10 & 1.25 & 10 \end{bmatrix}, \quad B_0 = \begin{bmatrix} 10 & 12 & 17.5 \\ 20 & 18 & 20 \\ 0 & 0 & 0 \end{bmatrix}$$

$$v_1 = \begin{bmatrix} 0.4 & 0 & 0 \\ 0 & 0.1 & 0 \\ 0 & 0 & 0.4 \end{bmatrix}, \quad v_2 = \begin{bmatrix} 0.1 & 0 & 0 \\ 0 & 0.4 & 0 \\ 0 & 0 & 0.2 \end{bmatrix}, \quad v_0 = \begin{bmatrix} 0.5 & 0 & 0 \\ 0 & 0.5 & 0 \\ 0 & 0 & 0.4 \end{bmatrix}$$

$$y(t) = Wx(t), \quad W = \begin{bmatrix} 0.4 & 0.1 & 0.15 \\ 0.8 & 0.2 & 0.3 \\ 0.4 & 0.1 & 0.15 \end{bmatrix}$$

$$d_0 = 0, \quad d_1 = 5, \quad d_2 = 9$$

将该模型等价变换得

$$B_0 v_0 x(t+10) = (B_0 v_0 - B_2 v_2) x(t+9) + (B_2 v_2 - B_1 v_1) x(t+5) + (I - A + B_1 v_1 - W) x(t)$$

令 $k = t+9$,则上述模型可写成一个多时滞离散广义系统,即

$$Ex(k+1) = A_0 x(k) + A_{d_1} x(k-4) + A_{d_2} x(k-9)$$

其中

$$E = B_0 v_0, \quad A_0 = B_0 v_0 - B_2 v_2, \quad A_{d_1} = B_2 v_2 - B_1 v_1, \quad A_{d_2} = I + B_1 v_1 - A - W$$

经计算得

$$E = \begin{bmatrix} 5 & 6 & 7 \\ 10 & 9 & 8 \\ 0 & 0 & 0 \end{bmatrix}$$

$$A_0 = \begin{bmatrix} -1 & 0 & 0 \\ 0 & -0.5 & -1 \\ -1 & -0.5 & -2 \end{bmatrix}, \quad A_{d_1} = \begin{bmatrix} -0.4 & -0.5 & -0.5 \\ 0.3 & -1 & 0.3 \\ 0.1 & 0 & 0.3 \end{bmatrix},$$

$$A_{d_2} = \begin{bmatrix} 0.8 & 0.2 & -0.02 \\ 0.3 & -0.5 & 0 \\ -0.3 & 0 & -0.2 \end{bmatrix}$$

利用定理 9.2.1，令 $S = [0 \ \ 0 \ \ 1]$，式(9.2.8)可行，说明此多时滞离散广义系统是容许的。经计算 $\rho(E, A_0, A_{d_i}) = 0.9924 < 1$，$i = 1, 2$，此外，易知矩阵对 (E, A_0) 是正则、因果的，此多时滞离散广义系统是容许的，从而多时滞广义动态投入产出模型(III)也是容许的。

9.2.5　时滞独立容许性条件

定理 9.2.1 给出多时滞离散系统(9.2.7)时滞依赖容许性条件，从这个结论出发，可以得到一个时滞独立的容许性条件。

定理 9.2.2　对于给定的正整数 N_i ($i = 1, 2, \cdots, T$)，多时滞离散广义系统(9.2.7)是容许的充分条件是存在矩阵 $P > 0$, $Q_{ij} > 0$ ($i = 1, 2, \cdots, T$; $j = 1, 2, \cdots, N_i$)，$P, Q_{ij} \in \mathbb{R}^{n \times n}$，对称矩阵 $\Phi \in \mathbb{R}^{(n-r) \times (n-r)}$，满足下面线性矩阵不等式，即

$$\Theta = \begin{bmatrix} \Theta_1 & \Theta_{1,2} & \cdots & \Theta_{1,T} & \Theta_{1,0} \\ * & \Theta_2 & \cdots & \Theta_{2,T} & \Theta_{2,0} \\ \vdots & \vdots & & \vdots & \vdots \\ * & * & \cdots & \Theta_T & \Theta_{T,0} \\ * & * & \cdots & * & \Theta_0 \end{bmatrix} < 0 \tag{9.2.27}$$

其中

$$\Theta_i = \begin{bmatrix} \Theta_{11}^i & 0 & 0 & \cdots & 0 & 0 \\ * & \Theta_{22}^i & 0 & \cdots & 0 & 0 \\ \vdots & \vdots & \vdots & & \vdots & \vdots \\ * & * & * & \cdots & \Theta_{N_i-1,N_i-1}^i & 0 \\ * & * & * & \cdots & * & \Theta_{N_i,N_i}^i \end{bmatrix}, \quad i = 1, 2, \cdots, T$$

$$\Theta_{jj}^i = Q_{i,j+1} - Q_{i,j}, \quad j = 1, 2, \cdots, N_i - 1$$

$$\Theta_{N_i,N_i}^i = A_{d_i}^T X A_{d_i} - Q_{i,N_i}$$

$$X = P - S^T \Phi S$$

$$\Theta_0 = A^T X A - E^T P E + \sum_{i=1}^{T} Q_{i1}$$

$$\Theta_{i,k} = \begin{bmatrix} 0 & 0 & 0 & \cdots & 0 & 0 \\ * & 0 & 0 & \cdots & 0 & 0 \\ \vdots & \vdots & \vdots & & \vdots & \vdots \\ * & * & * & \cdots & 0 & 0 \\ * & * & * & \cdots & * & \varphi(N_i, N_k) \end{bmatrix}_{N_i \times N_k}$$

$$i = 1, 2, \cdots, T-1; \quad k = i+1, i+2, \cdots, T$$

$$\varphi(N_i, N_k) = A_{d_i}^{\mathrm{T}} X A_{d_k}$$

符号 $\varphi(N_i, N_k)$ 表示 Θ_{N_i, N_i}^i 所在的行与 Θ_{N_k, N_k}^k 所在列交叉处的元素。

$$\Theta_{i,0} = \begin{bmatrix} 0 \\ 0 \\ \vdots \\ 0 \\ \psi(N_i) \end{bmatrix}, \quad \psi(N_i) = A_{d_i}^{\mathrm{T}} X A, \quad i = 1, 2, \cdots, T$$

矩阵 $S \in \mathbb{R}^{(n-r) \times n}$ 行满秩且满足 $SE = 0$。

证明　证明过程与定理 9.2.1 类似，只是在构建 Lyapunov 函数时，没有项 $\sum_{i=1}^{T} V_{3i}(k)$。

注释 9.2.4　定理 9.2.2 给出一个多时滞离散广义系统(9.2.7)时滞独立容许性条件。事实上，由时滞依赖容许性条件可以得到相应的时滞独立容许性条件，由于时滞独立容许性条件与时滞的大小无关，所以当时滞较小时，保守性大些，如果时滞较大或与时滞无关，应用起来更方便。定理 9.2.2 同样适用于多时滞广义动态投入产出模型(III)，它为经济管理正常运行提供了理论依据。

9.2.6　数值算例二

例 9.2.2　考虑一个四部门多时滞广义动态投入产出模型，即

$$x(t) = Ax(t) + \sum_{i=1}^{2} B_i v_i [x(t+d_i) - x(t+d_{i-1})] + B_0 v_0 [x(t+d_2+1) - x(t+d_2)] + y(t)$$

其中

$$A = \begin{bmatrix} 11.9 & 8.8 & 7.65 & 5.7 \\ 5.9 & 22.8 & 8.3 & 10.6 \\ 9.3 & 10.9 & 9.55 & 9.6 \\ 1.44 & 2.26 & 4.14 & 5.8 \end{bmatrix}, \quad B_1 = \begin{bmatrix} 27.5 & 21.25 & 40 & 15.5 \\ 15.75 & 53.5 & 41.5 & 31 \\ 24 & 27.25 & 43 & 24.5 \\ 4.75 & 5.75 & 20 & 10.75 \end{bmatrix}$$

$$B_2 = \begin{bmatrix} 110 & 16 & 21.25 & 15 \\ 60 & 44 & 20 & 30 \\ 100 & 22 & 20 & 25 \\ 20 & 6 & 10 & 12.5 \end{bmatrix}, \quad B_0 = \begin{bmatrix} 20 & 80 & 22.5 & 35 \\ 14 & 200 & 25 & 60 \\ 20 & 120 & 20 & 45 \\ 0 & 0 & 0 & 0 \end{bmatrix}$$

$$v_1 = \begin{bmatrix} 0.4 & 0 & 0 & 0 \\ 0 & 0.4 & 0 & 0 \\ 0 & 0 & 0.2 & 0 \\ 0 & 0 & 0 & 0.4 \end{bmatrix}, \quad v_2 = \begin{bmatrix} 0.1 & 0 & 0 & 0 \\ 0 & 0.5 & 0 & 0 \\ 0 & 0 & 0.4 & 0 \\ 0 & 0 & 0 & 0.4 \end{bmatrix}$$

$$v_0 = \begin{bmatrix} 0.5 & 0 & 0 & 0 \\ 0 & 0.1 & 0 & 0 \\ 0 & 0 & 0.4 & 0 \\ 0 & 0 & 0 & 0.2 \end{bmatrix} \quad W = \begin{bmatrix} 0.4 & 0.1 & 0.15 & 0.5 \\ 0.8 & 0.2 & 0.3 & 1 \\ 0.4 & 0.1 & 0.15 & 0.5 \\ 0.16 & 0.04 & 0.06 & 0.2 \end{bmatrix}$$

$$y(t) = Wx(t), \quad d_0 = 0, \quad d_1 = 2, \quad d_2 = 6$$

将该模型等价变换得

$$B_0 v_0 x(t+7) = (B_0 v_0 - B_2 v_2)x(t+6) + (B_2 v_2 - B_1 v_1)x(t+2) + (I + B_1 v_1 - A - W)x(t)$$

令 $k = t + 6$，则上述模型可写成一个多时滞离散广义系统，即

$$Ex(k+1) = A_0 x(k) + A_{d_1} x(k-4) + A_{d_2} x(k-6)$$

其中

$$E = B_0 v_0, \quad A_0 = B_0 v_0 - B_2 v_2, \quad A_{d_1} = B_2 v_2 - B_1 v_1, \quad A_{d_2} = I + B_1 v_1 - A - W$$

经计算得

$$E = \begin{bmatrix} 10 & 8 & 9 & 7 \\ 7 & 20 & 10 & 12 \\ 10 & 12 & 8 & 9 \\ 0 & 0 & 0 & 0 \end{bmatrix}, \quad A_0 = \begin{bmatrix} -1 & 0 & 0.5 & 1 \\ 1 & -2 & 2 & 0 \\ 0 & 1 & 0 & -1 \\ -2 & -3 & -4 & -5 \end{bmatrix}$$

$$A_{d_1} = \begin{bmatrix} 0 & -0.5 & 0.5 & -0.2 \\ -0.3 & 0.6 & -0.3 & -0.4 \\ 0.4 & 0.1 & -0.6 & 0.2 \\ 0.1 & 0.7 & 0 & 0.7 \end{bmatrix}, \quad A_{d_2} = \begin{bmatrix} -0.3 & -0.4 & 0.2 & 0 \\ -0.4 & -0.6 & -0.3 & 0.8 \\ -0.1 & -0.1 & -0.1 & -0.3 \\ 0.3 & 0 & -0.2 & -0.7 \end{bmatrix}$$

利用定理 9.2.2，令 $S = [0 \quad 0 \quad 0 \quad 1]$，式(9.2.27)可行，说明多时滞离散广义系统(9.2.7)是容许的。经计算 $\rho(E, A_0, A_{d_i}) = 0.8768 < 1$，$i = 1, 2$。此外，易知矩阵对 (E, A_0) 是正则、因果的，则此多时滞离散广义系统是容许的，从而多时滞广义动态投入产出模型(III)也是容许的。

9.3　本 章 小 结

　　本章在第 8 章提出的两个多时滞广义动态投入产出模型(Ⅰ)、(Ⅱ)的基础上，取消多时滞成比例的限定条件，化为任意时滞，提出了一个新的改进的多时滞广义动态投入产出模型(III)，这一模型在经济管理实践中应用更广泛。通过等价变形，将模型(III)化成状态含有多时滞的离散广义系统，然后针对多时滞离散广义系统研究容许性条件。为了减小结论的保守性，在构建 Lyapunov 函数时，利用了时滞分解的方法，对各个状态时滞区间进行了分割，利用子区间端点的信息构建 Lyapunov 函数，并以线性矩阵不等式形式，给出一个时滞依赖的多时滞离散广义系统的容许性条件。在此基础上，又得到一个时滞独立型容许性条件。用两个数值算例验证了提出方法的可行性和有效性。

参 考 文 献

[1]　Feng Z G, Lam J, Gao H J. Delay-dependent robust H_∞ controller synthesis for discrete singular delay systems. International Journal of Robust and Nonlinear Control, 2011, 21(16):1880-1902.

[2]　Han Q L. A delay decomposition approach to stability and H_∞ control of linear time-delay system-part I: Stability. Proceedings of the 7th World Congress on Intelligent Control and Automation, Chongqing, China, 2008:284-288.

[3]　Zhu S, Li Z, Zhang C. Delay decomposition approach to delay-dependent stability for singular time-delay systems. IET Control Theory and Applications, 2010, 4(11): 2613-2620.

附录 常用符号说明

全书中常用的基本符号如下。

$\mathbb{R}$	实数域
$\mathbb{R}^n$	n 维实数向量域
$\mathbb{R}^{m \times n}$	$m \times n$ 维实数矩阵域
$\in$	属于
$\notin$	不属于
$\cup$	并
I_n	n 维单位矩阵
$I_{i,j}$	交换单位矩阵的第 i 行和第 j 行
$I_{i,j(k)}$	单位矩阵的第 j 行乘以 k 加到第 i 行上
det	行列式
deg det	行列式的次数
rank(A)	矩阵 A 的秩
diag(A,B)	分块对角矩阵 (A,B)
A^{T}	矩阵 A 的转置
A^{-1}	矩阵 A 的逆
$A > 0$	正定矩阵 A
$A < 0$	负定矩阵 A
$A \geqslant 0$	半正定矩阵 A
$A > B$	$A - B$ 为正定矩阵
$A \geqslant B$	$A - B$ 为半正定矩阵
$*$	对称矩阵中矩阵元素的转置
$G(z)$	传递函数
$\|X\|$	向量 X 的欧几里得范数
$\|G(z)\|_\infty$	$G(z)$ 的 H_∞ 范数